高等院校教育学专业课程思政规划教材

靳玉乐 总主编

德育原理

易连云 邓 达 主　编
易 然 张国雄 副主编

西南大学出版社

图书在版编目(CIP)数据

德育原理 / 易连云, 邓达主编 ; 易然, 张国雄副主编. -- 重庆 : 西南大学出版社, 2025.6. -- ISBN 978-7-5697-3075-3

Ⅰ.G41

中国国家版本馆CIP数据核字第2025YL8939号

德育原理
DEYU YUANLI

主　编：易连云　邓　达
副主编：易　然　张国雄

责任编辑：李　君
责任校对：文佳馨
装帧设计：马永刚
排　　版：吴秀琴
出版发行：西南大学出版社(原西南师范大学出版社)
　　　地　址：重庆市北碚区天生路2号
　　　邮　编：400715
　　　电　话：023-68868624
印　　刷：重庆市圣立印刷有限公司
成品尺寸：185 mm×260 mm
印　　张：17.5
字　　数：380千字
版　　次：2025年6月　第1版
印　　次：2025年6月　第1次印刷
书　　号：ISBN 978-7-5697-3075-3
定　　价：68.00元

前言

自2010年由武汉大学出版社出版《德育原理》教材以来,本教材在我国高校中获得了广泛应用,主要用作西南大学及其他部分大学的教育学专业本科课程德育原理的专业教材与参考资料。此外,它也用作师范生通选课和网络教育教材,并受到了良好的社会评价。在使用过程中,教师和学生都对其给予了充分肯定。

2017年,本教材进行了第一次修订,并由华东师范大学出版社出版。经过几年的使用,社会发展对学校德育提出了新的要求,于是2024年,我们组织团队再次对教材进行修订,并由西南大学出版社出版。

本教材的独特之处在于,坚持具有中国特色的德育自主知识体系并进行自主构建,以中国传统文化中"道与德"思想观念的发展与演变为线索,充分肯定中国传统文化中的"道"作为一个哲学范畴,其思想内容的丰富性,并将其作为德育原理研究的逻辑起点,以中国传统道德中"道"与"德"丰富内涵的动态变化为基础,试图构建一个继承了中国传统文化精神脉络并适应新时代发展需要的"大德育"体系。我们希望以此为基础,在教育过程中帮助教师树立"以德育人"的终身教育理念。实践证明,这一方法已经取得了显著的教学成果。

本教材已使用了十四年,社会在此期间发生了翻天覆地的变化。这些变化无疑对人们关于德育的认识产生了影响,信息化的发展、大数据资源平台与智能化工具的出现也使我们不得不面对新的困境和挑战。尽管如此,我们坚信,基本道德精神和立德树人根本任务不会改变。因此,我们依然强调以个体"生命实践"为基础的道德经验和体验,并根据现实需求对教材内容进行了必要修订。

本教材以中国传统道德文化为根基,旨在构建一个新时期的"大德育"体系。因此,在面临社会变革和信息化的挑战时,我们坚定信仰,立足生命实践,持续优化教材内容,以满足现实需求。我们希望通过本教材不断探索新时代德育的特点与规律,推进学校德育理论的科学化与体系化建设,为德育实践提供必要的理论指导。

"生生之谓易",中国传统文化特别强调世界永远在变化,又在变化中不断生成的动态发展过程,因此,在新的时代背景下,德育注定要不断面临前所未有的机遇和挑战,创新始终是我们坚持的理念。教材的修订过程也反映了我们对传统道德教育理念的不断探索和实践。我们期望本教材能够继续为我国德育事业的发展发挥积极作用,为推动德育学科体系建设贡献一点智慧和力量。

教材内容框架共十一章,具体分工如下:

李　佳、王付欣(西南大学教育学部,中国海洋大学)撰写第一章和第二章;

邓　达(成都大学师范学院)撰写第三章和第九章;

李清雁、赵国栋(吉林北华大学教育科学学院,山西大学)撰写第四章、第五章和第六章;

易连云、兰　英(吉利学院教育学院,西南大学教育学部)撰写第七章;

邱永琼、李　琰(西南大学政治与公共管理学院,河南师范学院)撰写第八章;

白　勤、龙红霞(西南政法大学,湘潭大学马克思主义学院)撰写第十章;

于洪燕、易　然(重庆第二师范学院,海南师范大学教育学院)撰写第十一章。

易连云教授和易然副教授负责全书最后的统稿,教材编写过程中的主要案例由本课题实验学校重庆市科学城含谷中学张国雄校长负责组织提供,所有案例因篇幅所限将由另外方式刊出。

教材的编写是一件复杂而又艰难的事情,既要做到向学生传递相对稳定的知识,又要通过教材向学生介绍新的观点和精神,以培养学生的道德思维能力与反思批判精神,对这一平衡的把握既需要理论知识,又需要实践智慧。因此本教材难免有瑕疵或可商榷之处,敬请同人与使用该教材的同学们批评指正。

作为本书的主编,我代表全体编写成员向支持本教材出版的西南大学出版社表示衷心的感谢,感谢具体负责本书联系与编辑的老师;感谢本教材中所涉及的所有参考资料的作者,你们的成果给了我们编写本教材的丰富智慧,同时这些资料的科学性与学术价值也成为本教材坚实的学术基础,此外,还要感谢几年来为课题研究提供了大力支持的各实验学校的领导与教师。

易连云
2025年5月于吉利学院教育学院

目 录

第一章 学校德育的时代背景 ·················1
　第一节　社会变迁与社会精神文化 ··············2
　第二节　冲突与融合中的价值理念 ··············10
　第三节　个体道德发展的矛盾 ···················16

第二章 学校德育面临的冲突 ·················23
　第一节　德育理想的失落 ·····················25
　第二节　德育与生活的背离 ···················33
　第三节　德育中师生关系的失衡 ················37
　第四节　德育评价的失调 ·····················40

第三章 德育原理课程建设回顾与反思 ············45
　第一节　德育课程建设的回顾 ···················46
　第二节　德育课程建设的反思 ···················52

第四章 教师的角色审视及德育修养 ···············57
　第一节　学校德育中的教师角色 ··················59
　第二节　学校德育中的教师修养 ··················66

第五章 学生的身心特点及品德发展 ···············79
　第一节　学生品德发展的生理基础与心理特征 ·········80
　第二节　个体品德发展的观念论 ··················88
　第三节　个体道德发展的相关理论 ················92

第六章 学校德育中的师生关系 …………………………… 111
  第一节 学校德育中师生关系的理论 ………………… 113
  第二节 学校德育中师生关系的性质 ………………… 118
  第三节 学校德育中和谐师生关系的建构 …………… 121

第七章 学校德育过程 ………………………………………… 129
  第一节 德育过程概述 ………………………………… 130
  第二节 现代德育过程的特点 ………………………… 142
  第三节 现代德育过程的实施 ………………………… 147

第八章 学校德育的实施 ……………………………………… 155
  第一节 学校德育目标 ………………………………… 156
  第二节 学校德育内容 ………………………………… 166
  第三节 学校德育途径与方法 ………………………… 175

第九章 学校德育管理 ………………………………………… 191
  第一节 学校德育管理概述 …………………………… 192
  第二节 学校德育管理基本模式 ……………………… 198

第十章 学校德育评价 ………………………………………… 215
  第一节 学校德育评价概述 …………………………… 216
  第二节 学校德育评价的主要原则与方法 …………… 226
  第三节 国外学校德育评价模式介绍 ………………… 240

第十一章 传统学校德育的现代转换 ………………………… 247
  第一节 传统学校德育现代转型的背景 ……………… 248
  第二节 传统学校德育的继承与创新 ………………… 262

> **教育名言**
>
> 大道废,有仁义。智慧出,有大伪。六亲不和,有孝慈。国家昏乱,有忠臣。
>
> ——老子《道德经》

第一章
学校德育的时代背景

内容提要

当代德育是一个综合化的体系,它不再是静态、孤立与单纯的规则规范,而是一个随着社会的发展而不断变化的政治思想、道德、法治与行为系统的结合。本章介绍了现代社会正在经历的剧烈变迁,同时也描述了现代德育所遭遇的种种困境与冲突。不同价值观的冲突与融合,造成的一个重要结果是思维方式的转换,并且这些内在逐渐改变着受教育者的政治思想观念、道德品质和学校德育的"气候",成为我们研究学校德育问题的时代背景。

问题导入

1.学校德育深受社会环境的影响,只有深刻把握时代的变化,因势利导,才能使学校德育与生活和世界接轨。那么,现代社会具有哪些突出的特点?

2.现代道德正在经历着怎样的社会考验?

3.现代社会的德育遇到了哪些困境?它们又是怎样产生的呢?

第一节
社会变迁与社会精神文化

社会精神文化的变革离不开现实的社会基础,社会的发展离不开物质财富和精神财富的增长。随着科学技术和组织管理制度的变革,整个世界发生了剧烈的变化,社会系统在不同层面围绕着物质世界的变化采取了相应的措施。

一、日新月异的现代社会

现代青少年文化中一直流行一个词"穿越",主题多为现代人回到过去的某个时间点。其实,不少人也曾试着以古人的眼光和思路来看待现代社会的变化。

动漫人物野比大雄在机器猫哆啦A梦的帮助下带着自己生活于150年前的外号为"吹牛王"的祖先来到了20世纪,希望祖先展示一下吹牛的本领。老实本分的祖先在现代社会备受惊吓,把玻璃窗户当成了圈禁人的异样空间,把放着台灯和收音机的桌子当成发光吼叫的怪物,把自来水和燃气炉当成魔法,把摩托车当成铁马,把汽车当成铁犀牛,一下接受如此多的新鲜事物让祖先大受刺激,野比大雄和机器猫不得不把他送回到他原来的世界,祖先在恢复后向周围的人讲述自己的"未来世界之旅"时,却被人冠上了"吹牛王"的称号……

人们看到这段短短几分钟的动画故事常会笑起来,然而,这也是以一种诙谐的方式表达了人类近150年间社会发生的巨大变化。

(一)今非昔比的现代社会

现代较之于过去,人们的社会生活无论是在广度上还是在深度上都有了极大的变化,它们包括:

1. 社会物质产品极大丰富,物质增长方式持续革新

现代社会,人类制造、发明的社会物质产品数量呈几何级数增长。放眼望去,现代社会互联互通范围之广、程度之深,交通网络在天空、地面、地下和水域呈立体化交错分布,商店里摆放着琳琅满目、功能各异的商品以满足不同人群的需要,有关物质产量的数字每天都在增长,经济发展的指数每天都在变化,人类社会的各个领域都渗透着现代技术与物质扩张,庞大的人流来自四面八方又去往世界各地,越来越广阔的地域不断加入越来越庞大的城市群落中,白日的喧闹掩盖了自然的声音,黑夜的明灯足以与月亮争辉,这

些都是现代社会的突出景象,当代许多致力于积极发展的国家的人们都感受到了物质世界前所未有的繁荣。

2.日新月异的科技变革与创新

马克思曾指出,资本主义在它的不到一百年的统治中所创造的生产力,比过去一切时代创造的全部生产力还要多,还要大。为如此巨大的社会物质提供长久支持力的就是生产技术的提高和对物质增长方式的持续革命。自工业革命以来,科学技术和生产技术就如滚雪球般地不断提高,比尔·盖茨任微软总裁时,对员工的要求之一就是能适应一月一次的技术创新。在强大计算机指挥运作下的现代化流水线生产过程中,生产力不断提高,现代化的生产企业对高新技术的使用率已经成为社会文明程度的重要标志。

3.持续推进的全球化进程

在经济扩张的强大驱动力和高速发展的物质生产技术的支持下,世界各地的人们之间的现实空间距离缩短,同时,现代信息流通技术如广播、电视和网络等使不同国家和地区之间的人们的信息互换、对话和互动变得更容易,并让在全世界范围内开展生产、贸易、学习、休闲和消费活动的组织和人群越来越壮大,地球似乎就是一个小小的村庄,纵然远隔海天,也可以鸡犬相闻。在全球化社会氛围中,以前那些相互远离、差异显著的事物现在不仅彼此接触,而且还面对面、肩并肩地共存一处。这一切都使得人们明确,全球化时代是一个不同社会制度、不同宗教信仰、不同地区民族、不同利益群体和不同思想价值既共处、共享、共生又相互竞争的时代。

(二)高度发达的物质社会对社会思想与价值观念的影响

现代社会物质财富和科学技术正深刻地改变着这个世界的地理形貌和人文风貌,就像《疯狂动物城》中兔子朱迪乘坐作为现代人类社会科学技术发展重要标志的高速列车,纵横奔驰在大地上,飞快地跨越春夏秋冬,将千差万别的思想、习俗、文化和族群猝不及防地连接在一起,但是也给社会的发展带来了一些意想不到的变化。

1.高度发达的物质社会道德规范的变化

随着社会物质产品的增长,它们不断向世界各个角落和各个生活层面延展,由物质关系衍生出的社会关系变得日益细化而丰富。以道德生活为例,现代社会的道德可分为家庭伦理道德、职业道德、个人品德、生态道德等,每一个道德的道德规范都说明了传统的道德规范已经不能应对现代社会发展的需要,也说明了统摄整个社会和整个人生的大道精神也随着物质世界的发展而分离开来,并呈现出各自的独立性与特殊性。同时,我国正处于社会主义市场经济体制逐渐完善的过程中,社会主义市场经济制度及其理念对现代社会的道德发展也产生了前所未有的影响,并提出了新的预期和更高的要求。

2. 高速运转的社会形成了对学校德育的迫切需要

与社会物质世界高速运转相协调的是人们生活世界和精神世界的兴奋与紧张。当积淀数千年的传统社会文化精神在现代社会中被冲击得支离破碎的时候，人们对现代政治思想观念和新时代学校德育的渴求变得尤其迫切。然而，由于社会主流精神文化的形成需要经过长期而深厚的积淀，当前社会精神文明的发展赶不上高速的社会运转，也不能很好地适应发达的物质社会所产生的种种新的精神文化需要，人们对现代社会精神文明的发展现状更加担心。

同时，在强大的生产力支持下，人类扩张高度组织化的社会肌体变得越来越容易，似乎也越来越得心应手，在强大的技术支持下，人们变得日益自信，高速的物质运转也使得人们不满足于忍耐与等待。一步登天、一夜成名、一鸣惊人不仅是少数人的梦想，也被大多数人热烈追捧。很多人都不能耐心地接受个人成长是一个循序渐进的过程，忽视"登天"前曲折的九十九步，只特别关注和在意成功的"一步"，总希望可以抢跑，领先于人，或者想要减少等待成长的时间，快速收获果实。因此，教育中的浮躁现象日渐明显，但任何教育都不会一蹴而就，青少年道德发展过程中出现的曲折与反复就成为必然的事情。

3. 以物质增长为中心的发展理念对精神生活的挤压

伴随着物质增长，部分专家学者逐渐强调以直接享用物质为生活的首要和中心价值，强调物质利益的重要性，主张人的最大幸福就是物质享受，并将改善人们的物质福利作为解决社会问题的主要手段和衡量社会进步的唯一标志，把描述社会物质增长的经济指标视为发展的指标，以致产生了物质主义，并将其作为一种普遍的伦理取向，影响个人生活，也影响国家职能和社会走向。然而，现实表明，日益增长的社会物质财富并不能保证给每个人提供公正公平的发展机会，社会问题也不会随着物质产品的丰富而消融。在学校教育中也存在大楼林立却不见大师，只见数字不见生动的个人评价等现象。将物质增长与技术积累视为通向幸福生活的光明大道，导致狭隘的成功观念占据了许多教师和家长的头脑，以道德发展为幸福指路的教育理想则渐渐被冷落到了教育的边缘。

二、社会变迁对社会道德的影响

从社会学的意义来看，社会发展带来的必然结果便是社会变迁，这种变迁是多方面的，其影响也是广泛而复杂的。

社会变迁既泛指一切社会现象的变化，又特指社会结构的重大变化；既指社会变化的过程，也指社会变化的结果，其含义丰富并具有不同的类型和特征。

1.广泛而快速的人口迁移与人口流动

联合国教科文组织国际教育发展委员会在《学会生存——教育世界的今天和明天》报告中指出:"从农村迁移到城市,劳动力的转移,商业和旅游业——这种大规模移动的结果是巨大的。个人的平衡、社会生活和制度的稳定性以及传统价值都受到冲击,而这种冲击和变化都要求人们能够以空前规模的变化去适应。"[1]当今世界各国之间的人口迁移仍然在轰轰烈烈地进行着,我国随着改革开放的深入,人口流动更加频繁,且流动速度加快,流动人口迅猛增加。

人口迁移,作为一种社会现象,既是经济和社会发展的必然结果,也是推动国家和地区持续发展的重要动力。然而,这种迅猛的人口流动也带来了一系列新的社会问题,需要我们深入思考和积极应对。

首先,人口迁移对迁入地和迁出地的发展产生了深远的影响。人口迁移为迁入地带来了大量新的劳动力,为经济发展注入了新的活力。同时,人口的流入也促进了文化的交流和融合,丰富了当地的社会生活。然而,这种快速的人口增长也给迁入地带来了诸多挑战,如城市基础设施的压力、公共服务的供需矛盾、环境保护的压力等。

其次,人口迁移也给迁出地带来了不小的影响。一方面,人口的流失可能导致当地人力资源短缺,影响当地的经济发展。另一方面,人口的流失也可能导致当地的社会结构发生变化,带来老龄化问题、留守儿童问题等。

2.智能化时代的社会分工重组

随着科技的飞速发展,新技术和新生产模式正在不断地涌现,它们不仅改变了我们的生活方式,更在不断地催生新的职业。其中,人工智能技术的崛起尤为引人注目,它正在逐步改变传统的行业格局,并催生出许多全新的职业。

人工智能技术的广泛应用,使得许多传统行业面临挑战。例如,制造业中的自动化生产线已经逐渐取代了传统的手工操作,而金融行业中的智能投顾和智能风控也正在逐步取代传统的人工服务。

现代服务业的形式也有新的变革,这种变革不仅重塑了行业的结构,也为我们的生活带来了许多新的可能性。过去,服务业主要围绕着传统的商业模式,如餐饮、零售、金融等。然而,随着科技的飞速发展和互联网的普及,现代服务业的形式已经发生了巨大的变化。例如,云计算、大数据、人工智能等新兴技术的运用,使得许多传统服务业开始向数字化、智能化转型。如今,我们可以在线购物、远程办公、在线学习,甚至可以在虚拟世界中进行社交活动。这些新的服务形式不仅提高了服务效率,也为我们

---

[1] 联合国教科文组织国际教育发展委员会.学会生存:教育世界的今天和明天[M].华东师范大学比较教育研究所,译.北京:教育科学出版社,1996:119-120.

提供了更加便捷、个性化的服务体验。

基于人工智能技术的变化,总的来说给今天的社会生活带来了深远的影响。首先,它改变了我们的生活方式和消费习惯。例如,网上购物不仅节省了时间和精力,也能够更加方便地比较价格、选择商品。其次,它也推动了经济的发展和创新。许多新兴的服务业,如共享经济、在线教育、远程医疗等,不仅为人们提供了新的服务选择,也为经济发展注入了新的活力。

3. 社会生活与职场人际关系的重构

随着社会的不断进步与发展,人际关系也在逐渐发生转变。长期以来,血缘家族关系是人类社会中最为核心和基础的人际关系,人们从出生起就被这种关系所束缚。现代社会中,随着工业革命的推动和人口的大规模迁移,"业缘"关系逐渐成为人际关系的主要形式。业缘关系与血缘关系不同,它不是与生俱来的,而是由人们的职业或行业活动构建的人际关系。这种关系在智能化时代有了更新的改变,包括但不限于更加高效、精准的沟通和协作方式。

首先,在智能化时代,随着人工智能、大数据等技术的不断发展,业缘关系得以进一步升级。与传统的业缘关系相比,人工智能的出现使得人们在职场中的沟通和协作更加高效和精准。以往,人们在工作中可能需要花费大量的时间和精力去理解和解释对方的意图和需求,而人工智能则能够精准地捕捉这些信息,并给出相应的回应。这不仅减少了沟通成本,也提高了工作效率。

其次,人工智能还能够根据用户的需求和偏好,提供个性化的服务和建议。这种个性化的服务,使得人们在职场中能够更加自如地应对各种挑战和机遇。例如,人工智能可以根据用户的工作习惯和偏好,为其推荐最适合的工作方式和工具,从而提高用户的工作效率和质量。

总之,在智能化时代,业缘关系得到了进一步的升级和改变。人工智能作为人们的工作助理,使得人们在职场中的沟通和协作更加高效和精准。这种改变不仅提高了工作效率和质量,也为人们在职场中的发展提供了更多的机遇和可能性。

4. 现代家庭与社会之间既独立又依赖的关系

随着基于血缘关系的传统大家族的逐渐瓦解,现代家庭已经逐渐演变成了一个个相对独立的小家庭。这种转变不仅带来了家庭结构的变化,也反映了现代社会中家庭角色和功能的复杂性。

首先,传统家庭中,四世同堂或叔伯姑舅比邻而居的模式较为盛行。大家庭的成员们共享生活空间,互相扶持,形成了一个紧密的社会网络。然而,随着社会的快速发展和人口流动的增加,这种传统的家庭模式逐渐瓦解,被现代家庭模式所取代。

其次,现代家庭通常以父母、兄弟姐妹和子女为核心,他们在业缘圈和经济上相对独立。这种独立性使得现代家庭更容易进行家庭再分化,导致家庭规模持续缩小,使核心家庭、三代直系家庭、单亲家庭和隔代家庭等多样化的家庭形态越来越多,反映了现代社会中家庭结构的多元化。

再次,现代家庭规模虽然更小,但家的主要时间与精力却更多地指向了家庭外部的业缘和"学缘"。父母们不仅要关注家庭内部的事务,还要应对工作和社交等外部压力。这种转变使得家庭中的角色分工更加复杂,孩子们在家庭中扮演的角色也发生了变化。

最后,在现代家庭中,"以孩子为中心"和"以成人为中心"的发展目标并存。一方面,父母希望为孩子提供一个稳定、温馨的家庭环境,关注他们的成长和教育;另一方面,父母也需要关注自己的事业和发展,追求个人的成就和幸福。这种双重目标在家庭中产生了叠加效果,形成了独特的现代小型家庭教育环境。

这种教育环境既强调家庭成员之间的亲密关系和情感支持,又注重个人成长和对个人独立性的培养。父母在教育孩子的过程中,不仅要关注孩子的学业成绩,还要注重培养他们的社交能力、创造力和独立思考能力。这种教育理念既反映了现代社会对人才培养的新要求,也体现了现代家庭与社会之间既独立又依赖的关系。

三、社会信息流通量的飙升及其对社会思想道德的影响

互联网技术已成为推动我们的生产和生活深刻变革的强大力量,在很大程度上影响着人类文明的发展方向。

"互联网+"、大数据、自媒体等互联网新兴概念和人工智能、元宇宙等信息技术将公共事务和个体生活的方方面面紧密地联系在一起,现如今,每一个有影响力的信息传递平台后面必定有网络,推动人们在不经意间从传统的旧媒体时代步入新媒体时代。这是一个以新的技术支撑体系为基础的媒体形态,或者说是一个"互动式数字化复合媒体"时代。这一变化从信息技术革命、媒介传播的多元化开始,已经或正在颠覆着现实生活中人们的思想观念、价值标准和生活方式。

(一)信息保存与流通的文明意义

在现代信息社会,信息的保存与流通已经超越了往日单纯的信息传递与简单的信息获取,有了更多新的意义,已经超越了简单的传承而成为一种重要的导致社会变革的文化力量。

1.信息是至关重要的社会发展资源

从古到今,信息的保存与流通都是促进文明发展的十分重要的条件。信息包含的内

容既有经典知识,也有即时事件。确切地说,谁掌握了知识信息,控制了信息流通渠道,谁就可以享有信息不对称的优势。占有知识信息和信息流通渠道的一方可以利用所获得的信息资源抢夺和垄断其他的发展资源,做出对自己有利的判断和选择,还可以利用信息渠道制造假象,阻碍对立方判断与选择,削弱对方的优势。

2.教育与学习的过程与信息的流通过程密切相关

古代社会占有重要典籍的人就是占有文化高地的人,而传授典籍更是象征着文化火炬的传承,是隆重的事情,由传承典籍形成的师生关系更是非同一般。现代社会的信息流通依然十分重要,一般来说,信息流通速度越快,含量越大,品质越高,应用范围越广,越能反映社会教育的发达程度和文明程度。保持较强的信息流通能力对社会发展具有持续的增益和推动作用。

(二)信息技术的发展及其对社会思想道德的影响

以互联网为基础与平台的新媒体,正以强大的技术力量推动并彻底改变着传统教育的知识传播途径,同时也将在很大程度上改变传统的教学与学习方式。就学校思想道德的发展而言,新媒体时代的到来也给我们提出了许多新的问题。

1.信息技术的发展扩展了思想道德影响的传播途径

古代是口耳相传和以骨壳皮、竹石纸等为信息平面载体的漫长信息流通时期。由于信息载体和传播技术的限制,信息流通的成本高昂,效率低下,信息链不稳定。因此,在传统信息流通方式下,文化的积淀和人类的学习都是非常不容易的事情。我国传统文化中,有不少如大唐高僧玄奘不畏挫折磨难,冒着生命危险千里求学那样的感人故事,这既表现了古人的勤学,也说明了信息流通的艰难与知识典籍的珍贵。缺乏信息来源,就缺乏知识来源,也缺乏对外部社会状况的了解。因此,古代社会中大多数人个人的发展有限。同时,信息传递的艰难也助长了知识垄断,保持了特权阶层的优势,阻碍了对民众智慧的启发。

随着科技的进步,广播、电视和网络等新媒体信息传播手段逐步普及,信息的获取、汇集和传播等环节都发生了巨大的变化。在新媒体技术的支持下,信息流通表现出从单向传播到多源多向流通、精英传播到平民化交流、缓慢传播到瞬时集散的特点,信息的保存与流通变得容易,信息量和信息流通广度、速度增加,信息流通的能力不断提升。人们的视野变得更开阔,能够更广泛深刻地认识世界,而这对人的教育与学习起到了助益作用。

2.现代信息技术对社会思想和道德教育的影响

信息技术不仅是一种可供利用的技术工具,更带来了一种独特的生活方式。信息技术的构建有其规则,而这些规则可以被看作一种制度环境或文化环境。长期利用网络规则的人的思维方式和行为习惯必定会受到潜移默化的影响,现代信息技术已成为影响社会道德与教育发展的不可忽视的因素。

首先,现代信息技术的开放性与互动性巩固了开放与平等的思想观念。在当今时代,现代信息技术的开放性与互动性已深入人心,它不仅巩固了开放与平等的思想观念,而且在很大程度上改变了我们获取和交流信息的方式。现代信息技术的这些特性打破了传统信息传播的单向性,使每个人都可以成为信息的发布者和接收者。这种双向交流的模式促进了不同观点和思想的碰撞与融合,进一步推动了社会的多元化发展。同时,现代信息技术的普及也显著缩小了信息获取的不平等差距,让更多的人有机会接触到丰富的知识和资源,从而增强了社会的整体包容性和公平性。通过网络平台,人们可以自由地表达自己的想法,分享个人的经验和见解,这种自由和开放的交流环境,为社会的创新和进步提供了肥沃的土壤。

其次,现代信息技术鼓励了人们的主体参与性。现代网络因其开放互动的特性,赋予了人们更广泛的选择范围和更大的选择权利。网民不仅是信息的受众,也拥有传播创造的机会。网络已经成为信息流通和人际互动的必然选择。虽然网络不能完全占有、支配信息互动和人际互动的通道,但其功能将越来越强大,越来越不可忽视。人们不再满足于被动等待着信息的传递,而是主张自主选择、自由定制。越来越多的人在现代信息技术的鼓励下,越来越不甘于仅仅成为受众和旁观者,而是去参与创造,推动潮流,体会风云自由变幻的感觉。缺乏主体性的道德教育将很难在现代信息技术营造的外部社会环境中争取到青少年的有效注意。

最后,现代信息技术可以帮助人们高效便捷地获取信息,但也增加了信息鉴别的难度。第一,网络中汇集的海量信息并不能提高学习的效率,因为在生理上,过多的信息会削弱大脑的工作能力,导致学习中心目标涣散,阻碍学习者集中而深入地思考。第二,现代信息技术增加的并不只是优质的信息资源。网络上的信息鱼龙混杂,而现代信息技术并不能帮助人们对信息进行鉴别和筛选。网络可以带来多少优质信息,就可以带来多少伪劣信息,在使人们在享受便捷的同时也增加了信息鉴别的难度。第三,现代信息技术既然可以放大信息,自然也可以成为放大某一种思想舆论的强势力量,形成对人思想的隐形钳制。由此可见,信息技术为现代社会带来了优越条件和风险挑战,需要整个社会付出更多的努力才能恰当地为人所使用。

第二节
冲突与融合中的价值理念

面对现代社会的剧烈演变,不同的人从不同的角度提出了如何认识和应对当前社会的理念与策略。然而,这些不同的思想、价值和策略投放到这个激荡澎湃的物质世界后,也会相互碰撞、消融和叠加,变成庞杂繁复的思想和知识体系。它们在为社会发展提供思路和指引方向的时候,也带来了新的矛盾和问题。

一、人本思想的不断深化

"以人为本"已经成为被社会主流文化认可的社会制度、价值和道德方面的重要思想。坚持以人为本的价值基准,需要体现出人文关怀,强调尊重人,充分肯定人的价值,人类自身的存在与发展应是决定社会取舍和发展的最终依据,把社会发展控制在以人为本的范围内,尽量减少对人的损害。现代社会,人们逐渐认识到,以物质增长为中心的社会发展理念本身就是有关人的发展的价值观念问题。物质社会的危机问题归根到底还是人的问题,特别是如何处理人与人、人与自然之间关系的问题。如果人与人的关系利益化、金钱化、物质化,拜金主义和享乐主义就会盛行,就会造成人性的扭曲和异化。

在教育上,以人为本的思想提出了要以人为中心,尊重人的天性,突出人的发展;帮助人挖掘自己优势,发现自身潜能,超越自己;体会生命的尊严与价值;用全面发展的教育事业来培养全面发展的人等主张。

二、传统文化与现代文化的冲突与交织

由于现代社会生活中经济生活的国际化与全球化,以及国际联系加强,各个国家或民族不可避免地被卷入世界潮流之中。在今天的社会,我们正面对着多种多样、差异巨大的文化、观念与道德价值。以道德为例,世界各国、各民族间对于道德的见解和理论争论纷纭,很难有一个统一的判断和确定的概念,即使在相对稳定、协调的思想体系中,也依然存在着太多的不同。

(一)不可避免的传统文化与现代文化的冲突

社会总是发展变化的,发展的历程就是传统和现代既矛盾又统一的过程。任何时代都有传统的脉络,也会表现出显著的时代特点,同时还蕴含着未来发展的种子。因此,任

何当代都是过去、现在和将来交汇的结果,任何时代都不能把传统与现代截然划分开来,任何时代也都是传统、现代和未来纷繁交织的表现。过去、现在和将来交汇的当今时代,会不可避免地遇上传统与现代的冲突。

(二)在传统与现代的冲突碰撞中寻找生机与活力的中国文化

中国拥有数千年的文化积淀,经历了多次的文化冲突与交融才形成了现在独特的文化体系,并在世界文明中占有不可忽视的一席。这表明现代中国必须通过传统与现代文化的碰撞来实现文化的交融与革新,这也是中国社会长远发展的必经之路。

中国当前处于探索具有中国特色社会主义的发展之路的过程中,传统文化与现代文化的冲突与碰撞更是不可避免。值得注意的是,中国当前的文化冲突既有外来的,也有自身的。中国近现代以来的传统与现代的激烈冲突,并不是中国社会内部自然发展的结果,而是传统文化被西方文明思想骤然冲击后痛苦反思的结果。甲午战争以后,中国许多文化精英更是对自己的传统文化丧失了信心,进而大力移植西方现代文化。在中国独立自主发展建设的时期,强调独立的民族文化思潮在世界发展中国家中兴盛起来,几番波折后,中国社会开始探寻有中国特色社会主义的发展之路,为了实现传统文化的传承与革新,让传统文化与现代文化在碰撞冲突中焕发生机是主动而必然的选择。

三、科学思想与人文思想的矛盾与融合

科学思想与人文思想是人们长期关注的焦点,也是一个不断争论的主题,自古而今,它们经历了一个从占据主流到相互冲突与相互融合的过程。电影《阿凡达》这个拥有先进拟真技术的影片讲述的却是一个反技术反战争,回归自然和心灵和谐的故事。《阿凡达》的导演詹姆斯·卡梅隆极致追求技术并以此闻名于世,但他也曾说过,代表技术的电脑不能代表人的精神和思想。这从侧面反映了科学与人文的关系。

(一)科学思想与人文思想

在人类社会里,科学和人文各有一套认识世界、解释世界和应对世界问题的体系,两者之间既有差异又相通互补。科学思想与人文思想在人类思想史上经历了"合—分—合"的过程。人文思想贯穿了整个人类社会发展的过程,特别尊重人自身的价值,关注人的精神追求,并积极探寻人生的真谛,强调教育要促进人身心各方面均衡协调发展,而科学思想则探究客观世界的事实真相,寻找物质世界运转的规律,解答客观世界"是什么"的问题。自文艺复兴以来,欧洲科学技术和科学思想就被作为人性的光辉来佐证人文思想。如果说科学技术和科学思想帮助人类打造一台动力十足的跑车,那么人文思想和人

文精神就是要指引人类安全地驾着跑车奔向幸福的灯塔。

(二)科学思想与人文思想的分离

科学早期孕育于人文之中,自独立以来就飞速发展,但人类为了追逐科学技术而发展出视科学技术和科学精神为世界最高真理的极端科学主义思想。极端科学主义思想将探究客观事物规律的方法作为唯一的认识世界、解释世界和应对世界的方法,转而将人变成了科学的工具,用于生产科学的知识,并接受科学的检验。失去了精神价值的人不仅无法好好地体验科学技术发展带来的种种好处,还必须承受科学技术灾难性使用后的无数的社会问题。如人与自然关系的紧张,环境污染,生态失衡;人的精神空虚,轻视生命,生活失衡;社会贫富差距扩大,社会失衡;等等。

(三)科学思想与人文思想的相互融合

随着社会发展和进步,科学主义和人文主义各自的片面性使得矛盾对立的双方开始注意从对方的思想中吸取养料,出现了科学与人文相互融合的发展趋势,发展出科学的人文主义思想和人文的科学主义思想,形成了以科学为基础,重视科学发展的人性,以人文为方向和目的,重视人的精神价值和道德的发展观,并在教育上提倡,将科学与人文的教育融合起来的教育才是完整的教育。

中国社会当前仍然处于科学思想与人文思想既冲突又融合的过程中,社会对科学技术与科学的求真务实精神的渴求,需要学校教育注重对科学思想和科学精神的培养,而人文价值理念的淡薄则需要学校教育积极运用人文思想进行人生价值教育,提高精神生活的品质。兼具科学精神和人文精神的个体才是适应社会发展需求和个体发展需求的完整个体。

四、价值多元的矛盾与发展之路

与价值多元相协调的是平等开放的现代社会,多元价值是多元文化的一部分。在现实生活中,文化的多元首先是不同文化的差异,外在表现为饮食习惯、服饰建筑、音乐艺术等的不同,更由于生活习俗和文化传统的差异在深层次上表现为价值与道德观念的差异甚至矛盾。

文化和教育各界在承认和尊重文化多元的基础上,希望通过对不同文化的理解,消除对不同文化的误解、冲突与歧视,培养对差异化的尊重与包容,消除对弱势族群的偏见与刻板印象,提升弱势族群的地位。然而,有时人们越是认识到多元的存在,越是认识到差异,就越是将差异进行到底,极端做法是抛弃以尊重与沟通为出发点,远离共存、共享、共生的目的，一味强化差异性，为了保存差异而采取坚决不妥协不融合的态度。

今天，中国社会的发展进入了一个新的历史时期，一个坚持中国特色，构建自主知识体系的学校德育理论和实践创新的时代。新时代学校德育的理论创新的思想基础是中华民族共同体意识教育，在此背景之下再强调多元文化的宣传并不适应现实需要，反而可能会引发一系列道德认知上的混乱。中华民族共同体意识教育强调的是一种基于共同历史、文化和命运的认同感，它能够促进青少年形成统一的道德价值观念，增强民族凝聚力和向心力。而多元文化主义则可能削弱这种认同感，使得青少年在面对多元的道德价值观念时难以做出正确的判断和选择。因此，在新时代学校德育的理论创新中，我们应当坚持以中华民族共同体意识教育为基础，注重培养青少年的民族自豪感和归属感，同时引导他们正确看待和尊重不同文化背景下的道德价值观念，以实现道德教育的全面发展。

五、共同理想与信仰的缺失

传统社会通过文化精英建构了一个统一的理想世界，并将之作为社会和人生的高尚追求。中国传统社会的文化精英"士"和"君子"认为天地人由"道"统摄，以伦理道德来建构符合"道"的大同世界，出于对这一共同理想的坚守，"士"和"君子"将之作为终身奋斗的目标。近代以来，传统文化中的"道"在猛烈的批判中走向衰弱。新中国成立以后，共同理想是马克思主义信仰。然而，随着物质技术的发展和社会文化价值的多元化，社会成员的生活方式、社会道德和价值观的差异增加，无论在文化精英中还是在普通民众中，共同理想与信仰都有所缺失。

西方也正经历着没有"上帝"的信仰危机和文化危机。不少学者对此进行了思索，并指出这是"工具理性"的全面统治与"价值理性"的消退所带来的"世界祛魅"后果。"工具理性"常常通过实践的途径确认手段的有用性，从而追求事物的最大功效，强调实用性。而"价值理性"则体现出对价值问题的理性思考，强调世界的合目的性，帮助人寻找世界对人的意义，为人提供信仰和精神家园。然而，随着技术手段的发展，曾经作为一个有意义的体系而被信任的世界，被自己的技术瓦解了，通过"工具理性"思考的世界只存在"物"、"事实"和"工具"，除了满足人们的工具性目的，世界不具有任何目的，探讨人生价值和目的成为非理性和毫无意义的事情。因此，对共同的理想和信仰的建构和追求也是毫无必要的。

没有了共同的理想与信仰，世界再也不是一个有意义的整体，人如何发展、人生的意义何在、人的价值追求是什么等问题便成为一件"私人"的事情。不仅如此，在"工具理性"的主张下，国家和政府还应该对这类问题保持"价值中立"，不应该进行任何的偏袒与干涉。

理想与信仰的缺失使人们陷入无止境的物质追求和财富追求中,变得只追求眼前实惠,偏重当下的利益,然而物质的涌入永远也填不满精神的空虚。陷于眼前和当下,就放不开视野,找不到未来的方向,其结果就是蔑视规范、无视生命、道德薄弱、行为偏颇,社会缺乏凝聚力,社会的稳定将受到严重影响。

六、社会责任的泛化与不确定

社会资源和空间是有限的,当所有人的权利和自由都要得到满足时,不免拥堵到相同的利益出口,从而发生碰撞,产生激烈冲突。

(一)庞大的社会责任领域和责任主体

现代社会弘扬主体性,提倡个性,关注自我。每个有一定行为能力的人都被视为独立的享受权利的个体,即便是未成年人,都享有相应的被尊重的权利,应当受到个性化的关怀。独立个体的个性特色越彰显,个体与个体之间的区别就越明显,对个人来讲属于非自我的东西就越多,相异也就越明显。因此,如何处理与个体之外的他人间的冲突和矛盾呢?许多现代人既不想违反法律,又想保持自己的最大自由权利和利益,便将这些问题交给了社会机构去处理。因此,越来越多的在传统社会中属于"家庭事务"的事件被转移到了国家社会公共事务中。

此外,这是一个社会物质成果和精神成果都非常丰富的时代,而且还被期望着能持续丰富下去,以满足不断被激发的需要和不断被建立的关系的要求。社会的多元发展造就了众多的利益群体,社会公共和私人的事务也越来越多,关系越来越复杂,单凭个人和某个团体无法协调和解决许多社会性问题。例如,宏观世界的资源环境问题、贫富差距问题,直接关涉人的发展走向的教育问题,等等。许多相关领域的学者都提出了自己的解决思路和方案,无一例外地,这些解决方案都提到了社会系统的协作支持,并形成统筹各方力量来应对问题的思路。

因此,必须有相应的得力组织来协调和处理涉及众多领域、地区和人群的社会事务。结果是,国家机器必须不断"完善",提高效率,才能更好地面对和解决更多并且还会继续增加的社会矛盾和问题。各种管理部门、监督部门、评价部门和协作部门应运而生,各种新生的专门的法律法规应对不同的新生行业和领域,国家组织机构要更有作为,要承担起应有的国家责任。责任意识和责任能力成为人们评价国家政府的重要指标。

某个机构或组织的责任要求虽然受到制度的规定,但其影响与效果的扩大,还需要自下而上每个普通个体的责任意识和责任能力的配合。例如,面对日益严峻的世界性资源环境问题,受到损害的是全世界,而解决问题的方案关键也在于全世界的协调配合,要确定合理发展的共识。教育问题也是如此,父母出于对子女成长的关心,将孩子送到社会组织机构中进行教育,却发现再好的学校也不能面面俱到地照顾孩子,因为来自家庭、社会和学校的显性和隐性力量都在有意无意地对孩子产生影响,良好的教育效果需要良好的教育环境,即需要每个人负责任地发挥积极的教育影响作用。

(二)社会责任的分散与不确定

现代思想提出了对主体性的弘扬,认为既讲求权利,也重视责任,方可达到社会和谐。而责任正是指在处理自我与他人的问题时,对社会中对他人有益的事务进行认可与维护。社会的任何成员要强调权利,就必须承担责任,对社会和他人负责,是社会成员最基本、最起码的公共生活准则,而且更进一步说,在社会中影响能力有多大,责任就该有多大。具备责任意识,并拥有相应的负责任的能力,实现权利和责任相当、能力和责任相匹配,这就是主体精神。

虽然,主体性被弘扬,每个人都应是责任主体,但是由于主体精神在现实中表现微弱,真正主体的形成还需要不懈努力。在现实中,"人人有责"有时会变成人人都寄希望于别人负责,每个人都该思考的问题会变成交给别人思考的问题,责任的担负者变得不确定。

现代社会拥有庞大的社会责任领域和庞大的社会责任承担主体,但由于社会责任意识缺乏以及责任能力不够,在矛盾激化之前,许多人和团体甚至国家组织都会以自认为理性的方式做出最有利于自己的选择。追求自身利益的最大化被视为"理性选择",却忽视了自身的社会责任,导致公共利益受损,转而损害自身,并且还演变出责任主体队伍越壮大,越可能出现责任对象不明、责任分散等情况的现象。

学校教育虽然有自身的稳定性,但文化思想的矛盾冲突以及社会对学校教育的迫切期待也将学校教育和教师推上了矛盾的舞台。社会要求学校教育发挥出教育的文化传承功能与淘汰功能,以应对不同的文化思想在冲突碰撞中交融革新的现实需求。文化冲突给学校德育带来了负面影响,但对学校德育来说也是一个在矛盾中不断调整、动态适应的过程。

第三节
个体道德发展的矛盾

社会发展的一个结果是带来了个体在道德发展中的矛盾,这些矛盾在很大程度上影响了人们对道德的理解,在对学校德育效果的评价上也出现了一些新问题。

一、不确定的道德观念

当物质世界处于高速运转中、社会文化处于多元发展中的时候,人们的价值和道德观念变得越来越不确定。

道德本是人类社会为寻求种族保存与延续,在与自然、与他人的和谐共处中获得的实践经验和智慧。当人类还没有把自己和自然完全分离开来的时候,人们出于对自然的敬畏与崇信,通过对自然的反复观察与实践总结,形成了一定的应对自然、处理与他人关系的经验和行为方式。这些经验与行为方式便是传统道德的前身,人们相信它们都是来自强大而神秘的自然的启示,天道和人伦自然地联系在一起。

这些道德精神帮助人类经受住了自然一次又一次的考验,也随着它辅佐的人类的强大而留存下来,并经过一代又一代的传授与积累逐步完善起来,成为大多数人熟知的、有迹可循的道德规范。随着社会文明的发展,规范体系逐渐形成并汇集成了"礼"。"礼"成为道德的外显形式,道德因为"礼"而变得可以直接观察和感受,"礼"成为国家启发民众道德的途径和验收其效果的方法。在国家权力推广"礼"之时,道德不再是少数人探索自然后真心体悟自然运行规律的成果,而更多地表现为国家权力公开强制维护的全体国民的行为准则。以"维护天道"为名义,通过对"礼"这种外显形式的不断强化,道德也持久地发挥着协调人际关系,维护国家与社会稳定的作用。这样的道德或许是出于真心的信服,但并不一定出于人的主动性。随着人类社会进入现代,当传统的徒具形态的"礼"变得荒诞可憎时,以之为载体的传统道德也变得陈腐可笑。当传承上千年的道德价值体系无法支撑自身时,道德的理想与价值也变得不确定。

在现代社会中,笼统地鼓励多元价值也可能使道德处于发展中的青少年产生不同的认识,而有些认识则可能是消极的。有的是对某种社会生活所支持的道德价值观念有所体会,而特别认同某种道德价值观念;有的认为现实本该多元,对不同的道德价值观念不置可否,秉持毫无原则的宽容态度,从而形成道德相对主义;有的因个体的分析和判断能力不足,听了别人的观点后受到言辞的吸引,觉得在道理上应该认同,导致道德价值观念混乱,随手取之,随意用之。因此,个体道德的培养不再是在一个系统、连贯、一致的社会环境中进行,个人道德发展的基本定位变得越来越模糊,有关道德的理想和价值观念在普通社会大众中也变得越来越不确定了,道德教育的难度增加了。

二、确保共性与崇尚个性的融合

中国社会正从强调共性走向崇尚个性,并追求共性与个性的和谐发展。中国社会曾经经历过强调服从共性的漫长时代,但也并没能湮灭人的个性,个性被严格地统摄在具有鲜明等级标志共性的社会礼法体制下,然而那些具有优秀品质的人,依然在经济、政治、思想文化和技术上推动了创新与变革,为中华民族的繁荣发展做出了不可磨灭的贡献。在西方对人天性的赞扬与尊重个性发展的思想传入中国后,中国社会经历了对强调服从共性的社会的反思和批判,有的人也开始了快速转变,追求极端的绝对个性,排斥共性,漠视社会,却因为找不到自己的位置而感到痛苦。

在新时代背景下,学校教育应当在确保共性的基础上,充分尊重并崇尚个性。共性是社会稳定和秩序的基础,它体现了社会的共同利益和普遍价值观念。然而,个性则是社会活力和创新的动力,它展现了人类的多样性和创造力。

从理论上讲,共性与个性并不是相互排斥的,而是可以相互促进、和谐共存的。在实际社会生活中,共性与个性的融合也是至关重要的。一方面,共性作为社会的基础,确保了社会的稳定和秩序,为每个人提供了平等、公正的发展环境。另一方面,个性则是社会的灵魂,它激发了人们的创造力和创新精神,推动了社会的进步和发展。只有当共性与个性相互融合、相互促进时,社会才能呈现出更加繁荣、多元的面貌。因此,我们应当努力寻求共性与个性之间的平衡点,让每一个人都能在尊重共性的基础上,充分展现自己的个性,为社会的发展贡献自己的力量。

因此,在教育过程中,教育者应当注重培养学生的共性意识,让他们了解并尊重社会的共同利益和普遍价值观念。同时,也应当鼓励学生的个性发展,为他们提供多样化的学习机会和资源,让他们能够充分发挥自己的特长和潜力。只有这样,我们才能培养出既具有共性意识又具有个性特质的优秀人才,为社会的进步和发展做出贡献。

共性与个性是社会的一对普遍矛盾,每个人都是共性与个性的结合体,共性与个性及其矛盾是与生俱来的。其实,在中西方思想文化中,共性和个性都曾是矛盾的两极,并且此消彼长。然而即使在崇尚个性的人群中,每个个体都在寻找共性,"我"和"你",为了能生存,为了能沟通,为了能扎堆,不想被抛弃在人群之外;同样,即使在极度强调服从共性的社会里,整个社会也会崇尚个性,"我是我","我"是独立的,是唯一的,是鲜明的,不想被湮灭在人群之中。社会的交流与协作需要有共通的平台,社会认同需要有共同的价值基础,父母希望自己的孩子可以融入社会大环境中,都是共性的表现。对自我潜能的挖掘,突出某方面的才能,与众不同的创新与变革,则是个性的表现。共性就好像是具有极强稳定性的 X 染色体,而个性则好像充满丰富变异性的 Y 染色体,只有 X 与 Y 自然搭配,稳定与变异相结合,人类才有机会进化出具备优秀智慧的大脑,才能应对纷繁自然界的挑战。

人始终还是社会中的人,无论是共性还是个性,都是人类发展的特点与需要。西方曾经历过鼓励学生张扬个性,帮助学生彰显个性的教育改革,不干涉学生的思想自由,不对学生的价值观念进行引导,然而结果是学校秩序混乱,学业水平严重下降,青少年迷失了方向。20世纪90年代以来,西方教育开始修正目标,对学生进行有导向性的课程教育。反观我国长期的课堂教育,形成了以学生对课堂知识的学习为主的共识,以符合标准、没有问题为目标,培养的却多是只能"复制"前人知识的学生,学生缺乏反思批判精神和独立思考能力,难以创新,这样的共性教育又能在多大程度上满足社会发展的需要呢?中西方通过长期的教育研究与实践,确认了促进学生共性与个性共同发展的目标。确保共性与崇尚个性的两种社会发展理念的融合为人的全面发展确立了重要原则。如何因材施教,让共性教育与个性培养保持恰当的关系,既保证共同的目标和社会认同,维护协作和对话的平台,又保持个性发展的张力,实现天平双方的微妙平衡,成为教育界积极探讨的热门话题。

三、对平等的权利与责任的日益重视

平等是法律赋予人的基本权利,平等意识是现代文明社会发展的必然结果。现代社会认为,每个人在人格上都是平等的,因此,每个个体都享有不可剥夺的平等的社会参与权。在社会性上,这种平等参与权是人格平等观念的主要体现之一。人格平等观念承认每个人享有天然的权利,这种权利不因出身、境遇、个人能力和具体特征的差异而丧失,更不能被任何人或权力部门所剥夺;个体的人作为社会的一分子,其人格尊严不能被差别对待,必须受到同样的尊重。

因此,现代社会不仅强调权利与责任的对应,还特别重视平等的权利与责任,要求不同的个体或团体组织甚至国家在社会中的影响力有多大,责任就该有多大,既要享有与其他人平等的权利,也需要平等地尽自己的义务,履行自己的职责,以实现权利和责任相当、能力和责任相匹配。因为人人平等,人人都可以获得自己的权利;因为具有平等意识,人们就更注重与他人之间的相互尊重。

在家庭中,传统家长制的绝对权威已经消解;在学校中,平等的师生关系是被大力提倡的。平等、公正的教育环境,可以帮助青少年增强平等意识,是教育为社会培育现代人才的基本前提,是使学生身心健康成长的基本条件。如今,青少年的平等意识也越来越强烈,因此也表现得越来越自信,敢于大胆向家长、教师和社会表达自己的思想观点,展示自己的个性,敢于大胆地提出问题,甚至敢于大胆地说出自己的反对意见及其依据。这为学校教育注入了活力,也对教师提出了更高的要求。

四、社会与个人选择的艰难

随着社会的变迁,整个社会处于全球化的环境之中,各种不同价值取向的意识形态和道德观念形成了一个多元化的态势和氛围,这就给社会以及社会中个人思想道德的塑造与价值观念的选择带来了困境。

(一)现代社会宽广的选择范围带来了选择的困境

现代社会不仅物产丰富,可以将琳琅满目的产品推到个人面前给予选择,而且在文化上也是自由而开放、多元而自主的,没有了传统社会中对每个人角色确切无疑的定位,每个人需要自己来选择许多并非与生俱来的角色,而这种选择的自由并不是轻松惬意的。

1.选择的责任与必然承担责任的要求

在社会和人生发展的过程中,人们总是面临着一系列的选择。选择过程是一个主观意愿表达的过程,是价值需求满足的过程。现代社会要求培养个体较强的责任意识和能力,以承担主体在选择中产生的社会责任。

2.更多的选择带来选择困境

如前所述,现代社会环境是纷繁复杂的,社会责任体系是庞大的,进行选择的环境越来越复杂,牵涉的人与事物越来越多,选择主体的价值理念越来越不明晰,因此,选择的过程并不容易。《道德经》里说:"五色令人目盲;五音令人耳聋;五味令人口爽;驰骋畋猎,令人心发狂;难得之货,令人行妨。"相信许多人都有面对巨大的选择余地,反而无从下手的感觉。在经历过前所未有的物质财富的生产、聚集和消耗的过程后,面对巨大的成果与诱惑,许多人的心境是相同的,意识到自己面临的选择越多,自己放弃的也就越多,选择的机会越多,犹豫、彷徨、失望也可能就越多,选择也就变得越痛苦。对一个大学生来说,该选择怎样的专业,选择哪些课程,选择什么工作单位,选择考研还是就业,选择怎样的深造学校,等等,都是非常纠结的事情。

有的人常说自己是被迫选择或者没得选择,其实是早已选过了——为了避免自己所认为的最坏的结果而选择了次坏的结果。可是,如果一个社会总是让其成员在最坏的结果和次坏的结果之间选择的话(例如,让人时常徘徊在丧失基本生存权利与严重违背良心或道义之间选择),那么这个社会就是一个腐坏的社会。如果在正常发展状态中的社会中的某个个体时常做这样选择的话,那么他就有必要审视自己的生活态度和选择能力了。

(二)如何确立正确的选择态度

所幸地球上的选择遵循的是"用进废退"的原则,除了某些时候的单个选择对未来产生决定性影响外,大多数时候,是后来的一系列选择对前面某个选择的价值产生了叠加或削弱作用才使得事情发生了决定性的转向。其实我们每天的行为都是在为前几年、前几天、前一刻的某一个选择增加或者减少筹码,也是在进行选择活动,这就是人的选择能力。也正因为如此,每一次选择的成本都得到了分担,每一次选择都不至于孤注一掷。而那些将人生或社会的对错成败归于某一次或几次选择的人,对待自己和社会的态度不可不谓之轻忽。但是在青少年中,钟情和依赖于一次或几次轻忽选择的人不在少数,并且这些选择与"一蹴而就""一夜成名""一步登天""一鸣惊人"等浮躁的想法是紧密联系在一起的。如果仅固执地注重某几次的选择,一次选择的挫折,便会让青少年对社会和人生的态度变得消极、被动,这是家庭教育和学校教育都必须予以重视的问题,只有增强青少年对选择的执行能力,提高有效选择的比率,即培养起持之以恒长期努力的意志和能力,才能让青少年更有成就感,才能让国家、社会的未来更有持续发展的劲头。

现代社会正在经历着剧烈的变化,现代社会的思想观念、道德土壤已经不同于传统时代,社会对优秀文化的继承与发展和个体良好品德的养成都不是在封闭孤立中进行的,道德作为社会理想、价值和规范的集合,必须将其现状和问题投放到社会大环境中去考察,以找到我们继续发展和变革的思路和资源。

问题思考

1.大数据时代,智能化与数据化改变了我们的工作和生活,在中小学教育过程中,我们的教育与教学受到了很多挑战,这也给我们带来了前所未有的机遇。结合你的生活实际,请你简单谈谈当前大数据和人工智能等给学校教育与德育方面带来了哪些挑战?我们应该如何应对这些挑战?

2.互联网具有极强的开放性,它在如下方面给学校德育带来全方位的冲击,你如何理解?

拓展阅读

1.希言自然。飘风不终朝,骤雨不终日。孰为此者?天地。天地尚不能久,而况于人乎?故从事于道者,同于道;德者,同于德;失者,同于失。同于道者,道亦乐得之;同于德者,德亦乐得之;同于失者,失亦乐得之。

——老子《道德经》

2.这次的变革,不仅仅是技术的进步,更是我们自身的进化。在新的范式中,我们超越了传统的认知边界,迎来了知识与智慧的融合,拥抱了数据和计算的力量。正如探险家在未知的海域中学会航海,我们也在新的时代学会了以更智慧的方式思考、决策和行动……全球化和数字化时代,虚拟世界有助于以全新的方式定义身份,赋予个体更多的灵活空间,与此同时,社会正变得更加多元碎片。

——王立辉《人工智能+教育:人工智能时代,未来学校教育的机遇、挑战与重塑路径》

教育名言

教育除了鲜明的社会性之外，还有鲜明的生命性。人的生命是教育的基石，生命是教育学思考的原点。在一定意义上，教育是直面人的生命、通过人的生命、为了人的生命质量的提高而进行的社会活动，是以人为本的社会中最体现生命关怀的一种事业。"教育的生命基础"这一命题的内涵是：1.生命价值是教育的基础性价值，教育具有提升人的生命价值和创造人的精神生命的意义。换句话说，对生命潜能的开发和发展需要的满足，教育具有不可替代的重要责任，因而生命构成了教育的基础性价值。2.生命的精神能量是教育转换的基础性构成，教育活动就其过程的本质来看是人类精神能量通过教与学的活动，在师生之间、学生之间实现转换和新的精神能量的生成过程。

——叶澜《"教育的生命基础"之内涵》

第二章
学校德育面临的冲突

内容提要

在当今时代，我们目睹了前所未有的社会变迁、文化冲突与交融，以及思维方式的巨大转变。在这一大背景下，学校德育也面临着一系列的问题，这些问题在一定程度上使其无法适应当代社会的需求。本章将探讨这些问题，并引导学生思考如何推动学校德育变革。

首先，德育理想的失落是当前学校德育面临的一个核心问题。在传统德育观念中，强调道德品质、伦理准则、集体精神等方面的培养。然而，随着社会的快速变迁，德育理想在一定程度上被淡化或忽视。为了重塑德育理想，我们需要重新审视传统德育观念，并结合当代社会的需求，构建新的德育理念。

其次,德育与生活的背离也是一个值得关注的问题。传统的德育往往过于注重理论知识的传授,而忽视了德育与日常生活的紧密联系。为了解决这个问题,我们将德育融入学生的日常生活中,让他们在实践中体验和感悟德育的重要性。

再次,德育主体间关系失衡也是一个亟待解决的问题。在传统的德育模式中,教师往往扮演着主导者角色,而学生则是被动接受的角色。这种失衡的关系不仅不利于学生的全面发展,也阻碍了德育效果的提升。我们在本章中提出了师生均为德育主体的理念,试图在此基础之上构建一种平等、互动、共生的德育关系。

最后,传统的德育评价往往过于注重量化指标和结果导向,在评价过程中忽视了德育过程的复杂性和多样性,需要建立一种全面、科学、合理的德育评价体系。这个体系应关注德育的全过程,包括学生的道德认知、情感体验、行为表现等方面。同时,这个体系还应注重学生的个体差异和成长变化,以激励他们不断进步和发展。

问题导入

1. 在发展变化的时代背景下,学校德育将面临何种冲突?
2. 面对种种冲突,学校德育能够有所作为吗?
3. 怎么样实现学校德育的有效改革?

第一节
德育理想的失落

道德在人类历史长河的发展过程中,一方面是人对天地宇宙本原的把握与体现,另一方面是人类生活中主客体之间利害关系的揭示及共同重要价值的选择。德育通过对人的道德教育,让人真正成为人。人类社会经历了共同道德的界定、规范传承和德性培养时期,时至今日,社会组织结构和文化内涵模式已经发生巨大的变化,现代社会充满了各种各样强大的、推动社会发展的、直接的现实动力,例如技术进步和生产发展。而曾被视为统摄一切的道德则因其传统土壤的流失而在现实社会中处于尴尬的境地,道德的作用与价值既受到质疑又被期待,而对于这些问题,学校德育多是仓促应对。

一、价值关怀的缺失

人是自然的,也是社会的,在人成为人的问题上,人不仅会考虑眼前温饱和现实功利的问题,还会思考意高远和价值永恒的问题,于是人会寻找现实生活的终极价值,超越有限,达至永恒。道德的作用就在于有崇高的价值意义,对人与社会的引导,对未来和谐发展的前瞻,也正是有了高远与永恒目标的牵引,人才可以从繁复的现实中拥有精神支持,保持更高的目标追求。然而,当前学校德育却在对个人的人生价值的引导上有所缺失。

(一)学校知性论德育范式对人生价值的忽视

在我国学校德育实践中,德育理想本应该是帮助学生认识到自己应该怎样存在,人生应该如何度过,我们可以超越物质需求寻找的目标到底是什么,并以此来承载人的精神,提升人生品质,合理定位人生,让生活与生命不在精神上枯竭。

在学校教育中,学生可以获得不少知识,然而,即使具备了知识,学生仍然不能从人的目的是什么、生活的意义是什么这样的价值问题中脱身。现实的学校德育主要采用知性论的德育范式,道德教育就好像是对绝对规范的掌握和人际关系的思维训练,使得人的本质、人的需要、人的生命、人的多样性存在等根本问题被忽视。而脱离了对人生、人性关注的学校德育,只能让学生的道德发展维持在不违背基本社会规范这条底线上,在人的未来发展中更大的心灵空间被荒置,缺少生命的活力和魅力。有人笑言,现在的教育让学生有智商无德行、有知识无修养、有欲望无理想、有青春无热血。在这些问题的背后是生命的代价和社会的损失。因为,纷繁的物质是变幻无穷的,而人的生命是有限的,拘于外在物质的追寻,永远也找不到答案。一旦遭受挫折和打击,轻则产生心理障碍,重则走向自我毁灭。

(二)社会焦躁与功利思想对人生价值的忽视

社会对教育的实用功利的想法让教育也必须追求功利,最典型的功利表现是升学机制。在市场经济大潮中,教育不可避免地按照市场模式来运转,分数成为工具,升学就是生存,通过进入高一级学校来实现个人价值的社会潮流愈演愈烈。在应试教育中,智育被抬到无限高的地位,德育则无人问津。升学率成为社会衡量一所学校教学质量高低的根本标准,成为关系学校生存与发展的重要因素。在社会竞争机制的高速运转下,学校和教育者早已不能自主沉浮了,不得不随波逐流,甚至推波助澜。

目前,有的学校德育在课程上丰富道德教育的内容,生命教育、挫折教育等主题都在学校德育课程中得到了实施。然而,我们需要注意的是,学校德育并不只是德育课程的职责,而是每个教育者和整个教育环节的任务。在整个社会系统中,社会向学校、教师向学生、父母向子女纷纷传递外在物质竞争的急迫和焦虑,停止了追逐外在物质成功脚步的生命就意味着失望与失败。在学校中,以成绩为参照,以分数论高下的外在竞争非常激烈,学生在生命课程中体验的情感与价值很容易就被成绩竞争的强烈感受所取代,总是被成绩竞争所驱动,只见外在物质,不见内在精神。

(三)矛盾的价值观念对明确的人生价值观的损害

面对社会的急剧变迁,开放而流动的社会使人们的经济生活和文化生活发生了诸多变化,传统道德文化所建构的意义世界解体,多元价值与多元道德的观念越来越受到认同,社会中经常提到"底线伦理""道德底线""道德容许行为"等,似乎说明现实社会中的道德只是在守住底线的程度,最终还是带来了价值观的混乱和群体间的心理冲突。同时,正如古语云,"取乎其上,得乎其中;取乎其中,得乎其下;取乎其下,则无所得矣"。人们对道德要求仅仅维持在道德底线上,既降低了道德的价值标准,也降低了人们追求道德的积极性,社会道德行为失范日益加重。

学校教育对于社会中的问题并不能从容应对,而是仓促上阵,缺哪补哪,因此缺乏自身的系统性与稳定性,这就使得学校德育在培养学生稳定的、系统的道德价值观念与道德行为上出现了困难。怀着支离破碎的道德观念的青少年学生常常无法进行正确的道德选择,因而常常出现行为上的偏差。在整个社会精神动荡之时,人们越来越感到:随着社会道德价值观念的变化,当代学生的道德价值观念与精神面貌也出现混乱,他们越来越不能确定自己,也找不准自己的人生价值;他们对人生理想的困惑程度或者忽视程度越来越高,其行为也正在偏离规范的道德要求,与社会期望越来越远。

二、德育层次性的模糊

教育未必全知全能,但是教育可以为人的成长提供引导和发展条件。道德的发展过程是一个成长的个体借助社会提供的经验和德性,努力探索、不断建构,从而达到自主、自觉的过程。德育的层次性则体现为道德由对现实情境的应对向高层次道德理想境界发展。然而,当前学校德育的层次性模糊,既不能帮助教师找到道德教育的适当目标和要求,也没能对学生的道德发展起到线索引导作用,造成了学校德育实效性低下的问题。

首先,道德教育是道德理想和道德规范的结合,而学校德育只找到了道德规范的教育途径,对于道德理想的引导常常处于缺位状态。当然,这与前面所说的共同的理想与信仰的缺失有关,然而道德理想缺失的位置很容易就被多元的价值思想所占据,缺乏了道德理想的规范自然也欠缺依据,难以得到学生的信任。

其次,忽视学生道德水平发展的层次性。即使在同一个道德理想下,德育目标也要随着学生道德水平的发展进行调整,然而,学校德育的目标要么在最高层次上求"同",要么在道德底线上求"多元""自由",对成长中的学生缺乏持续的导向作用。

最后,学校德育本应该是道德理论层面和道德实践层面相结合的活动,但是学校德育更多地停留在了知识理论层面,而在实践层面上,学校采用将现实生活内容引入课堂,而让学生共同投入现实生活中进行实践体验的机会却大大地减少了。由于近年学生在学校的集体安全事故时有发生,并造成了巨大的伤害,教育主管部门、社会和家长对发生事故的学校进行问责,许多学校对此的回应便是压缩学生的集体活动时间和空间,包括限制学生出校门,限制学生自由活动时间,限制学生的自由活动形式等,不仅由学校组织的外出观察游历活动减少,连课外活动也减少了,自然也限制了学校德育实践活动的开展。被保护在笼中的"小鸟",纵然可以通过现代信息技术看世界,也依然缺乏亲身的感受和心灵体验。

三、教师的"去圣化"

在我国古代,一个重要知识是有关道德的知识,道德不仅是一种规范,更是天地伦常运转的普遍规律。在寻求天人合一的道德知识体系中,教师作为重要知识与经典的拥有者,更是崇高理想的化身,古代圣贤所希望的人生三乐之一——"得天下英才而教育之",便是教师享有的快乐。现代社会,"教师"作为一种专门的职业,因为其独特的劳动对象和劳动特点,社会依然对教师角色投入了强烈的情感,希望教师承担起崇高的社会职责,然而教师角色的崇高价值在社会和教师自己心中还是悄悄发生了变化,教师的"去圣化"过程已经开始。

这一过程伴随着教育普及化、教师职业化的趋势,教师的角色逐渐从神圣化的圣贤转变为更为平凡、专业的教育工作者。这种变化并非意味着教师地位的贬低,而是对教师职业更加理性、客观的认识。在现代社会,教师不再仅仅是道德知识的传递者,更是学生成长道路上的引导者和伙伴,他们与学生共同探索知识,培养学生的批判性思维和创新能力。因此,教师的"去圣化"并非负面现象,而是教育现代化进程中的必然产物,它促使人们重新审视教师角色,赋予其新的时代内涵。人工智能时代教育教学资源的平行与开放性更是对教师的神圣性提出了挑战,要求人们以更加平等和开放的心态看待教师的角色。教师的"去圣化"促使我们认识到,教育不再是单向的知识灌输,而是师生共同成长的过程。在这个过程中,教师需要不断学习,更新教育观念,提升专业素养,以适应时代发展的需要。同时,社会也应给予教师更多的理解和支持,尊重他们的职业选择,肯定他们的劳动成果,共同营造一个尊师重教、和谐发展的教育环境。

(一)教师称呼的泛化暗示教师"去圣化"

中国民间习惯称呼教师为"老师",然而在现代社会中的学校教育范围之外,"老师"还是一种对陌生路人的称呼。在零售商业、服务业中,对顾客、对陌生人,"老师"是常见的称呼,而在高校中,"老板"则成了导师的代名词。由对特定素质要求和工作职责的人的特定称呼转化为普遍泛化的人,暗示着教师的"去圣化"。然而,现实中的教师却在逃避高尚,希望自己"去圣化",将自身崇高价值的实现从教师职业中剥离出来。

(二)教师的工具化与技术化的负向影响

教师的"去圣化"与前文所述的教育整体的价值关怀缺失有很大关系,然而,在教师自身的专业生活中,教师的片面发展致使他们逐步失去追求崇高职业理想的情感与意志。

1.教师"去圣化"与"去权威化"的混淆

现代社会要求学校教育重新发现学生的价值与潜能,因此,教师要转变角色观念和行为,就必须淡化自己的权威身份。由于古代圣贤具有基于自身的道德素养的权威身份,有的教师便将圣贤的道德理想与绝对权威的不可违抗混为一谈。教师在卸下凛然不可侵犯的神圣权威身份的同时,也将传统教育对教师的高尚人格和道德情操的要求一并卸下。

2.教育的工具化、技术化取向致使教师片面发展

现代社会特别强调学校教育对政治、经济、科技等的影响,使其成为国家富强的手

段,而教育对人自身价值的提升和精神的引导功能被忽视。学校教育变得工具化、技术化,其最主要的目标就是对知识与技术的传递、掌握和积蓄,因此,无论教师或学生,都只是人力加工生产线上的要素,知识和技术成为衡量教师专业发展水平高低的重要指标。

教师单一的职责和任务将其训练成追求知识和考试分数的能手和工具,整日埋首于重复机械的知识讲授中,片面的从业经历只能让教师在专业上片面发展。因此,教师对自己的精神世界的陶养和精神生活的提升,既缺乏条件来实现,又缺乏主动寻求条件来提升自己的意识。

新教学价值观的核心理念(节选、有改动)[1]

新教学价值观的重建,在认识上还必须从一般整体共通的层次上开始,即重新认识教学在育人中的价值,以及为培养怎样的人服务的问题。"新基础教育"形成的教学共通价值观的核心理念是:当前我国基础教育中课堂教学的价值观需要从单一地传递教科书上呈现的现成知识,转为培养能在当代社会中实现主动、健康发展的一代新人。我们认为,学科、书本知识在课堂教学中是"育人"的资源与手段,服务于"育人"这一根本目的。"教书"与"育人"不是两件事,是一件事的不同方面。在教学中,教师实际上通过"教书"实现"育人",为教好书需要先明白育什么样的人。只关注现成知识传递价值的教师,实际上是在"育"以被动接受、适应、服从、执行他人思想与意志为基本生存方式的人。青少年学生内在生命中的主动精神和探索欲望,在这样的课堂教学中常常受压抑,甚至被磨灭。这种情况不改变,教育将成为阻碍社会和个人发展的消极力量。"新基础教育"主张今日中国的中小学教育,应把形成学生主动、健康发展的意识与能力作为核心价值,在教育的一切活动中都要体现这一价值。其中,"主动"是对现在已十分流行的"教育要以学生发展为本"的提法之进一步聚焦。在此,有必要阐述做出这一聚焦的依据。

"学生发展"是教育中经常论及的问题。近十多年来,教育理论界先是讨论教育以社会发展为本,还是以个体发展为本。随后,关涉后者的,又进一步讨论,究竟应以学生的"什么发展"为本,各家都有自己的见解,如"和谐发展""主体性发展""自由发展""多方面发展"等。这些观点从不同的角度给人以启发,但似乎都存在着只从期望人本身达到的理想状态来说明"发展"。在我们看来,"发展"作为一种开放的生成性的动态过程,不是外铄的,也不是内发的,人的发展只有在人的各种关系与活动的交互作用中才能实现。因此,不能只从孤立的、个体的角度来设定对发展的要求,而应以"关系"与"活动"为框架思考教育应以学生的"什么发展"为本的问题。进一步分析可以看到,作为个体最基本的关系与活动

---

[1] 叶澜.重建课堂教学价值观[J].校长阅刊,2006(8):33-34.

有两大类:一类指向外界(外向式的),即个体与周围世界的关系和实践性活动;一类指向内部(内向式的),即个体与自我的关系和反思、重建性活动。这两类关系与活动中,个体能采取的基本方式也只有两种:或主动,或被动。人不可能时时、事事、处处主动,但从自身发展的角度来看,个体的主动性是十分重要的关键性因素。这种主动包括上述两个角度的关系与活动,对个体的发展,它们不仅不可或缺,而且密切相关、交互作用。

个体主动性的发生,总是在对外界和自我及其关系、对将发生的行为价值等有了认识并产生意愿后做出的选择与行动。不管最终主体是主动选择"进",还是主动选择"退",或选择"保持不变",都是出于个体本身的认识和意愿。个体实践的主动性,对处于今日变化急剧、生存环境中不确定因素大增时代中的每个人来说尤其重要。总体而言,当代中国社会中生存的每个人之人生历程,较之改革开放前确实有更多的机遇和可能,但也有更多的风险与危机。因此,人在复杂背景下的自我选择的意识与能力,对于人生的意义与价值,就显得更为重要和必要。

人的主动发展可能性的依据可以借用法国当代著名思想家埃德加·莫兰所提出的生物的主体性和自组织理论来说明。莫兰认为,生物具有自我产生和自我再生的自组织能力,这个能力是通过处理一系列信息的,通过自己和为了自己的运算来实现的。"生物的最小行动都以'我运算'为前提;通过这个运算,个体自我中心地根据自己来处理所有的对象和材料。主体就是这样一个进行运算的存在。"这是从生物体生存意义上谈主体的"自组织"。莫兰通过这种方式要说明的是:主体"不只是一个哲学概念,一个精神领域里的问题,而且是具有物质实体性的本体论概念,也是科学可证明的结论;主体不只是人所特有的特征,而是生物所共有的特征"。在谈到"人"的时候,莫兰一方面肯定了人并没有脱离生物领域,故依然保留着生物的基本特性,但是人又不同于生物。他强调在人类身上出现了非凡的新形态,人是有意识的主体,他说:"至于我们,人类,具有意识、语言和文化,我们是运算、认识的个体——主体,能够做出决定、进行选择、制定政策、享有自由、进行发明创造。"

我认为,莫兰的上述论述至少有两个认识方面的价值。第一,他从科学的角度重新定义了"主体"概念,并把它拓展到整个生物领域,为主体研究提供了一个新视角,一个不只是停留在思辨领域的视角,并对哲学中涉及的主体问题可作与科学相联系的再思考。第二,在沟通人与生物界的关系的同时,又凸显了人的主体之独特。这种独特集中表现为人具有意识和运算—认识能力,这使人在行为上表现出了一系列远远超出生物界的行为特征,其内含的本质力量是人具有自觉、自主地选择、策划和创造的能力。

从教育的眼光看，更为重要的是，这种认识—运算活动，不仅指向人的物质生存的环境与对象，还指向人的精神生存的环境和对象；不仅指向个体的外部世界，还指向个体的内部世界。当指向内部世界的认识和运算，直接关注个体自身的发展问题时，即个体对自身的发展做出主动的思考、批判、选择目标、策划过程和准备付诸实施的时候，人就具有了主动把握自己人生和命运的个体发展意识和能力，这是人所具有的最重要的可能，是人不同于任何生命体的最重要的"自我产生和自我再生"的能力，也是作为个体的人实现生命价值、获取幸福人生的内在保证。因此，培养个体主动发展的能力被"新基础教育"定为基础教育开发人的生命潜能的最本质的任务。

由此可见，我们采用"主动"一词来界定"发展"，是因为它既体现了活动状态，又内含了主体自觉，还指向了关系事物，且道出了追求期望。这是我们从关系和活动的整体框架出发，以人的本质力量和当代中国社会发展的需要的整合为依据，对教育应以"学生的什么发展"为本的回答。此外，我们在"主动"一词之后还加了"健康"两字。这是一个限制性的界定，主要是为避免误解，以免遭到诸如"主动做坏事，只顾个人利益，破坏集体、他人利益的主动，也是教育所期望的主动发展吗？"之类的指责。这里，"健康"表达的是要求个体行为应有利于个体身心和人类社会发展的积极向上的指向。也许这是一个多余的"限制"，如果我们把"发展"一词看作本身就包含着积极向上方向的变化意义，这个限制词就更显多余了。

3.专业片面发展的教师缺乏立志崇高的愿望

在情感上，专业能力片面发展的教师对高尚师德缺乏共鸣。只认识到自身工具价值的教师也并不重视师德在生活中对自己和学生的感染力，只注重课程知识的传授力，将学校教育工作与自身的生活脱钩，不仅不会把自己与圣贤同列，也不会寻求道德层次上的升华，而且部分教师在心理上还对此十分排斥，对自身作为教师的"道德学问"的示范作用和"传道"的职责功能也视为一种额外的负担。

因此，在网络教育刚开始兴起的时候，不少人还曾将教师看作注定会被网络取代的职业。人们发现，网络信息技术完全可以承担起教师在积蓄知识和传递知识方面的作用，不少教师自己也深以为然，基本上不从学生的人生引导上考虑自身存在的价值和意义。

4.教师缺乏承担起崇高职责的自信

在能力上,由于社会的发展需要变得日益复杂,家庭对社会的依赖越来越强,父母对子女的教育职责不能正确履行而希望得到专业人士的帮助,并对学校教育寄予了高度期望,这就要求教师不断提升素质和能力以胜任自己的工作。在对人的教育上,再完美的要求和全身心的投入都不为过。然而,教师的精力与能力是有限的,过高的期望让教师觉得自己承担了许多运用学校手段无法完成的职责,这反而削弱了教师的成就感,将德育理想视为无法实现的神话,最终造成了教师对自己职责的倦怠、对高尚师德的逃避。教师不仅不再以圣贤为榜样激励自己,更有甚者还产生了各种各样的道德问题。

第 二 节
德育与生活的背离

生活是感性的,虽然生活中没有直接的真理或理论价值,但它是人的生命意义与精神的承载之所,在生活中进行的道德实践才具有生机与活力,与生活相融合的德育才会有血有肉,在生活中掌握的道德也才更能增长智慧。遗憾的是,长期以来人们常常过分依赖道德规范的灌输,而学校德育与学生的日常道德生活和体验的对接有限,在帮助学生从生活中寻求智慧方面的建树也不多。

一、陈旧的德育观念

改革开放的环境之下,我国经济发展迅速,使人们的经济生活乃至社会生活发生了明显改变,也使人们的思想观念产生了深刻变化,学校德育如果发展缓慢,必然不能适应新的形势。当前学校德育与变革的社会现实存在着巨大差距,但人们依然坚持曾经的道德传统和要求,并以此来评判今日之学生与教育,导致和快速发展的社会要求难以顺利接轨。不少学校无论在德育观念还是实践方面都处于一种自我封闭状态,均不能适应快速发展的社会要求。

学校德育观念与变革的社会环境相脱节,表现出来的最大特点是封闭性,缺少与社会生活的真实联系,充分地进行了过滤和纯净,充满浓厚的理想主义色彩。不少学校甚至推出了"封闭式的校园、准军事化管理"的办学理念,以此显示自身"纯洁"于社会的决心。殊不知,这样的封闭完全不符合现代德育对环境开放性的要求与需要,其结果只能是造成单纯片面的德育,是一种对现实的逃避与不负责任的行为。这样的封闭式德育也必然显现出极大的脆弱性,根本无法抵御现实社会的冲击。而且,这种试图将学校变成远离现实生活的真空地带,把学校德育置于理想化的完美境界的意图与做法,只会使学生无法对社会进行全方位了解,进而限制了他们辨别善恶是非能力的发展。毕竟,纷繁复杂的社会环境比纯净化了的学校德育隐藏着更多的可变因素,如果缺乏应对多元社会现象的能力,面对真实环境的现实冲击,当在学校里的所学毫无应对之力时,自然会招致学生的怀疑,学校德育所建构的道德体系将被遗忘和抛弃。

在现代信息社会中,实行封闭式德育显然是不可行的。当今学生的生存环境与以往相比发生了很大的变化,他们处在对外交流日益扩大、通信手段日益发达、社会活动日趋多样化的环境中,时刻都在接受着广泛的社会信息,这也让他们的思想意识、心理品质、价值标准与以往学生相比已大不相同。在育人的观念上,教育者如果固守传统思维模式,不能适应日新月异的社会变革,必然会加大教育者与受教育者思想观念上的落差,长此以往,会让学生感到困惑和迷茫,甚至对学校德育产生怀疑,最终导致教育作用的丧失。

二、着力于遵守规范的德育目标

在个人德性成长的初期,学校德育毋庸置疑地需要进行规范的灌输以便引导学生发展。学校德育从基础行为规范入手,强调日常行为规范的遵守和反复训练,这本无可厚非。因为,细致明确的规范如同分数一样,具有较强的客观参照性,也便于操作。然而,也正是在操作上直观、便捷、可控的特点,一种相对便捷易行的教育手段却成为主导的教育目标。学校德育被日益强化为偏重道德规范的制定与灌输,而忽视理性道德思维能力和判断能力的培养。

从道德水平发展规律上看,学校德育把目标定格在使学生"明了""服从"学校及社会的要求、规范上,纯然以他律性的道德规范为目的进行学校德育,将学生的道德思维水平的高低等同于其外在行为与道德规范要求的一致性的高低,完成学校德育的学生只需要完成规范的要求,而无须思考自己的道德生活方式。这不仅违背了学生道德思维发展的内在规律,更限制了他们驾驭自己生活的能力。只注重规范遵守的道德发展缺乏内在动力,忽视了个体的内在能力及校园外生活经验的价值和作用,需要他律的外在力量才能生效,这使得校园生活经验与校外生活经验相分裂。随着学生年龄增长,校园外生活知识不断增加,思维水平不断发展,自我意识逐渐成熟,简单的外在行为规范训练已经不能充实和丰富一个逐渐细密的心灵,一旦失去外在约束力量,带有被动遵守规范意味的行为便会土崩瓦解。因此,便会出现有的教育者观察到的大学生的道德行为不如小学生的现象。

从当代学生特点看,当今学生处在改革开放的环境之中,他们的道德观念是在市场经济的影响下形成的。任何简单化、教条式的道德教育都不能纳入学生已有的认知结构、经验系统中,对于学生的生活世界不具有现实意义,对学生的生活世界也就产生不了任何的积极作用。

三、孤立的道德课程设置

(一)被分割出来的学科德育课程

学校生活是学生生活的重要组成部分。学校教育的目的是促进人的德智体美劳全面发展。而分科设置的教学安排,使德智体美劳方面的教育分别被不同的学科所承载,教师也按照自己所谓的"专业"理解,将德智体美劳划分为自己的和他人的教育任务,导致学生的整个学校生活被一个一个学科课程绝对分割开来。学生根据精确的时间安排分别接受不同的教育,从而完成德、智、体、美、劳的发展,道德也被当成一门孤立的学科来学习,德育课程便脱离学校其他学科课程,成为学校教育生活中众多孤立部分之一。然而,德育课堂生活经验与其他课堂生活经验隔开,便失去了完整的学校生活场景,渐渐失去了道德与学生重要的学校生活之间的联系,道德教育也就不可避免地成为一门学习抽象概念的课程,自然也难以帮助学生在现实生活中去把握道德,做出正确的善与恶的判断。

(二)陈旧的学校德育内容

当前,我们处于全面深化改革、扩大开放的新时期,这为学生道德水平的发展赋予了新的内涵,也为学校德育的拓展赋予了新的时代内容。但很多学校的德育内容陈旧,缺乏新意,比如,每年都是清明节去扫墓,每年"12·9"都是出黑板报,而一些具有时代特色的内容,如生命教育、环境教育、应急自救教育等内容未能纳入日程。现实中,道德教育反映学生道德需要、道德困惑、思想难题实际情况的内容太少,关注学生热点、难点问题,贴近学生生活实际、材料鲜活的内容太少。道德教育只有与当前现实需要相一致才有生命力,德育内容不切合实际,自然难以引起学生的共鸣。内容保守老化,缺乏时代感,学校德育在现实面前必然苍白无力。

四、孤独的德育专业教师

为了实现对学校德育的专人负责和专业化要求,学校德育设立德育专业教师,以便全心完成学校德育任务。正如孤立的德育课程是对完整学校生活的割裂,德育专业教师在学校德育的过程中也是孤独的。

一般来说,学校德育是每一个教师的职责,学校中的每位教师都可以通过自身的道德言行对学生产生启发、示范作用。然而,现实的问题并非如此简单。社会学研究发现,人人负责的事情会变成人人都可以指望别人负责的事情,因此,为了避免学校德育的空缺,必须有专人专职安排。然而,专人专职的限定,似乎是将道德教育的责任完全委托给了德育专业教师,学校德育成为德育专业教师的孤军奋斗。因此,在学校教育中时常会出现某个学科教师把严重违反课堂要求的学生带到作为德育专业教师的班主任面前要求其教育,似乎这些都只是班主任的事情。

然而,学生在学校中接受的德育教育并不仅仅指向德育专业教师,而是在全部的学校生活中体验道德。无论是专职德育教师的责任还是全体学校教师的责任,都是对教师的社会道德责任的要求,没有了道德责任承担意识的教师,无论如何都不能对学生产生良好的道德影响,对学生的道德成长自然也就毫无助益。

五、苍白的德育情境

在青少年成长过程中,最早的德育之所是家庭,但现代家庭生活模式减少了青少年所急切期望的同辈陪伴和社会化经验。青少年更多的是在和成人相处中成长,他们吸取社会化经验所需的游戏对象也由生动活泼的同龄人变成了电子娱乐产品和成人娱乐产品,如电视、网络、电子游戏机、麻将等。青少年通过正常人际相处获得的早期道德教育的经验空间发生了转换,现实空间受到了压缩,有效的道德经验空间变得十分有限,缺乏交往和行动的可能性。

同时,如前所述,小型家庭更加依赖于国家的服务功能,这使得由国家、社会支撑的正规学校教育也变得越来越重要,学校教育成为整个教育的核心。然而,国家对家庭服务的能力越发达越能提供方便,小家庭就越依赖于国家。许多家庭不仅在客观上能力减弱,在主观上也逐渐弱化了其自身的教育功能,将青少年的教育全部推向家庭之外。许多家长将儿童过早地送到各种才艺训练班、技能培训班和补习班,并将其视为家庭教育的主要方法,自诩为重视儿童成长。但是这些分担家庭教育和学校教育的其他社会教育机构只是为儿童提供与同龄人的短暂相处时间,很少给予儿童持久的关注与关爱,不能为家庭教育提供更好的外部环境支持,反而是压缩了儿童与父母正常相处的时间。儿童在家庭中得到的情感陪伴、关注体验和社会经验更加不足,家庭在儿童早期成长中对儿童积极的情感、态度和习惯的养成作用更是不断减弱。

学校由于条件的限制,必须人为开辟出教育的时空情境对学生展开道德教育,本来最好的教育情境资源是学生的生活,而由于家庭中有效的道德经验空间的缺乏和精心编制的课堂德育情境的特殊性,学生感受德育情境时在情感和态度上显得特别苍白,这让学生难以在学校营造的德育情境中有情感和态度上的共鸣,学校德育的效果也不显著。

第 三 节
德育中师生关系的失衡

在学校德育中,存在着"德育教师"与"德育学生"身份的误解,这两种误解,让学校德育的师生关系失衡,并将学校德育带向了发展的误区。

一、"德育教师"与"德育学生"单向传授关系的误解

在学校德育中,教师似乎具有天然的德育权威,学生则被动接受教师德育,教师处于强势地位,随时准备教训学生,学生必须听从教师教育,这是一种单向的教育关系,无法有效发挥师生情感交流的作用。

(一)"德育主客体关系误解"

在学校教育中,德育常常被等同于他育,其特殊性往往被忽视。教师仅作为德育的主体在发挥作用,学生则被视为单纯的客体,作为接受德育的对象。事实上,在德育中,无论是教育者还是受教育者,都应该是接受德育的客体,同时也都作为德育的主体而反向影响于他人,是一种"互为主客体关系"。认识到这一点,才能够很好地理解德育中的师生关系,进而也才能够建立良好平等的师生关系。

(二)教育者与受教育者的"双向、互为主客体关系"

教育过程中的"互为主客体关系"是一种动态的、相互依存的关系模式。教育者并非一成不变的主体,受教育者也非绝对被动的客体。在教育活动中,双方都在不断进行角色转换与互动。具体可以理解为:教育者作为知识的传授者、价值观的引导者,在某一时刻是主导者,即主体,他们通过教学活动启发、引导受教育者,促进其成长;然而,在另一些情境中,教育者又需要倾听受教育者的见解、疑问,甚至从他们那里学习新知识、新观念,此时教育者便成为学习的客体。

同样,受教育者在接受教育时,是知识的接受者、学习的主体,他们主动思考、探索,将所学内化为自己的知识与能力。但在某些情况下,受教育者也会成为教育者,比如他们在小组讨论中分享自己的见解、经验,对其他成员产生影响,这时他们便扮演了教育者的角色,成为主体。

因此,"互为主客体关系"强调的是教育者与受教育者之间的平等、互动与共同成长,

它打破了传统教育中单一主体-客体的模式,为教育过程注入了更多的活力与可能性。可以从两个方面进行理解:第一,教师自身既是德育的实施者,同时,也是德育的学习者;第二,学生既是德育的接受者,反过来,接受了德育的学生同时也是对他人德育的实施者。从这个意义上理解,教育者与受教育者之间,或者说我们通常认为的教师与学生之间,实际上就是一个互相学习和相互影响的双向、互动的关系。这种关系打破了传统教育中教师单向传授,学生被动接受的模式,强调了双方的主动性和能动性。在教育过程中,教师不再仅仅是知识的传递者,更是学生学习的引导者和伙伴,通过与学生共同探索、讨论,促进彼此的成长。而学生也不再是被动接受知识的容器,他们通过自己的思考和实践,将所学知识内化为自己的素养,并在与他人交往的过程中成为德育的传播者和实践者。这种双向、互为主客体的关系,不仅提高了教育的效果,也促进了教育者与受教育者之间的平等和尊重,为构建和谐的教育环境奠定了坚实的基础。

二、"中立教师"与德育的放任无作为

(一)"中立教师"的特点

与相信教育的绝对强大作用的教师相比,一些教师出于对文化多元和价值多元的认同,或者对学校德育功效的怀疑,而在对学生的道德引导上保持中立,在道德教育中放任无作为。这种状况则常常出现于高层次的学校教育中。

有的教师认为,青年学生基本已经成熟,其世界观、人生观和价值观都已经定型,不再需要学校德育和教师的介入,认为青年学生经过长期的学习,必定对社会行为规范了然于心,只需要稍加提醒就可以让青年学生的行为合乎规范,即使介入也收效不大,因而对学生的道德发展疏于更高层次的道德理想与价值意义上的引导。也有的教师认为,社会是多元共存的,价值多元正是社会多元的表现,因此在学生的道德发展上,只要处于道德可容许的行为范围之内便应当保持价值中立,无须干涉,因此,也放弃了对学生的道德理想和价值意义的引导。

(二)"中立教师"设定下的师生关系

"中立教师"理念下的师生关系在道德意义上显得比较松散,教师完全承认学生在德育中的自主性和自觉性,并对此有积极的评价,主张发挥学生道德思维的作用,并将之视为对学生德育主体地位的确立和重视。学生既是德育的主体,又是评价的主体。在实际的学校德育过程中,教师不会引入道德标准来衡量学生,也不会主动采取道德教育措施,而是让学生自己解决问题,自己评价自己,只有在学生寻求帮助的时候,教师才保持价值中立并为其进行思想矛盾的梳理。

在中立教师的设定下,受教育者被放到了道德主体的位置上,然而处于主体的位置上并不等于已经成为道德主体,让受教育者不受引导地发挥自己思想的结果,放弃社会对共同的道德理想和价值的引导,会使得受教育者对人生的道德意义与价值缺乏深入探讨,在人生定位的过程中难以找到自己的位置,即使处于主体的位置上,也不能把握住道德主体的本质,难以真正发挥道德主体的作用。

同时,由于缺少具有实质意义的德育思想和德育内容作为载体,学生道德主体精神的发展也处于虚无缥缈的状态,道德思维必须有思维的内容才能展开,主体的道德思维必须与具有特定价值意义的道德教育内容相结合才能培养出较强的道德思维能力,否则就只是形式的训练,而不是教育。

第四节
德育评价的失调

一、德育评价标准的多元或双重

在道德文化转型的今天，人们受多元文化思想的影响，学校德育在分化的、不稳定的、充满张力的社会中进行，对于任何一种道德标准，只要站在相应的立场上，总能找到其合理性，以此类推，即使是与前一道德标准相反的标准，只要换一个角度，同样可以具有存在的合理性。在道德评价上，似乎很难找到值得信赖的并普遍适合于全社会共同遵守的相对永恒的标准作为参照，因此，道德评价经常处在自相矛盾的徘徊挣扎中。

就学校的外部影响来看，在社会中流行的物质主义与工具至上的思想的影响下，有用性成为第一原理，也成为评价生活是否有价值的唯一尺度。追求知识的客观性逐渐成为一种时尚，由科学统一知识并进而统一人生成为社会潮流。科学在被引入生活世界后，很快便主宰了生活世界，人被作为与机器同类的存在而置于科学的视野之下。在人们看来，人与机械的异点，并没有所设想的那么大。人类的行为（意志作用也是行为）是由于品性的结构，与机械的作用由于机械的结构同理。[1]就这样，人便成为可以用科学方法或科学操作程序来处理的对象，而人生的过程则似乎近于机械的运作，在追求科学、弘扬科学的旗帜下，科学成为生活中的一切，个人的活生生的生命活动也逐渐蜕变为僵化的物质运动，人生观被置于以决定论为基础的因果法则之下。学校道德教育也逐步演化为对道德"知识"的教学和灌输，学生成为接受道德规范与教条的容器，成为一个"美德袋"。学生既被视为科学认知的主体，同时也被看作科学认知的对象（问题在于当学生被视为教育研究中的对象"物"时，其道德的生命与情感基础往往被忽略，而其道德意识发展便被认为具有客观的规律性，故而学校德育中的"模式"盛行，就这样，人在双重意义上被科学化了）。表面上看，"自然科学所面临的世界，是一个千变万化的世界，似很'活动'，但事实上却是一个'死'的世界。不错，这个世界给我们提供生动活泼的'感觉'，但这些'感觉'在自然科学系统里，都要加以'符号化'。"[2]"总之，在科学化的形式下，人更多地表现为理性的主体和逻辑的化身，人的情感、意志、愿望等等经过理性与逻辑的过滤，

---

[1] 唐钺.机械与人生[J].太平洋,1924年第4卷,第8号.转引自杨国荣.存在的澄明:历史中的哲学沉思[M].沈阳:辽宁人民出版社,1998:363.
[2] 叶秀山.思•史•诗:现象学和存在哲学研究[M].北京:人民出版社,1988:95.

已被一一净化了,而人自身在某种意义上则成为一架科学的机器。与这一科学视野中的人相应,人生过程亦告别了丰富的情意世界,走向由神经生理系统及各种因果法则制约的科学天地:科学的公式代替了诗意的光辉,机械的操作压倒了生命的涌动。不难看到,随着科学向生活世界的渗入,人生观似乎变得漠视人本身了。"[1]学生中的种种道德困惑以及所表现的非道德行为实际上便与我们教育中所存在的"非人化"的教育有关。这种教育所造成的直接后果是:以科学为基础的"效用"原则,使得现实的社会(包括学校中的学生与教师)普遍信守着一种"极端的现实主义态度"。这种倾向将人所存在和生活的领域仅仅局限于满足有机体需要的活动发生作用的领域,即一个实物的世界。在这个世界中,个人的生命所面对的是"功利"与"效率",经济与商业价值成为最高的唯一的价值并向生活的各个方面渗透,在学校中则具体表现为"分数优先"原则,个体的道德行为在"统计"的诱惑之下产生了许多并非出自内心的"虚假的"成分。个人生命中人文价值追求的理想性因素被彻底抹平与吞没,原本绚丽多彩的人生悄然隐退了,代之而起的是"物欲"笼罩下的灰色人生。肩负着"科学知识"的重压,又被种种"道德教条"裹缚着的是一个个单调、孤独、茫然与冷漠的灵魂。在市场规律支配下的纷繁复杂的商品社会,以及"商品"与"交换"意识日益浓厚的学校内部运作面前,我们的学生无力、也无法做出正确、适当的应对。

受此影响,虽然在学校展开教育之初便已经具有了明确的道德目标,然而,在具体施行中,有时会为了给学生一个"思想开放"和宽容的形象,而纵然有唯一的道德标准解释,也会出现对道德标准的解释与运用不唯一、双重或多元的情况。这样,即使存在社会共同的道德理想与标准也不会被推行,学校德育变得被动,而无法提供足够的社会认同和精神支持评价的导向作用更无从发挥。

二、德育评价主体的分裂

德育评价主体在学校德育评价体系中是多元发展,包括教师、学生、家长和其他学生的共同评价,这只是主体形式上的多元。首先,每个评价主体对每个学生的道德发展进行单独评价的时间和精力是有限的,对被评价者缺乏持久一致的关注;其次,各评价主体表现出较大的知识差异和能力差异;最后,各个德育评价主体在评价的过程中也会由于所持的态度、立场不一致而使被评价者产生价值和目标混乱。因此,多元主体评价的结果并不一定是被评价者整体性道德发展的整合,而是各种分裂认识的有限融合,多元的评价主体还需要有一个社会整合与价值整合的引导。

---

[1] 杨国荣.存在的澄明:历史中的哲学沉思[M].沈阳:辽宁人民出版社,1998:368.

三、德育评价体系的不完善

道德发展是一个曲折反复的过程,道德知识、道德情感、道德态度和道德能力并不是齐头并进的,但是,也必须有这几方面的协调发展,才能帮助德育主体获得道德的成长,促进自身和谐发展。然而,除了道德知识外,道德情感、道德态度和道德能力都不可简单量化,只能选取多个观察点,通过有组织的实践和无意识的自由活动等进行观察和分析。然而,除了操作性最强的量化手段,其他手段都是费时费力的,且充满分歧的,如果一名教师要照顾数十乃至上百名学生就更加做不到了。最后,情感、态度和能力的评价又不免转入对知识的考察中来。因此,德育评价体系的完善是学校教育永远的难题。

问题思考

1. 你认为当前形成学校德育困境内外因是什么?我们可以从哪些方面去突破困境?

2. 学校中常出现德育实效性堪忧的情况:学生能够绘声绘色地说出甚至背诵很多道德知识和行为守则,却往往在德育实践中抛在脑后,甚至说一套做一套。你认为我们可以怎样巩固德育的教学效果?

拓展阅读

1. "天下之达道五,所以行之者三。曰:君臣也,父子也,夫妇也,昆弟也,朋友之交也;五者,天下之达道也。知、仁、勇,三者天下之达德也,所以行之者一也。或生而知之,或学而知之,或困而知之;及其知之,一也。或安而行之,或利而行之,或勉强而行之;及其成功,一也。"子曰:"好学近乎知,力行近乎仁,知耻近乎勇。知斯三者,则知所以修身;知所以修身,则知所以治人;知所以治人,则知所以治天下国家矣。"

——《中庸》

2. 当代教育已出现下列危机征兆:非常努力于教育工作,却缺少统一的观念;每年出版不计其数的文章书籍,教学方法和技巧亦不断花样换新。每一个教师为教育花出的心血是前所未有的多,但因缺乏一个统一整体,却给人一种无力之感。此外,就是教育一再出现的特有现象:放弃本质的教育,却去从事没完没了的教学试验、做一些不关痛痒的调查分析,把不可言说之事用不真实的话直接表述出来,并不断地更换内容和方法做种种实验。

——[德]雅斯贝尔斯《什么是教育》

> **教育名言**
>
> 教育的根本要旨就是为了促进人的发展,这已经是古今中外公认的通理。教育本姓"人"。为此,"以人为本"对于教育来说是不言自明的。然而,从教育实际展现的历史来看,它却又经常背离这一常理。现在,不是很多人都在批评"教育忘了人",揭露教育中的"人学空场"吗?说明现实生活中的教育真是忘了本,变得与人相疏离、不大认识人了。
>
> ——鲁洁《教育的原点:育人》

第三章
德育原理课程建设回顾与反思

内容提要

学校德育以德育课程及其实施为基本渠道。德育课程的确立直接依赖于德育学科地位的明确。因此,揭示德育的本质与德育原理特有的研究对象是思考德育课程建设的前提性问题。本章通过反思改革开放以来我国学校德育原理建设历程,审视德育原理的研究对象与德育的本质观、过程观,提出德育原理以德育中特有的问题为研究对象;学校德育是在教育者引导下进行的有组织、有计划、有目的的,贯穿个体生命实践的体道、明道、履道而不断提升人生境界的精神生命成长过程;德育是师生共育共进的过程。

问题导入

1.学校德育在当前的时代背景与面临的冲突之下,应如何实施课程化?为此,有必要回顾德育原理课程建设历程,认识德育原理作为课程何以可能?

2.现代德育的本质是什么?如何理解学校德育概念?

第一节
德育课程建设的回顾

学校德育是学校教育的一个重要组成部分。学校德育是一门专门的学科还是一项工作？长期以来,这是困扰德育理论研究与实践工作者的一个问题。不少研究者试图探究学校德育的学科建设问题,但是对他们来说,首先要面对的就是这一问题的逻辑起点,具体地说,就是以什么为出发点和基础来建立学校德育课程体系的问题。面对此问题,我们不得不回答:学校德育是什么？德育学(即德育原理)的研究对象是什么？之所以必须回答这两个问题,是因为这两个问题是确立德育学科立场的前提性判断基础。对第一个问题的回答,是为了探明德育的本质;对第二个问题的回答,是为了奠定德育学科形成的基础,因为任何一门独立学科形成的根本标志在于它具有了相对独立的研究对象或问题域。

一、关于德育的本质

改革开放以来,关于德育的本质在学术界和教育行政部门都产生了很多主张,并存在一定的分歧,但同时也形成了一些相对集中的观点。按照对德育所含内容的划分来看,德育本质的主张主要存在四种观点。

(一)宏观德育论

宏观德育论包含的德育内容最广泛,涉及思想教育、政治教育、法治教育、道德教育和心理健康教育。这类主张主要出于教育行政部门,如:1998年,教育部发布的《中小学德育工作规程》也指出:"德育即对学生进行政治、思想、道德和心理品质教育,是中小学素质教育的重要组成部分,对青少年学生健康成长和学校工作起着导向、动力、保证作用。"《教育部关于整体规划大中小学德育体系的意见》也指出:"德育主要是对学生进行政治、思想、道德、法制、心理健康教育。"

这类概念是教育行政部门从德育工作的角度对德育进行的界定,属于德育工作概念。然而,它并非德育学科的学术性概念,而是德育工作化后对德育的一种认识结果。德育工作化在我国真正出现是改革开放以后,从1988年开始,学校德育工作化的倾向逐渐显现,"德育工作"的字眼开始频频出现。1988年的"全国中小学思想政治工作会议"就被改名为"全国中小学德育工作会议"。同年,教育部颁布《中小学德育工作规程》,确立了"德育工作"概念,随后学校普遍设置德育处或政教处。加强德育工作者队伍建设、划拨专项德育工作经费、建立学校德育基地等措施使德育是学校的一项日常工作的观念更加具体化。

无论是在理论上还是在实践上,过于强调"德育工作化"都存在明显的问题。从理论角度看,"德育工作化"错误地将德育、智育、体育等学生全面发展的内容划分作为学校分工的依据,忽视了它们之间的内在联系。从实践层面看,"德育工作化"将德育孤立为一项专职工作,不仅妨碍了学校全体教育工作者参与德育,还可能导致德育与其他教育内容脱节。在这种局面下,越是强调"德育工作",这项工作反而越难开展。因此,以德育工作化为基础形成的德育工作概念只是开展德育工作的认识基础,而不是进行德育学科定位和德育课程建设的依据。

(二)中观德育论

中观德育论认为德育主要包括政治教育、思想教育和道德教育三大方面。

辞典中的定义也支持这一观点。如《辞海》指出德育是"向学生进行政治思想和道德品质的教育"[①]。德育是"教育者按照一定社会或阶级的要求,有目的、有计划、有组织地对受教育者施加系统的影响,把一定的社会思想和道德转化为个体的思想意识和道德品质的教育"[②]。德育是"旨在形成受教育者一定思想品德的教育。在社会主义中国包括思想教育、政治教育和道德教育"[③]。

又如,学界关于德育的认识。"德育是教育者按一定的社会要求,有目的有计划地对受教育者心理上施加影响,以培养起教育者所期望的思想品德。"又说:"思想品德,就其内容说,包括人们的政治立场、世界观以及道德品质等方面。因而,我们所说的德育,包括对学生的共产主义的思想教育、政治教育和道德品质教育。"[④] "就德育的内涵而言,概括地说,德育就是把一定社会的思想观点、政治准则和道德规范,转化为受教育者个体的思想品德的社会实践活动。"[⑤]"德育即育德,也就是有意识地实现社会思想道德的个体内化,或者说有目的地促进个体思想品德社会化。"[⑥]"德育是教育者和受教育者传习一定的社会意识、社会规范,形成受教育者一定品德的活动。"[⑦]

这类定义揭示了德育是社会与教育者、教育者与受教育者之间的活动,不是自发的,

---

① 辞海(教育、心理分册)[M].上海:上海辞书出版社,1980:2.
② 中国大百科全书总编辑委员会《教育》纺织委员会.中国大百科全书教育[M].北京:中国大百科全书出版社,1985:59.
③ 顾明远.教育大辞典:第1卷[M].上海:上海教育出版社,1998:97.
④ 南京师范大学《教育学》编写组.教育学[M].北京:人民教育出版社,1984:230.
⑤ 胡守棻.德育原理[M].北京:北京师范大学出版社,1996:3.
⑥ 班华.现代德育论[M].合肥:安徽人民出版社,2001:9.
⑦ 胡厚福.德育学原理[M].北京:北京师范大学出版社,1997:104-105.

而是一种自觉施加影响的活动,指出了德育是把社会意识"转化"为个体意识的教育。

(三)微观德育论

微观德育论从"德"即道德的简称,"德育"即道德教育的简称出发,从英语"moral education"(道德教育)的翻译对应为德育而言,认为德育就是道德教育。这既符合词源要求,也与国际话语体系保持一致,有助于厘清德育的学科边界。因为思想教育、政治教育、道德教育,乃至心理教育原本存在各自的规律,不能完全整合在一起。这类认识具体体现有:

"德育即培养学生品德的教育。"①

"我们主张在理论上把'德育'界定为'道德教育',使它与'政治教育''思想教育'区分开来,是出于研究的方便,是为了加强对道德教育、政治教育、思想教育的研究和理论建设。与理论上分开不同,在实践中我们强调'道德教育'与'政治教育''思想教育'之间的有机联系和不可分割。"②

"德育是教育工作者组织适合德育对象品德成长的价值环境,促进他们在道德认知、情感和实践能力等方面不断建构和提升的教育活动。简言之,德育是促进个体道德自主建构的价值引导活动。"③

(四)层次德育论

层次德育论是一种把德育分成广义和狭义两个层面的综合认识观,如:从词源学和语义学角度对"德"和"育"分别进行阐释。狭义的德育即道德教育;而广义的德育则包括思想教育、政治教育、道德教育和法纪教育四个部分。

二、关于德育原理的研究对象

德育原理,顾名思义就是探究进行德育或育德的道理,涉及德育是什么、为什么、怎么办、谁对谁等问题域。德育原理随着社会的发展而发展。从历史演进的角度来看,德育原理表现为德育思想、德育论、德育学等多种形态。在古代,德育原理散见于哲学和政治伦理学说中。在近代,教育学发展成为一门独立的学科,德育原理也成为教育学的重要组成部分。在现代,许多德育学家就德育问题撰写了专著。在当代,德育原理逐渐发展成为教育学中一门相对独立的分支学科。

---

① 陈桂生.教育原理[M].上海:华东师范大学出版社,1993:1.
② 黄向阳.德育原理[M].上海:华东师范大学出版社,2000:18.
③ 檀传宝.德育原理[M].北京:北京师范大学出版社,2006:6.

四十多年来,我国教育学界对于德育原理的研究对象进行了积极活跃的探讨,并提出了各种看法,大致包括德育现象或活动、德育规律、德育问题等研究对象。具体体现如下:

第一,研究德育现象或活动。此种主张认为,学校德育原理是研究学校德育现象或活动的科学,它研究的是学校中培养学生思想品德的规律和方法的教育理论,属教育学科范畴。

第二,研究德育规律。德育学是研究德育规律的科学,德育学的研究对象是德育规律。

第三,研究德育或德育问题。德育原理所特有的矛盾决定其研究对象是德育问题。

三、学校德育课程的变迁与德育原理教材建设状况

现代德育理论从道德理性出发,形成了核心价值导向,强调培养理想道德人格,强调道德教育的永恒性和超越性,并设立了专门的学科课程,实现德育的系统化和专门化。德育的学科设置即德育课程。所谓德育课程,是指学校德育内容与学习经验的组织形式。

学校德育课程主要包括两大类。第一类是专门的德育学科课程,旨在通过有关道德知识、道德行为训练等方面的教学,培养学生的道德观念、情感和行为。人们称之为直接德育。它起源于古希腊,苏格拉底曾指出:"美德即知识。"[1]这一理论后来得到理性主义者康德、黑格尔等人的推崇。近代以来的学校德育课程是在模仿数学、语文等学科教学的基础上建立起来的。目前世界上许多国家都是通过这种方式对青少年进行道德教育。第二类是通过各科教学和学校生活的各个层面对学生进行道德渗透,这就是间接德育,又称之为隐性课程。德国著名教育家赫尔巴特十分重视学科知识教学与德育的联系,他主张通过学科知识教学对学生进行德育。他认为教育和教学是密不可分的。教育是教学的最高目的,而教学是教育最主要、最基本的途径。他说:"我想不到有任何'无教学的教育',正如在相反方面,我不承认有任何'无教育的教学'。"[2]"教学如果没有进行道德教育,只是一种没有目的的手段,道德教育如果没有进行教学,就是一种失去了手段的目的。"[3] 这就是说,在文化知识的教学中必须进行道德教育,道德教育也只有在文化知识的教学中才能得以进行。我国的学校德育一直采用的是学科课程与隐性课程相结合的方式。

---

[1] 张法琨.古希腊教育论著选[M].北京:人民教育出版社,1994:17.
[2] 张焕庭.西方资产阶级教育论著选[M].北京:人民教育出版社,1979:267.
[3] 张焕庭.西方资产阶级教育论著选[M].北京:人民教育出版社,1979:177.

（一）学校德育课程的变迁

学校德育课程的变迁大致经历了古代、近代和现代几个阶段。

1. 古代学校课程内容与德育的融合

在奴隶社会和封建社会时期，由于社会生产力和科学技术发展水平相对低下，学校课程内容主要以古典人文道德教育为主，旨在维系人际关系和谐，促进社会秩序稳定。作为与人们的生活方式、道德观念密切相关的道德自然被渗透到学科教学之中。在这种背景下，"教学即育德"的理念得以形成，学校课程与伦理道德实现了同构。

2. 近代人文学科的兴起与学校德育的昌盛

文艺复兴以后，理性主义的道德教育成为当时教育的主流。一方面，人文主义者从反对中世纪宗教道德对人性的压抑出发，主张彻底改变经院主义强制灌输的教育，恢复古希腊教育传统，注重在道德教育中把"德性与知识统一起来，促使人们在追求知识中实现德性。在实践德性中追求知识"[①]。另一方面，由于科学仍处于启蒙时期，学校开设的课程仍然以古典的文法、修辞、哲学和宗教等学科为主，道德教育也相应建构在知识教学之上。在意大利，较为重视课程的审美功能，注重古典语言在发展人的心智方面的价值，诗歌、散文成为人们享受生活的一种手段。在德国，古典文学所具有的批判性和独立性，吸引着越来越多的人通过阅读大量的古典作品以提高心智。[②]近代理性主义启智的教育思想带来了欧洲学校德育的繁荣。

3. 近代科学的繁荣与现代学校德育的衰落

发生在18世纪中叶的第一次工业革命，引起了社会制度及人们思想观念、生活方式的巨大变化，也引发了教育的变革。唯智论者首先呼吁教育世俗化，追求国民的启蒙；他们逐步确立了实用功利的教育目的，对学校教育产生了深远影响。早在18世纪的法国，孔多塞就主张废除学校教育中宗教与政治的内容，建立新的学校课程体系，对国民实施智育。他认为，"'古典充斥着谬误'，把古典当作文体的典范也是危险的。因为在当今时代重要的是'培养理性'，而古典则是诉诸感情的"[③]。斯宾塞从功利主义教育观出发，提出了"什么知识最有价值"这一命题。他关于科学知识的分类方法，极大地影响了现代课程的设置。如果说斯宾塞在课程结构、内容选择上极大地推动了科学教育的发展，那么赫尔巴特则使欧美国家的教育全面走向科学教育时代。科学主义在教育上的典型表现是，教育以学习科学知识为中心，知识经过科学地组织编排构成系统的课程和连贯的教材，通过教学活动来有效地完成。学校课程内容的变革，使得智育的比例越来越大，而德

---

① 金生鈜.德性与教化[M].长沙：湖南大学出版社，2003：44.
② 瞿葆奎.教育学文集·课程与教材：上[M].北京：人民教育出版社，1988：54.
③ [日]佐藤正夫.教学原理[M].钟启泉，译.北京：教育科学出版社，2001：101.

育则越来越小。近年来,随着全球教育理念的转变,越来越多的学者和教育机构开始重新审视德育在学校教育中的地位,提倡"全人教育"理念,强调德育与智育并重。

(二)四十多年来德育原理教材建设状况

新中国成立后,中国共产党高度重视德育。从新中国成立初期到20世纪70年代末期,学校德育取得了一定成绩和经验,德育理论研究逐步正常开展,在德育实践中也出现了许多新鲜经验,形成了一些符合时代要求的新思想、新理论,为德育学科的现代化建设提供了丰富的实践基础。从20世纪80年代初开始,高等师范院校在总结以往学校德育和高师教育学科教学的基础上,根据当时需要开设了"德育原理"课程。这是把"德育原理"作为独立学科来建设的重要开端,对于推动德育理论研究具有重要意义。1983年开始编写、1985年正式出版了新中国成立后的第一本《德育原理》教材。该教材由北京师范大学、华东师范大学、南京师范大学等校协作组编写,由北京师范大学出版社出版。

改革开放以来,随着教育学体系的分化,以及人们对德育学科认识的深化,在高等教育领域的教育相关专业逐步开设了德育原理课程,用于教材的《德育原理》达几十种之多。各版本《德育原理》的内容框架大致包含德育的本质、德育原理的研究对象、德育目标、德育内容、德育过程、德育原则、德育方法、德育管理等要素,形成了德育原理的基本研究框架,德育原理的内容体系基本形成。

第二节
德育课程建设的反思

一、对德育本质的认识

德育概念是对德育本质的揭示,是构建德育原理的基石,是现实德育研究与实践的认识基础。四十多年来对德育界定的争论所引发的最深刻的反思是:德育理论上的说服力不足与德育实践效果的低下,在很大程度上是因为对德育本身缺乏必要的清晰的认知。因此,有必要厘清"德育是什么"。

综观德育界定的四种类型,主要存在的问题是:

第一,德育工作型概念使德育显得过于宽泛。工作概念与学术概念本身就存在冲突,因此,德育原理作为学术性课程不宜采纳这一概念。

第二,把德育的边界框定为思想政治道德等社会意识形态的教育,这沿袭了德育的传统,但问题是:(1)我们很难从"德育"词源本身推导出这一概念;(2)社会意识形态教育的边界很难等同于德育的边界,因此存在德育泛化之嫌;(3)学术性概念追求内在逻辑的高度一致和统一,应是一种"类属+种差"式的规范性定义,而不是便于实践运用的操作性定义或经验性定义。因此,把意识形态教育等同于德育仍然脱离不了德育去学术性的概念取向。

第三,德育仿佛回到了"德"本身,但问题是这里的"道德"已然被抽空了,只剩下束缚人行为的静态的"道德规范",颠覆了传统道德生动的生命实践内涵。这是由于长期以来我们对道德的片面理解,对传统文化中"道"与"德"关系理解的单一和僵化,使原本层次丰富、内涵深刻、动态发展的道德停留在层次和内涵单一的、静态的道德规范上。

为了规整学术性德育概念,从对现实的审视中,我们找到了一条基于传统道德观的德育认识路线,贯通"德育是什么"的历史认知与现实回响,形成了一个德育概念的新视角。

"道"是中国传统哲学范畴系统中的一个核心范畴,是一个具有多层次、多结构的整体结构。"道"字首见于金文,其原始意义为道路,反映的是道所具有的最初的,也是最基本的含义。随着社会实践活动范围的扩大和人们思维能力的提高,人们对"道"的认识也逐步扩大、丰富。"道"体现了丰富的层次性:从本体论上的"道"和秩序、规律之"道",到政治主张与思想体系意义上的"道"和规范意义上的"道"。"道"的多层次性也决定了其内涵的丰富性与复杂性,如何理解"道"的层次性也成了后世道德变化的基本依据。

所谓德,实际上反映的就是个体的"得道"之"得"。道是德的根据,是德得以产生之根源,而"德"是"道"的实践,是具有丰富层次与结构性的"道"的具体表征,两者密切联系。实际上,"德"就是一种对"道"的把握与理解方式。这里的关键在于,个人对"道"的理解绝不是对一些准则与规范的简单把握与操练,而是一种以运动变化为基础的个体的动态理解过程。①

在中国传统哲学中,"道德"既是一个概念,又是两个概念。将"道"与"德"分别看,"道"是指人的一切行为应当遵循的基本的、最高的准则,既指人的自然本性,也包括社会的道德伦理规范以及群体的典章制度、组织原则,等等。"德"则指人对"道"的领会与理解,是指人的德行、品德,是合理的行为原则的具体体现。最深厚的德,也就完全地体现了道的自然本性。因此,只要道的思想普遍贯彻于社会、人生,那么,德也就真正地统行于天下了。因而"德"与"道"获得了内在一致性。

由此,"我们看到,中国传统文化中的道德并非仅是机械的外在行为规范,而实质上是一种涵括自然、社会与人生的多层面、多维度的动态生存方式。道德教育的目的应是引领人们在这种涉及多层面的生命活动之展开中,领悟其丰富与复杂,而不是相反,变复杂而深刻的领悟为简单与外显的行为操练"②。

基于对传统道德层次丰富、动态转化、主体自觉生成的认识,我们认为学校德育是在教育者引导下进行的,有组织、有计划、有目的的,贯穿个体生命实践的体道、明道、履道而不断提升人生境界的精神生命成长过程。该概念反映了对德育本质认识的几层含义:第一,德育是一种个体生命实践活动,是关联精神生命成长的价值实践活动;第二,德育不仅是价值实践活动,还包含认识活动、情感活动和行为表达等多种实践形态;第三,德育着眼于人生,关怀个体的精神生命,指向生命价值的实现。

这一概念超越以往对德育边界、德育内在运动的纷争,从个体精神生命成长的视角确立了对德育本质的认识。德育作为精神教育形态,与西方国家对于德育的认识具有较大相似性。西方国家学校德育从20世纪早期的道德教育转向品格教育,进而转向价值教育,目前又更多地关注精神教育。

二、对德育原理研究对象的认识

通过上述对当代德育原理的研究对象与课程框架的分析,一方面,我们欣喜地看到,学者们的德育学科意识增强了,能自觉地通过厘清德育原理的研究对象确立德育学科的

---

① 易连云."道"、"德"的层次性与学校德育改革[J].高等教育研究,2003,24(3):94.
② 易连云.传统道德中的生命意义解读[J].教育学报,2005,1(5):65.

立场,并且以此为基础构建了德育原理课程框架,即内容体系;另一方面,我们也可以看到德育原理在自身发展过程中,其研究对象和内容体系仍显露出对教育学的简单模仿。

研究对象的独特性是学科独立的重要标志。德育原理之所以从教育学体系中分化出来,正是因为它存在内部特殊矛盾,要独立面对自己的研究对象。具体而言,德育原理要解决教育对象的道德问题,即通过德育提高其道德水平,达到社会的道德要求。从这个意义上讲,德育原理的研究对象主要包括如何认识德育、如何认识德育对象、如何进行德育等问题。概言之,德育中特有的问题就是德育原理的研究对象。

三、对德育过程的认识

在德育过程中,德育的现实困境在于德育工具论目的的片面取向,导致德育过程中主体与客体的严重对立。

人们认为德育在于培养适应一定社会的政治人、经济人,形成了德育工具价值论,导致在德育过程中表现出教育者根据一定社会政治、经济的要求规范受教育者的"我打通你"的主体与客体二元对立的局面。

德育课程以组织和呈现德育内容为己任。在现实德育课程实施中,传递道德知识是必要的,但是,道德知识与其他课程知识,尤其是与自然科学知识相比具有其独特性。道德知识具有精神性、价值性特质,是"我者"与"他者"的意义关联,属于意义性知识;道德知识是客观性道德关系的主观性认识,所以也是关系性知识。因此,德育过程不仅是教育者对受教育者的价值引导,还是双方相互影响、共同培育的过程。在这一过程中,教师和学生既是教育者又是受教育者,不存在决然的"主—客"二元对立。事实上,德育过程就是师生时空共在、心灵在场的关系互动的情感共鸣与价值认同的精神教育活动。

德育过程的目的指向师生不断拓展认识的边界,不断增进对世界的精神理解,不断提升人生的境界。这一过程使得师生共育共进。

总之,对德育原理的认识在人类思想长河中有着漫长的历程,但在形成独立学科并实施课程化的今天还只是一个相对短暂的过程。因此,随着德育实践活动的丰富、德育经验日益增多,以及对德育原理的学理探讨愈发深刻,我们有理由相信德育原理课程建设会更加美好。

问题思考

1. 结合实际,试分析德育本质观在德育课程中的作用。
2. 查阅有关文献,了解德育原理课程的基本内容体系,并做出比较分析。

拓展阅读

1.道,可道,非常道;名,可名,非常名。

——老子《道德经》

2.上德不德,是以有德。下德不失德,是以无德。上德无为,而无以为。下德为之,而有以为。上仁为之,而无以为。

——老子《道德经》

3.简而言之,人工智能将会给教育界带来巨变。

我们千万不要目光短浅。人工智能将在某些方面改变世界。

2022年,人工智能专家李开复写道:"人工智能(AI)可能是人类历史上最具变革意义的技术,而我们甚至可能看不到这种全面变革的到来。这是因为我们经常高估技术在5年内能做什么,而低估了它们在20年后能做什么。"

如果人工智能将在不久的将来改变世界,我们需要让学生为这个世界做好准备。这意味着我们也需要做出改变。

——[美]马特·米勒《人工智能如何影响教学:从作业设计、个性化学习到创新评价方法》

教育名言

天地之所贵者，人也；圣人之所尚者，义也；德义之所成者，智也；明智之所求者，学问也。虽有至圣，不生而知；虽有至材，不生而能。故志曰：黄帝师风后，颛顼师老彭，帝喾师祝融，尧师务成，舜师纪后，禹师墨如，汤师伊尹，文武师姜尚，周公师庶秀，孔子师老聃。若此言之而信，则人不可以不就师矣。夫此十一君者，皆上圣也，犹待学问，其智乃博，其德乃硕，而况于凡人乎？是故工欲善其事，必先利其器；士欲宣其义，必先读其书。

——王符《潜夫论》

第四章
教师的角色审视及德育修养

内容提要

教育者是学校德育的主体，其角色认同与角色定位关系学校德育的根基。教师角色受到时代价值观和教育观的影响，传统德育中教师是社会品德的代表者、品德教育的主导者，新型德育中教师既是教育者又是受教育者，既是德育示范者又是德育实践者，既是德育知识的传递者又是受教育者习德的合作者。教育者在学校德育中的作用有两方面：一方面是"言教"，要求受教育者的知情意行要合乎品德要求，不仅向受教育者传递品德知识，还对受教育者的品德进行监督，促进受教育者良好品德的形成和发展；另一方面是"身教"，教育者作为德育主体要体现自身的道德性，给受教育者做品德示范，用自身品德学习的实际行动对受教育者进行德育的无言之教。

问题导入

1.教育者从事的是一门古老又现代的职业,人类社会对教育者的要求既有普遍性又有特殊性,教育者专业化是世界范围内的普遍趋势。随着教师是从事教育工作的专业人员这个身份的确定,教师的角色也会相应地发生改变,传统意义上的教育者身份与角色正逐渐被新型的教师身份与角色所取代,你如何看待和理解这种教师身份与角色的变化?

2.教师作为学校中的德育者,是否应该在道德上是个没有争议的人,否则就没有资格教育学生?或者说教师自身的道德修养和教师的道德教育水平之间有怎样的关联?

3.教师作为一名社会公民,除了职业角色之外还将扮演多种社会角色,你认为教师的职业角色和社会角色之间有冲突吗?如果有,应该如何协调各种角色之间的冲突?

第 一 节
学校德育中的教师角色

古今中外的思想家和教育家都曾经对教师下过许多定义,都把教育者对受教育者的德育工作作为教师不可或缺的内容,"师也者,教之以事,而喻诸德者也""师者,所以传道、授业、解惑也"。在学校德育中,教师作为德育工作者扮演什么样的角色,自身有着怎样的修养,既受到社会变迁大环境的影响,也受到教育改革和德育观转变的制约,同时还是教师自身不断深化对德育规律认识的结果。学校德育的目标是培养学生成为有品德的人,教师所具备的崇高的思想、良好的道德形象、文明的言行都会对学生起到教育、引导和催化的作用。"经师易得,人师难求"。每一位教师都应加强自身修养,不断学习,提高思想认识和道德觉悟,严格要求自己,以良好的师德形象为学生树立一个表率,以自己的人格力量为学生良好思想品德的形成贡献一份力量。

一、教师角色概述

"角色"这一名称由戏剧而来,后引入社会学理论之中,角色理论现在已经成为社会学理论中的重要部分。我们在此谈论的教师角色,应从如下几个方面进行理解。

(一)什么是角色

角色源于人们对个人与社会关系的认识,社会上没有抽象的个人,只有承担各种社会角色的具体的个人。一个人在社会中会有很多个角色,按照类别可以划分为家庭角色、职业角色、社会活动角色等。角色是个人与社会的结合点,也是社会网络上最小的纽结。人类学家拉尔夫·林顿最先使用"角色"(Role)这个概念,他认为角色是围绕身份而产生的权利义务、行为规范和行为模式,是人们对处在一定地位上的人的行为期待。传统的社会学理论认为:"角色是指与人们的某种社会地位、身份相一致的一整套权利、义务的规范与行为模式,它是人们对具有特定身份的人的行为期望,它构成社会群体或组织的基础。"根据这种观点,社会角色就是社会文化中固定和相对不变的部分,个体要学习并获得特定文化对社会角色的预期,同时依照这种预设从事有关活动。比如"教师"是身份,教育教学则是围绕"教师"这个身份而产生的规范性行为期待,而体现这一规范性行为期待的便是角色。角色并非自己认定的,而是社会或群体所赋予的。

(二)教师角色说

教师角色是指教师在社会和教育系统中扮演的特定身份和职责。在传统观念中,教师常被视为知识的传递者和道德的楷模,主要向学生传授知识、培养学生的品德和行为习惯。然而,随着社会的不断发展和教育改革的深入,教师的角色也在逐渐发生变化。在现代教育中,教师不再仅仅是知识的传授者,更是学生学习的引导者和指导者。他们需要帮助学生培养自主学习的能力,激发学生的学习兴趣,引导学生主动探索和发现知识。同时,教师还需要关注学生的个性化需求,提供个性化的教学支持和指导,以促进学生的全面发展。

此外,教师还是教育的创新者和改革者。他们需要不断探索新的教学方法和手段,提高教学效果和质量。同时,教师还需要积极参与教育改革,推动教育制度的完善和发展。

从师生关系上看,教师与学生同时还是双向互动的关系,这种关系强调在教学过程中教师和学生之间的相互作用和影响。教师不再是单纯的知识灌输者,学生也不再是被动接受者。相反,双方共同参与、共同探讨、共同成长。教师在引导学生学习的同时,也从学生的反馈和互动中获得新的启示和思考,进而不断调整和优化教学策略。而学生则在教师的指导下,通过主动探索和发现知识,不断提升自己的学习能力和综合素质。这种双向互动的关系,不仅有助于激发学生的学习兴趣和积极性,还能促进教师和学生之间的理解和尊重,形成良好的师生关系。

教师角色是一个复杂而多维的概念,它涉及教师在社会和教育系统中的多个方面和层面。随着社会的不断发展和教育改革的深入,教师的角色也在不断变化和丰富。

二、教师角色在学校德育中的历史演变

在中国传统教育中,教师的社会地位和角色定位在社会不同发展阶段与历史时期发生了变迁与演化,从古代社会、近代社会到现代与后现代社会,教师的角色地位与人们对教师这一地位的内涵的理解均有很大的变化。

(一)传统学校德育中的教师角色

传统德育中教师角色是建立在哲学上的主客二分论基础上的,哲学的主客体论把事物的关系划分为主体和客体,强调人改造客观事物的主体性。主体性是西方哲学基于对人性的肯定而确立的一种哲学范式,指主体在对象性的活动中,能够运用自身的力量,能动地作用于客体的特性。在传统德育中,把教师看作品德教育的主体,学生是品德教育的客体,教师作为主体对作为客体的学生具有优先性和至上性,不可避免地陷入"教师中

心论",忽视了学生的主观能动性。在德育内容上,注重知识的传授,对人性的理解和关怀不足;在德育方法上,以灌输为主,缺少师生间的沟通和理解。传统的教育形式是一种囤积式教育,教师是品德教育的权威,学生则处于一种失去主体性的被动地位,难以发展出学生的道德自我。传统的教师角色是事先预设的,教师通过职前教育的培养,系统地掌握教师所应具有的知识和技能,形成对自己应该做什么和怎么做的角色认同,并将其付诸实践。在传统学校德育中,教师通常扮演着如下角色。

1. 教师是社会品德的代表者

教师是接受社会委托对学生的身心施加特定影响的职业人,从社会学意义上说,教师代表了社会的年长一代,成为一定时代社会意志的代理人,社会会把自身的期望以身份、角色和规范等形式赋予教师。教师被社会期望为理性的典范、品德的示范、知识的权威和价值的辩护者,教师应反映社会中最美好的东西,教师的职责是促进青年一代的思想和行为符合社会的价值观、规范和习俗。换句话说,教师就是社会品德的代表者,是社会品德的象征。教师的行为成为社会品德的集中体现,人们需要从教师那里学习社会所需要的知识和行为规范,加快完成个体的社会化。教师作为社会代表者,把学生看成受教育的对象,不仅要明示学生社会规范性的要求是什么,同时自身也要做社会规范性的典范。

2. 教师是道德教育的主导者

道德的教育者,包含两层意思,一是教师作为道德知识的传授者和道德教育的主导者,二是肯定教师在道德教育过程中的权威作用。20世纪是一个主知主义盛行的时代,道德教育强调对学生品德知识和认知能力的培养,受西方理性主义的影响,认为道德是可以被认识和理解的,人可以凭借自身的理性,利用自己的智慧获得对道德的真理性认识,达到道德上的完善,成为道德人。苏格拉底的"美德即知识"命题拉开了主知主义的序幕,在道德教育中,将知识和正确的思维看作个体道德发展必不可少的条件。知性德育也决定了教师的角色进行道德教育就是知识的传递,教师有着绝对的权威,主知主义道德教育在理论上达成的共识极大地影响了学校道德教育的实践。在学校开设专门的道德教育课,从事直接的道德教育教学的核心就是试图通过讲解、说服、灌输等形式向学生传授社会所公认的行为准则并希望他们以此来行动,把对道德知识的理解、发展道德推理能力和认知技能作为道德教育课程的重要内容。知识传递者角色的一个前提就是在知识占用方面尽可能多于学生、优于学生和先于学生,尽可能拥有对学生而言的知识权威的地位。

(二)新型学校德育中的教师角色

社会急剧变化,伦理观念亟待调整,教育者的知识、阅历、修养等未必优于受教育者,教师不再可能是道德的绝对权威。在后现代思想的背景之下,教育者与受教育者各自坚守自己的话语权力。在很多方面教育者认为如何行动才是道德的,而在受教育者那里可能被认为是不道德的。现代德育的特点是要教育者与受教育者之间通过合作、交往和对话,共同处理生活中的种种道德矛盾和冲突。在这个过程中,教育者与受教育者双方的道德共同成长,而传统的师生观则很难适应这种变化了的道德教育要求。现代的道德教育处在一种多元文化的、全球化的、后现代的、相对主义的奇特文化环境之中。随着哲学与其他社会科学理论研究中对人的认识的不断深入与改变,特别是人的主体身份与特性得到前所未有的凸显,教育者与受教育者之间的主体间性得到强调。教师的角色定位也随着教师身份内涵的转变而发生改变,在当代社会中,教师依然是从事教育工作的职业,名称没有改变,但教师身份的内涵却发生了很大的改变,需要对教师角色进行重新认识。当前,学校德育中的教师的角色发展有了如下改变。

1.教师既是教育者又是受教育者

教师身份的获得并非意味着教师是一个已经成熟的人,而是需要不断成长和发展的人。教师和普通人一样有自我发展的需要,需要在认知、情感和社会化等方面得到不断提高和发展。同时,教师作为专业的教育工作者,在专业能力、专业情意和专业伦理等方面也有进一步发展和提高的需要。教师的发展需要不仅来自社会时代的变迁与教育内部的变革,也来自教师自身的发展需要。现代社会正处于一个变革迅速的时代,每一个人都是社会变革的参与者,教师通过培养未来的社会公民而成为社会变革的推动者。网络化、信息化的普及改变了传统的教育方式,对教师的角色提出了很大的挑战,教师要不断发展自己,改变自己的知识结构、教育观念和工作技能,以此来适应社会发展的需要。教师角色的转变过程也是教师发展的过程,从知识的传递者、道德教育的权威转向儿童学习的支持者、儿童道德成长的促进者;从教育任务的完成者转向教育实践的研究者,教师在角色转变之中也促进了自身的成长。从教育生活视角出发,教师是教育生活的同构者,教师在教育教学过程中、在与学生交往过程中会不断地充实和完善自身的发展,教育者和受教育者情感的交流、生命的互动、经验的分享都能让教师自身有所触动,教育过程也是教师自我教育与自我成长的过程,自我成长的过程也是个体学习的过程。

教师的职业要求教师做一个合格的道德教育者,但是人的本质的不确定性和发展的潜能,决定了任何人都不可能是既定的道德完人,教师也是一样的,需要不断学习、进步和成长。从教师职业生涯发展角度看,教师也是成长中的人,其在职业中的自我成长贯穿在教育生活整体,是不断获得发展的人。在现实社会中教师道德被简单化地理解,认为教师只要遵守道德规范,其行为不违反道德要求,就等于教师是具有了道德的人。"人们将道德仅视为外在的纲常礼仪与行为规范,进而强调对这些规范的模仿和操练,忽略了道德作为人的一种生存方式所具有的内在主体性和动态生成性,其后果是导致了道德整体性中的一个重要维度的缺失,即道德价值观念形成过程与道德行为实践中生命意义的缺失。道德中的生命维度被忽视,其直接结果便是道德整体性被肢解。"道德不是静态的规范,而是和生命一体的动态生成过程,生命的本质是其生长性,教师与生命一体,成长是教师应有的特性,道德如果远离了教师,也就不再具有发展的意义。

2.教师既是德育示范者又是德育实践者

教师并非完美无缺的人,而是具有完整人格的人。他们和普通人一样,拥有着人类所有的需求,并在现实生活中真实地存在着。教师的生存状态和生活方式与其他社会角色有着明显的差异,这种差异主要体现在教师所承担的权利、义务和责任上。由于教师的工作性质是培养和教育人,这就决定了教师必须努力发展成为优秀的人。教师不仅要用言语来教导学生,更要用自己的行为来示范。学者应当成为他所在时代的德育楷模,代表着他所处时代可能达到的品德发展的最高水平。一方面,教师作为社会性表意角色的扮演者,承担着社会的委托,要求教师应当成为学生的德育榜样;另一方面,教师的自我认知是"生活中的凡人",这意味着教师在日常生活中也需要进行德育实践,以获得品德发展和体验,教师同样是一个德育实践者。教师处于从普通人向高尚人格榜样转变的状态,在他们身上既体现了德育榜样的品质,也体现了普通人的品质,因此可以说教师是一个完整的人,而不是完美的人。人之所以为人,还在于人的精神性需求,只有发展人的精神属性,品德发展才有了自身的根据,才是属于人的,人才能成为真正意义上的生命个体。教师作为德育知识的传递者,他们通过教学和教育活动,向学生传递政治思想信念、道德法治意识、价值观和行为规范等。然而,教师并非完美人格的化身,他们同样有着自身的局限和不足。正是这种不完整性和非完美性,使得教师能够与学生建立起真实而深刻的关系,共同探讨和成长。

在德育学习中,教师不仅是知识的传递者,更是学生的合作者。他们鼓励学生表达自己的想法和感受,引导他们思考德育问题,培养他们独立思考和判断的能力。通过合作,教师和学生共同探索人生的真谛,共同成长。从心理学的意义上看,人的精神性需求是教师和学生共同关注的重要方面。只有发展人的精神属性,品德发展才有了真正的意义和价值。教师作为引导者,应该关注学生的精神需求,帮助他们认识自己的内心世界,培养他们的情感、意志和信仰。通过发展人的精神属性,教师和学生能够成为真正意义上的生命个体,实现自我超越和成长。

人本主义学者马斯洛的需要层次理论将人的需求分为五个层次,其中最高的层次就是自我实现的需要。教师的自我实现就是通过完善自身来育人成人,教师是作为一个完整的人来实现自我成长。教师的品德一方面作为一种教育力量在教师身上存在,另一方面还有提升教师形象的效应,在教育者自身价值实现过程中起着动力作用。从教育效果来看,教师作为德育示范者具有影响学生社会价值的能力;从教育主体来看,教师作为德育实践者能够实现自我价值,要实现社会价值和自我价值的统一。

3.教师既是德育知识的传递者又是学生德育学习的合作者

在学校德育过程中,教师扮演着至关重要的角色。他们不仅是德育知识的传递者,即在学校德育过程中,教师扮演着至关重要的角色;也是学生德育学习的合作者,即通过课堂教学、实践活动等方式,将政治思想信念、道德法治观念、价值观念与心理健康等德育内容传授给学生,引导学生树立正确的世界观、人生观和价值观;同时,教师还是学生德育学习的合作者,他们与学生共同参与德育活动,通过讨论、交流、反思等方式,促进学生的政治态度、理想信念、法治意识、道德认知、情感发展和行为养成。在这个过程中,作为学生德育学习的合作者,教师应尊重学生的个性差异,关注学生的情感体验和品德发展,鼓励学生表达自己的观点和感受,帮助学生在实践中领悟德育的真谛。教师以平等的姿态与学生对话,共同探索德育的意义和价值,使学生在合作中学会尊重他人、理解他人,培养团队协作精神和社会责任感。这种既是传递者又是合作者的角色定位,使教师在学校德育中发挥着不可替代的作用。

教师作为德育知识的传递者与合作者,其角色还体现在对学生品德评价的引导上。在德育过程中,教师不仅要对学生的品德表现进行评价,还要引导学生学会自我评价和相互评价,培养学生的自我反思能力和批判性思维能力。通过评价,教师可以帮助学生认识到自己在品德方面的优点和不足,从而激励学生不断改进和提升自己。

此外,教师还应成为德育创新的推动者。面对新时代的学生和德育环境,教师需要不断探索和创新德育方法和手段,以适应学生品德发展的需要。例如,教师可以利用新媒体技术开展线上德育活动,拓宽德育渠道;可以设计具有时代特色的德育主题,激发学生的参与热情;可以引入社会实践、志愿服务等实践活动,让学生在实践中体验德育的价值和意义。

在德育实施过程中,教师应该注重德育的实践性和体验性,鼓励学生积极参与各种德育活动,让学生在实践中感悟德育的力量,体验德育的价值。同时,教师还应该关注学生的个体差异,尊重学生的个性发展,通过个性化的德育指导,帮助学生实现自我成长和自我完善。

还需要指出的是,在这个过程中,教师需要树立终身德育意识,不断提升自己的德育素养和教育教学能力,以更好地履行自己的职责和使命。他们应该不断学习新的德育理念和教学方法,不断反思自己的教学实践,不断调整和优化自己的教学策略,以更好地适应学生的需求和社会的发展。此外,教师还应积极参与德育研究,探索更有效的德育途径和方法,为学生的全面发展贡献自己的力量。他们应该关注德育领域的最新动态和研究成果,借鉴先进的德育经验和做法,不断丰富和完善自己的德育知识体系。同时,教师还应加强与其他教育工作者的交流与合作,共同探讨德育工作中遇到的问题和挑战,共同寻找解决方案,形成德育工作的合力。通过不断学习、实践和反思,教师将能够更好地发挥自己的作用,为学生的德育成长提供有力的支持和保障。

综上所述,教师在学校德育过程中扮演着多重角色,既是德育知识的传递者,又是学生德育学习的合作者,还是品德评价的引导者和德育创新的推动者。这些角色相互交织、相互促进,共同构成了教师在德育过程中的完整形象。

第 二 节
学校德育中的教师修养

教师在学校德育中的作用有两个方面:一方面是要求学生的知情意行要合乎品德的要求,不仅向学生传递品德知识,还对学生的品德进行监督,促成学生道德品质的形成和发展;另一方面教师作为德育主体,要体现自身的道德性,以德养德,以德育德,人们常说"学高为师,身正为范",教师自身具备良好的道德素质是教育好学生的前提。德育就是培养受教育者形成良好的道德品质,使其成为道德人的过程,要完成这个过程,不仅需要教育者修养自身道德品性,还需要教育者有进行德育的素质,才能成为一个真正的德育教师,教师要具有表现自身品德和进行品德教育的素养。教师进行德育以自身的品德修养为前提,如果教师自身就是一个不道德的人,如何能对学生进行道德教育呢?学校德育中的教师修养包括两个部分:一是教师要加强自身的道德修养,二是教师要具备科学与有效培育德育修养的能力。

一、教师的道德修养

关于教师的道德修养,我们可从教师道德修养的含义、内容、意义与方法等方面进行理解。

(一)教师道德修养的含义

1.教师道德的含义

理解教师道德修养,需要先了解教师道德的含义,教师道德不单单指教师的职业道德,还包括教师的个体道德,是教师个体道德和职业道德的综合体,二者在教师个体身上是不可分的。鲁洁教授指出:教师的职业道德是教师整个道德品质的重要组成部分,教师的职业道德一旦形成,不仅可以影响教师的整个生活目标、道德理想、道德标准,还可以影响他的全部个性品质。苏联契尔那葛卓娃等将教师道德概括为四个层面:第一,教师道德作为一种规范体系,它作为社会意识而存在;第二,教师道德作为个人的意识而存在;第三,教师道德作为教师论证和选择具体行为的基础而存在;第四,教师道德作为教师的实际行动,是以具有客观意义的现实的道德而存在。这四个层面实际上是从两个方面来对教师道德进行了界定:一是从整体宏观的角度对教师群体而言,是反映社会意识的规范体系;二是从教师个体的角度而言,包含了教师个体的道德意识、道德认知和实际行动。总体来说,对教师道德的认识包括了两个方面的内容:一是关于教师在从事教育活动所必须遵守的调节各类教育关系的道德规范和行为准则,是社会对教师职业行为的基本要求和规范体系,是外在的,有待于行为主体的内化,我们可以称之为规范伦理;二是关于教师的必备品德,指教师在从事教育活动时所表现出来的职业行为,在职业行为中表现出来的比较稳定的品德特征与倾向,这种品德是教师在教育实践中可以不断获得发展和超越的,我们可以称之为德性伦理。无论是规范伦理还是德性伦理最终都要落在具体的个人身上,个人的道德就成了教师道德的底色。由此我们将教师道德界定为:作为职业活动行为主体的教师在个体一般道德基础上,发自内心对职业生活各种要求的认同,是教师所秉持的职业道德认识、职业情感以及在从业活动中所表现出来的职业行为,对职业伦理规范的自觉遵守并践履以德性的面貌展示出来的一种品质,是对教师职业生活的一种整体把握。

2.教师道德修养的含义

"修养"一词,在现代汉语里是学习和锻炼的意思。在中国历史典籍中,"修养"一词中的"修"和"养"各有所指,"修"是整治提高的意思,"养"是培养涵养之意,道德修养的意义则十分广泛。依据教师道德的界定,教师的道德修养应包括两个方面的含义:教师的个人道德修养和教师职业道德修养。我们将其统称为教师道德修养,是因为教师的个人道德修养和职业道德修养在实践上是密不可分的。所谓教师道德修养,就是指教师在道德意识、道德情感、道德意志、道德行为等方面进行自觉地自我学习、自我锻炼、自我培育和自我陶冶的过程。教师道德修养包含了教师遵照道德原则和规范所进行的学习、体验、反思、修炼和提高等一系列心理活动和客观的实践活动,以及在每一阶段所能达到的道德境界。

(二)教师道德修养的内容

教师道德修养的内容主要包括两个方面:一是教师道德规范,二是教师德性。教师的职业道德规范给教师指明了道德修养的范畴和方向,教师的德性条目规定了教师修行具体的品质和操练行动。教师德性条目包括教师的善、公正、仁慈、幸福、良心等。教师道德是随着时代的发展而逐渐变化的,现代社会和当今时代的发展要求教师具备先进的道德意识、道德观念,建构教师的职业理想,树立正确的教育理念,转变教师观、学生观和师生观,完善合理的师德内容。教师要自觉加强师德修养,坚持以德立身、自尊自律,以自己高尚的情操和良好的思想道德风范教育和感染学生,以自身的人格魅力和卓有成效的工作赢得社会的尊重。教师道德规范和教师德性条目引领着教师的道德修养,其中核心要义是教师要用自身的学识和人格魅力来行走职场,具体来说可以分为以下三个方面。

1. 充满爱心,忠诚事业

作为一名教师,首先应是一个充满爱心的人,要把追求理想、塑造心灵、传承知识当成人生的最大追求;要关爱每一名学生,关心每一名学生的成长进步,努力成为学生的良师益友,成为学生健康成长的指导者和引路人。教师选择将教育作为自己所要从事的职业,就要尽职尽责,要尊重这份职业。梁启超先生曾说过,劳动和生活是合二为一的,一个人对自己的职业不敬,是亵渎职业之神圣,从事实上说,就会把事情做糟,结果是自己害自己。忠诚教育事业就是要发自内心地热爱自己所从事的教育工作,找到教育职业的尊严感,找到职业所赋予个人生命的意义,把教书育人看成自己的天职和使命,全身心地投入教育工作当中,不断增强自己对教师职业的认同感和责任意识,在平凡的教师岗位上实现个人人生的生命价值和追求。

2. 努力钻研,学为人师

当今时代知识更新换代的周期越来越短,每个人都需要不断学习才能适应工作要求。教师更要不断地用新的知识充实自己。教师只有学而不厌,才能做到诲人不倦。教师要崇尚科学精神,严谨笃学,做热爱学习、善于学习和重视学习的楷模;要如饥似渴地学习新知识、新科学、新技能,不断提高教学质量和教书育人的本领;要积极投身教学改革,把最先进的方法、最现代的理念、最宝贵的知识传授给学生。在信息社会里,教师不再是知识的权威,但应该是专家型、学者型和研究型的教师,只有不断地孜孜以求,在自己的专业领域里有所特长并在专业上达到一定的高度,才能学为人师。

3. 以身作则,行为示范

教育是心灵与心灵的沟通,灵魂与灵魂的交融,人格与人格的对话。教师个人的品格对学生心灵的健康和成长是任何东西都无法代替的。好的老师是孩子最信任的人,有些话孩子甚至不对父母讲而愿意跟老师讲,老师能帮助他解决思想问题和实际问题,要做到这一点不容易,缺乏真挚的爱心是不可能的。唯有教师人格的高尚,才能有学生心灵的纯洁。教书者必先强己,育人者必先律己,"经师不易得,人师更难求"。教师不仅要注重教书,还要注重育人;不仅要注重言传,更要注重身教。孔子说"其身正,不令而行;其身不正,虽令不从""不能正其身,如正人何"。教师职业的特殊性就在于它是培养人的活动,通过自己的人格和品行来影响和引导自己的学生,而且这种影响是深远且持久的。这就意味着教师要能为学生的成长和发展提供引导和帮助,并能为学生做表率和示范,即教师要为人师表,它是教师德性内涵的表达,也是教师良好个性修养的展现,是真善美在教师身上的集中体现。

(三)教师道德修养的意义

1.教师道德助力教师个人的职业生涯

道德作为把握世界的一种特殊形式,是以实践和精神的双重方式发挥作用的。教师道德鲜明地表达了教师的义务、责任以及教师行为方面的准则。这些准则是所有教师都应遵从、执行的,具有较强的稳定性和连续性,它使得教师与其他职业的人在道德面貌上表现出不一样的特征。教师加强自身的道德修养,能够更好地理解教师的职业,加深对教师职业的认识,使教师更好地从事教育工作,获得职业的意义和幸福感。

2.教师道德对教育事业具有促进作用

教育事业的发展离不开每个教师的辛勤工作和为教育事业发展所付出的努力,教师能否正确认识自己在教育事业中的作用,认识自己在教育活动中应尽的社会义务和责任,与教师的思想境界和道德水平分不开。教师道德能激发教师对教育事业的热爱,全面、科学地认识教育活动,调节教师的工作态度,体现出对教育事业的使命感、光荣感、责任感和无私奉献的精神。同时教师道德也会提升教师对教育事业在促进社会发展和人的素质全面发展过程中的重要作用的认识,增强教师从事教育工作的自觉性。

3.教师道德对未成年学生具有示范作用

教师是培养未成年人的特殊性职业,教师道德中的职业道德部分主要对教师群体产生作用,既可以更好地调节教师队伍内部的关系,加强教师队伍的凝聚力,又可以调节教育者和受教育者之间的关系,塑造教师良好的形象。教育教学活动不仅是向受教育者传递知识和技能的过程,更重要的还是教育者以其自身的品德修养、道德情操、作风仪表、治学精神对受教育者产生潜移默化的影响,教师的示范作用是任何其他教育因素都无法替代的。俄国教育家乌申斯基说过,教师的道德个性是任何教科书、任何道德箴言、任何奖惩制度都无法取代的内在教育力量。以身作则和为人师表成为教师一项的基本要求,教师的言行应成为学生的表率。

4.教师道德对社会生活具有导向作用

在社会生活中,教师是良好社会风气的倡议者和代表者,教师道德是维护职业信念和职业尊严的基础,教师道德一旦形成就会表现出相对稳定的职业心理和职业习惯,在社会上表现出良好的职业风范。由于教师是受社会尊敬的职业,教师在社会上代表着积极正面的价值取向,是人类文明的传播者和体现者,是变革社会的知识分子,因此教师表现出良好的道德面貌,也是对社会公德的促进。

(四)教师道德修养的方法

道德修养是个十分复杂的过程,只有通过个人的付出才能实现。教师作为人首先具有道德规定性的存在,无论人身上具备何种规定性,道德性的存在都是其规定性之一。"道德既是人存在的方式,同时也为这种存在(人自身的存在)提供了某种担保",道德成为人存在的方式及生活实践中的本体论规定。人的存在是物质存在、精神存在和道德存在的三位一体,其中道德存在是人最深层、最本质的存在,它的终极形式是良心,只有把人的道德存在也纳入认识的视野中来,关于人的全面发展和完善的思考才是有价值的。教师作为职业,是学生成长的重要引路人,是变革社会的知识分子;教育就是人与人心灵的沟通,生命与生命的对话,教师不但要用自己的学识育人,还要用自己的品德化人。教师的道德责任要求教师在教育过程中要承担教育引导和道德示范作用。教师作为学者还应该用道德手段去影响社会。道德修养能够帮助教师提高道德素质,但通过什么样的途径和方法来提高道德修养,是教师道德修养的核心问题,对于教师道德修养的效果具有重要意义。

1.学习与实践

学习是教师自身道德修养的基本方法,指的是学习道德知识,了解道德规范和道德要求。从古希腊的"知识即美德"开始,人们就意识到了知识和道德之间的内在联系,知识代表着文明、理智和高尚,学习是获取这些的重要手段。教师的学习内容很多,首先,要学习的就是对教育发展和教师发展的正确认识,为教师树立良好的世界观、职业观和善恶观奠定基础,指引教师做出正确的道德行为、选择和评价;其次,要学习教师道德的知识,掌握教师道德发展的实质和特殊规律,帮助自身进行道德修炼;最后,要学习广阔的人文知识,积淀教师的文化素养,促进教师道德的提高。总之,学习是教师道德修养的一种基本方法。

实践是完善教师道德和人格的根本途径,教育实践体现着教师的道德认知,教师只有在教育实践所产生的人与人关系中,才能认识和改造教师自己的主观世界。教师道德修养的高低不仅表现在教师的认识和言论上,更表现在教师的教育实践上。遵循马克思主义"实践是检验真理的唯一标准",那么教育实践就是检验教师道德修养的唯一标准。在教育实践中,教师要积极行动起来,认真对待教育教学工作中的每一环节,实现自我改造。教育实践是教师道德修养的动力,一切知识、经验最终都是为了落实到真实的教育实践中,才能感受到教育过程中的各种实际情况,才能发现教育中存在的问题,寻找解决问题之道,不断更新道德观念,树立起新道德。

2.自省与交流

自省是自我自觉进行道德反思的过程,孔子曾说过"吾日三省吾身",将内省作为道德修养的重要方法,教师应学会和养成自我反省的习惯。自省包括分辨事实、比较利弊、体验情感、激励意志和评价行动效果等。自省是人们由道德他律向道德自律转化的一个重要标志,人能够自省表明个体道德心理的发展已经进入自我约束的自觉自律阶段,这要求教师有针对性地找出自身存在的不足,并进行积极改进。教师个体通过不断地自觉内省,将外在的教师职业道德规范内化为对自身的要求,不仅表明教师已经能够较准确、较全面地认识职业道德规范及其客观性,而且说明教师道德的情感性和道德意志作用显著增强。实践证明,教师只有通过对自身的反思和体察,总结经验,才能明确未来发展的方向。教师通过制订发展规划和写师德日记,定期反思批判是道德自省的有效手段。

教师的劳动具有个体性,但教师同样是教育集体的一个成员,通过别人的认识来了解自己是获得道德提升的重要方法。教师在自我道德修养的过程中,一方面要注意自省,另一方面要善于与其他教师或教育集体进行交流。交流是个体之间以一种共同的、可理解的方式分享想法、信仰、思想和感情的过程。教师通过交流才能获得关于自身的多种信息,与他人进行多种经验的交流、切磋和碰撞,从而发现问题、启迪智慧,寻找和创造出促进教师成长的正确方法。同时教师还要善于与学生、家长等进行多方面的交流,与学生的交流有利于教师获得良好的道德情感体验,从而促进教师道德的发展。在交流过程中,教师能吸收和接纳新的信息,并且接受学生的监督约束。

3.认同与发展

身份是教师道德发展的逻辑起点。亚里士多德主张:道德随着践行道德的能动者而发生变化。不同身份的人所遵循的道德是不同的,身份的确立既是个体在心理上的首肯也是社会给予承认的凭据,在这个凭据之上身份伦理才能获得发展,教师身份的获得是教师道德发展的前提。当个体获得了教师这个身份,它就变成了一个和自己息息相关的内部信息,处于个体意识活动的中心。教师身份一旦确定,个体就会据此来界定自身和一定社会群体的关系,即使面临不同的情境转换,这种身份感也会一直伴随着个体,即使个体对教师身份不认同,甚至在某种情境下隐匿自己的教师身份,但是已经获得的教师身份感作为一种稳定的心理状态仍将相对地长期维持。身份认同作为一个过程,是个人的主观性建构,但身份认同建构的内容则是来自社会和文化的要求。对于教师来说,身份认同就是对教师的一套行为模式、价值观的认同。教师的身份认同就是教师自己给自己立法,自己对自己进行本体性的定位,教师属于什么社会类型,就必须做与什么社会类型相对应的事情,教师的行为就必须符合给定的行为规范,而不管有没有人监督。通过身份认同,教师可以追寻有意义的教育人生,确认自己的人格和尊严,以此来促进教师道德发展。

身份认同和教师道德发展共生,一方的提高会促成了另一方的提高。教师的身份认同内容可具体划分为自我认同、他者认同和群体认同三个部分,其划分的依据是教师在其职业生活中所要处理的三种主要关系,即教师与自我的关系,教师与学生、家长、社会的关系,教师与教师整个共同体的关系。这三种关系是教师职业生涯中不可回避和不能脱离的关系,构成了教师职业生活的整体世界和生命流动的样态。任何道德都不能离开道德主体的自我能动性,都是道德主体自我的主观选择,教师作为道德主体依据自身的身份进行道德认同。身份认同是教师道德发展的内源性基础,是主体的自我建构过程,在这个建构过程中,主体本身是开放性的,不仅有来自主体本身的自我认同,也有来自与主体发生关系的他者认同和确认主体性质的群体认同。主体所面对的生活世界也是开放性的,不仅有教师确立道德自我的意义世界、现实世界,还有确定教师归属的符号世界,教师道德发展就是在身份认同的框架下进行自主建构的过程。

二、教师的德育素养

教师德育修养是教师教育教学素质的内容之一。对一名专业的教师来说,教师的教育教学素质应包括教师的专业知识、专业能力和专业精神等。从德育工作的角度来看,教师应具备科学与有效实施德育的必备素质。

(一)教师德育素养的结构

教师进行德育需要具备一定的德育知识和完成德育工作的能力,要有德育工作所需要的素质才能将德育工作做得更好。教师德育修养是教师实施德育素质的一种综合性体现,需要教师认真学习,逐步积累经验,以提升德育工作的水平。教师的德育素养包括如下要素。

1.教师的德育意识

唯物史观认为,人类社会的每一种实践活动都是在一定社会意识指导下进行的,德育活动也是如此,会受到教师德育意识的指导和调控。意识是对客观事物的一种反映,这种反映可能是正确的也可能是错误的,正确的意识对实践活动起着积极的调控作用,使其达到预期的目标,错误的意识将产生消极阻碍的作用,对活动目标的实现起阻碍的作用。德育工作也是如此,教师要形成积极正确的德育意识,要不断进行学习,强化自身的德育修养,检查自己的德育意识是否与德育工作要求相一致,保持积极正向的功能。教师德育意识的形成,取决于教师在德育活动过程中的感性体验和理解升华,包括四个方面。第一,教师对自身道德意识现象的体验。所谓教师道德意识现象,就是指教师在一定道德活动中形成并影响教师道德活动的各种具有善恶价值的教师道德心理和教师道德思维。自发自在的教师道德心理包括教师道德认知、情感、意志和风尚等,自觉行为的教师道德思维包括教师道德思想、观念、观点、信念和理论体系等。第二,教师对学生道德实际表现的体验。德育的对象是学生,学生的思想面貌、道德水平、学习态度和生活习惯等直接体现了德育的效果,也必然会反映在教师的头脑中,形成教师德育工作的基本状态。另外,只有从学生实际出发,让学生获得实际道德体验,才能获得德育意识的感性材料,并通过一系列思维的转换,形成教师的德育意识。第三,教师对德育活动的体验。德育活动是将主观和客观统一在一起的过程,在德育活动的动态过程中,会暴露出一些矛盾,构成意识反映活动的基础。第四,教师对德育环境的体验。德育总是在一定的环境中进行的,任何教育活动都会随着生活条件的改善、社会关系的改变而改变。德育环境有家庭、学校和社会三个层面,这三个层面构成了德育意识的内容和土壤。

2.教师的德育知识

教师的德育知识包括两个方面:一是被称为"本体性知识",即什么是道德和与道德相关的知识;二是被称为"工具性知识",即如何教授道德才能让学生发展道德的知识。教师须具备一定的道德哲学和人文社会科学方面的专业知识与专业修养,对道德的本质和规律有专门的研究,道德生活有较好的合理的理解,对道德教学有具体的深入的认识与训练,此外,广阔的文化知识背景是对德育知识的支撑,也是德育取得最佳效果的知识体系中不可缺少的一部分。

教师德育的"本体性知识"是教师胜任德育工作,实施教书育人活动的基本保证。教师德育的本体性知识应是对德育学科内容的精专,包括对道德的认识、概念、原理、理论和事实及其发展变化等。教师因个人能力和其他原因的限制,可能做不到对每门学科都很精通,但任何一名教师,都应对德育知识有所了解和掌握,教师不应只会教书不会育人,德育的本体性知识是教师必备的知识之一。

教师德育的"工具性知识"是指帮助教师进行教育教学活动的学科知识和实践知识。教育学科知识是能够进行迁移的,虽然德育的内容及方式方法与智育、体育、美育等不相同,但是也有共同之处,即都要根据学生的身心发展特点和发展规律,形成正确的教育思想和教育理念。教师应具备从事教育教学工作所需要的能力,如与学生沟通对话的必要技巧和注意事项,了解组织学生活动的成功经验,知晓进行德育研究的程序和环节等。教师个体的德育实践知识是基于教师个人的经验积累,表现为教师对待和处理德育问题时体现出来的个人特征和教学智慧,有些是可以明确意识到的,有些是以缄默知识的形态存在于教师的知识体系之中,教师个体的实践性知识具有较强的情境性特点。

3. 教师的德育能力

教师的德育能力指教师在德育中所表现出来的专业能力,包括理解学生品德发展特点的能力、设计并实施德育活动的能力、评估学生品德发展成效的能力以及处理学生品德问题的能力等。它是教师职业素养的重要组成部分,直接关系到德育的质量和效果。教师的德育能力不仅体现在对德育理论的掌握和运用上,更体现在实际工作中能否灵活应对各种德育情境,有效引导学生形成正确的世界观、人生观和价值观。因此,提升教师的德育能力是加强和改进学校德育工作的关键环节。教师德育能力是影响德育教学效果的重要因素,教师除了需要具备先进的德育理念和德育知识外,还需要具有称职的德育能力。只有这样,教师才能有效地在教学中进行德育,开展德育活动,从而让学生顺利地发展自己的道德品质。

在传统的教师能力中,人们普遍关注教师的教学能力、人际交往能力、课堂管理能力等,而忽视德育能力。教师在学校中的所有活动都具有教育性,都蕴含着德育的契机和资源,发展教师的德育能力是在德育活动中实现的,不是任何一种教育活动都足以发展这种能力。教师在德育活动中发展德育能力依存于一定的条件。

第一,掌握必要的德育知识与技能是发展德育能力的先决条件。教师在掌握德育知识和技能的过程中,与德育活动有关的心理机能会受到锻炼,形成特殊的心理活动系统,发展特殊的能力,这个过程就是教师的一般教育教学能力向德育能力的特殊化过程,而且在掌握德育的知识和技能的过程中,也会提升教师的教育教学能力。

第二,德育能力的发展还依赖于正确选择德育活动内容。学生的品德发展是有一定阶段性的,在不同的发展阶段应选择适当的德育内容,这样才能取得理想的德育效果,教师的德育能力才会得到锻炼和提高。

第三,德育活动过程的合理安排和德育方法的恰当运用等。教师应从学生的实际出发,将学生引进道德世界,实现与学生道德的共同成长,在德育活动中逐步培养起教师德育的智慧,达到对德育工作的通达。

4. 教师的德育行为

行为是人在一定理智、愿望和意志支配下的活动,是有目的、有意识的行动。亚里士多德被誉为行为科学的鼻祖,他把人的活动同人的目的性和意志联系起来,认为行为是"人的心灵遵循着或包含着一种理性原理的主动作用,具有主动意义的活动"。从社会活动方式的角度出发,人的行为是积极能动的自主活动,是受意识支配的自觉活动,是受社会条件制约并具有某种社会倾向的社会性活动。以此类推,教师德育行为就是教师在一定道德意识支配下,对学生进行的有利于学生成长的活动。教师的德育行为应当是出于对学生和教育事业的自觉态度,对自己所实施的德育行为有清醒的意识,对行为方式和行为产生的后果所应有的道德价值和意义有比较明确的认识。教师的德育行为既是教师个人主观意愿选择的结果,也是教师受社会委托实施德育的义务。教师要基于社会的要求和自己的意志实施德育,其德育行为就要具有道德意义,要涉及学生和教育事业的利益,从而体现出教师德育行为的价值,当然教师德育行为应避免负面作用和负面影响。

首先,教师德育行为应符合道德要求。教师德育行为由一系列要素构成,教师德育行为价值的大小,取决于构成德育行为的各个要素是否符合善的要求,是否都具有道德性。一般来说,教师的德育行为主要包括三个方面的要素:行为动机、行为目的和行为结果。行为动机是教师实施德育的内在动力,如看到高年级同学在欺负低年级的同学,教师想要对学生的错误行为进行纠正,于是产生德育行为动机,当把这种想法付诸实施以后,行为动机就已转换为行为结果,如果行为结果是经过教师的批评教育后,学生认识到以大欺小是错误的行为,并明确自己以后不会再发生这种行为,这种德育行为的结果就是善的,与教师实施德育行为的目的是让学生形成好的道德品质相一致,这样教师德育行为的动机、目的和结果具有了一致性,从善的愿望出发,为了善的目的,最后达到善的结果。教师德育行为符合道德的要求。需要注意的是,有时德育行为的动机、目的和结果之间,并不具有一致性,不是一一对应的关系。

其次,教师德育行为应避免负面作用。在教师德育行为中,由于受到主客观条件的影响,教师德育行为可能会取得好的结果,也可能会取得不好的结果。避免负面作用是教师实施德育的主观愿望,但实际结果如何,既取决于教师实施德育行为的当时情境,也取决于教师所处的一定外部环境和教师自身的主观条件。教师德育行为受到多种因素的制约,社会的政治、经济、文化状况不仅决定了德育的目的、内容和方法,还制约和规定了教师实施德育的主观能动性。教师德育行为不可能脱离当时的社会历史条件,还受到当时社会的道德价值观念、教育规范体系和整个社会道德体系的制约,更离不开教师所工作的具体职业环境和条件。另外,教师个人的道德素质也决定着教师德育行为的发生,教师对德育重要性的认识,对德育工作的态度和情感,在德育工作中的意志品质都影响到其德育行为的效果。教师道德素质越高,对德育行为的调节和控制就越自由,也越能符合德育工作的要求;教师道德素质越低,就越难把德育行为调整到符合德育工作要求的标准以内,也越容易出现不利于德育工作的行为选择。所以,教师要提高自身的道德素质和德育工作素养,减少德育行为的副作用。

最后,教师德育行为应选择适当的手段。德育行为的手段是指教师为了实现德育行为目标而采用的方法和途径。教师应选择恰当的手段来达到施教的目的,简单粗暴的德育行为不会取得较好的德育效果,同时不正当的教育手段也不会让学生心悦诚服,教师德育行为应该在善的目标指引下,选择善的途径和方法,达到善的目的。教师德育行为是教师在进行德育过程中而发生的行动。教师在教育工作过程中,经常会遇到各种道德关系和矛盾。在选择行为方案时,教师应按照德育工作的规律和学生身心发展的特点,采取适当的德育行为进行施教。同时,教师还应考虑德育的目标和学生的道德需要,在理智的指导下选择合适的德育方法和途径。从德育目标到德育结果,教师德育行为完成的中间过程需要经过某种适切的方法和途径,才能使教师的施教行为获得圆满的效果。

(二)教师德育素养的提升

学校德育形式的变化使得德育教师也发生了相应的改变。在古代教育活动中,学校教育基本上就是德育,学校教师全部是德育教师。随着社会发展,分科教学的出现,在学校教育里,德育作为一门独立的课程从其他课程中分化出来,出现了所谓"专门的德育教师"和"非专门的德育教师"的划分。专门的德育教师指学校专门进行德育学科教学的教师、组织学生德育活动的辅导员和教育管理人员。而学校里其他的教师就被称为非专门的德育教师。这种划分带来积极和消极两个方面的影响。积极的一面是学校德育的特殊性得到认可和重视,德育需要专门的知识和专门的训练;消极的一面是德育的责任似乎只是专门德育教师的事情,忽视了其他教师的道德教育责任。而事实上,学校德育是一个全方位的立体工程,虽然在形式和内容上有直接德育和间接德育之分,有德育显性课程和隐性课程之分,有专门的德育教师和非专门的德育教师之分,但学校所有的教育活动都蕴含着德育内容,学校里所有的教师都肩负着教书育人的使命,从这个意义上说,所有的教师都是德育教师,都需要提升德育素养。[①]教师德育素养的提升主要通过培训、自修和实践等基本途径来进行。

1.教师的培训

教师的培训分为职前教育和职后培训两个阶段。职前教育由大学教育中的师范类教育专业担当,在职前教育阶段,通过专业课程的学习和专业技能的培训,教师获得一些相应的德育素养,主要包括开设德育课程群,进行教育见习和实习,参与教育实践活动等。职后培训阶段主要是提炼教学经验,并将其转化为实际的能力,包括继续教育培训、校本培训等。教师主要通过观摩、借鉴和有针对性训练而达成目标。另外,在教师取得任职资格时必须获得一定的道德教育课程学分,这也不失为一个提升教师德育素养的有效条件保证。

2.教师的自修

教师德育素养提升的内在要素是教师发挥自身的主观能动性,通过自修来涵养德育

---

① 崔振成,黄东亮.中小学教师德育能力弱化的困境与纾解[J].当代教育科学,2023(3):10-17.

的知识和能力。这不仅让教师成为一个德才兼备的经师,还让教师成为能教书育人的人师。教师通过自修来提升德育素养,一方面,要把德育工作当作教师职业的一项使命来做,教师这个工作的最伟大之处就是能影响学生的心灵,让学生朝向善的方向成长,教师对此负有义不容辞的责任,这样才能激发教师进行德育修养的动机和自觉意识。另一方面,教师要在教学和教研过程中,将德育作为一项必需内容来进行研究,只有研究型的教师才能不断发现问题、解决问题,在研究中将理论与实践结合起来,提高德育工作的实际能力。

3.教师的实践

实践是教师提升德育修养的根本途径,教师不仅要通过学习来掌握德育的知识和技能,更重要的是身体力行,在实际的教育教学工作中实施德育,在教书中育人,在育人中教书,将教书育人融为一体。实践是教师实施德育的认识和经验的来源,只有在德育实践工作中,才能获得对德育效果的真切感知,才能对德育工作进行反思,进一步纠偏补缺,完善教师自身的德育工作素养。同时,实践也是教师提升德育素养的动力,在德育实践过程中遇到的德育难题、产生的德育困惑与面临的德育问题,能让教师不断地进行思考、解决问题,改变行动,增强德育的实效性。教师在德育实践过程中,往往要克服各种困难和障碍,其既是对教师德育素养的综合考验,也是教师积累德育工作经验,提高德育工作水平,不断提升德育素养的过程。随着社会发展变化的进程加快,学校德育工作不断面临着新问题和新要求,这就要求教师在德育实践中要进行新的探索,不断更新德育知识,增长德育工作才干。德育实践既是教师德育修养的源泉,也是教师德育修养的目的,同时还是检验教师德育修养是否能达到客观效果的一个标准。

问题思考

教师道德不具有原初性质,是后面建立起来的,其建立的根基就是教师的身份。身份构成了教师道德的内在框架,在这个框架内进行思考、感觉和判断,个体能够尝试在不同情况下决定什么是好的或有价值的、什么应当做、应赞同或反对什么。这个框架规定了什么对我们重要以及什么对我们不重要,规定着我们在其中生活和选择的空间。

1.结合实际谈谈你对教师德育者身份的理解和认同。

2.你如何理解教师的德育角色意义?

拓展阅读

1. 凡学之道，严师为难，师严然后道尊，道尊然后民知敬学。

——《学记》

2. 故中学之师，尤当妙选贤达之士，行谊方正，德性仁明，文学广博，思悟通妙，而又诲人不倦，慈幼有恒者，方当此任。

——康有为《大同书》

3. 国将兴，必贵师而重傅；贵师而重傅，则法度存；国将衰，必贱师轻傅，贱师而轻傅，则人有怏。

——荀子

4. 有些职业是这样的高尚，以致一个人如果是为了金钱而从事这些职业的话，就不能不说他是不配这些职业的。教师所从事的，就是这样的职业。

——[法]卢梭《爱弥尔》

5. 一个精神丰富、道德高尚、智力突出的教师，才能尊重和陶冶自己的学生的个性，而一个无任何个性特色的教师，他培养的学生也不会有任何特色，他只能造成精神的贫乏。

——[苏]苏霍姆林斯基

6. 叶澜,白益民.教师角色与教师发展探析[M].北京:教育科学出版社,2001.

7. 檀传宝.教师伦理学专题[M].北京:北京师范大学出版社,2003.

8. 朱小蔓.德性教师论:创造型教师的专业发展[M].北京:人民教育出版社,2010.

9. 于漪.新世纪教师素养专题[M].长春:东北师范大学出版社,2003.

10. 唐凯麟,刘铁芳.教师成长与师德修养[M].北京:教育科学出版社,2007.

11. 高德胜.时代精神与道德教育[M].北京:教育科学出版社,2013.

12. 李清雁.困惑与选择:基于身份认同的教师德性养成论[M].北京:人民出版社,2016.

13. 朱永新.致教师[M].武汉:长江文艺出版社,2021.

教育名言

与孩子们一起生活使我们成长,我相信对每个人来说都是如此。和孩子们在一起,我们有机会去培养耐心和幽默感,增强内心的智慧,并学着发现日常生活中潜藏的财富和意想不到的幸福。

然而,这种转变总是与痛苦紧密相连。伴随着欢乐时刻,常常会有富于挑战性的考验,其中我们的弱点、谎言、伪善,我们的疑虑、矛盾、缺点,统统会被置于最无情的审视之下。但是,这正是改变发生的方式。

——[意]皮耶罗·费鲁奇《孩子是个哲学家:重新发现孩子,重新发现自己》

第五章
学生的身心特点及品德发展

内容提要

学生是正在成长发展中的人,品德发展是学生的社会性表现之一,学生品德发展受到生理和心理两个方面的影响。学生个体的道德发展依赖其生理和心理的成熟度,学生的成熟度为学校德育提供了物质基础和发展的可能性。儿童发展是有关键期的,不同时期有不同的年龄特征,学生的年龄特征限定了对学生的道德要求和学校的德育内容。教育学通过对儿童品德形成和发展的调研,逐步形成成熟论、阶段论、扩展论、内生论、外铄论、内化论、建构论等代表性观念。20世纪以来,对道德发展的研究又形成了精神分析、行为主义与社会学习和道德认知发展等理论流派。

问题导入

1. 依据自身的成长经历,你是如何理解不同年龄阶段有不同身心特点的?
2. 你认为学生的道德发展水平与他们的年龄和心理状况有关联吗?
3. 你知道多少个关于学生道德发展的理论?能说出每种理论的主要观点和代表人物吗?

第一节
学生品德发展的生理基础与心理特征

学生品德发展是一个复杂的矛盾斗争过程,这一发展过程每达到一定的时间或程度,就会发生质变,表现出品德发展的阶段性。不同年龄段学生的道德认识、道德情感和道德行为有着明显的特点和质的区别。推动学生道德发展,可以培养学生的道德行为和习惯,也可以激发学生的道德情感,还可以提高学生的道德认识。学生道德发展无须教条式地遵循由道德认识到道德情感,再到道德行为和习惯的路径。只有当学生基本的道德心理成分都得到相应发展时,学生才能更好地形成道德品质。基于学生生理和心理发展的不同阶段,其知识经验及生活阅历相应受限,学生的道德认识、道德情感和表现出来的道德行为和习惯有其自身年龄阶段的独特性。因此,在对学生进行道德教育时,必须考虑其生理和心理发展的阶段性及规律性。道德发展是内外因素相互作用的结果,并非社会影响和教育要求直接转化的简单过程。学校德育的实施不仅依赖于各种外部条件,也依赖于学生本身的各种内部条件。

一、学生品德发展的生理基础

学生的品德发展是整体性的身心综合发展过程,不仅作为社会性活动,还必须与学生的生理发展规律性与阶段性特征相适应。

(一)生理成熟与道德发展

人类行为遗传学研究和学校德育活动的实践表明,个体品德的发展依赖其生理的成熟,对一个学生实施德育太早或太晚都无法有好的效果。太早,学生很难领悟,难以形成良好的品德习惯;太晚,则错过了其道德发展关键期,反而事倍功半。生理成熟为学生的品德发展提供了可能。

学生的品德发展不是与生俱来的,而是在社会化过程中进行道德学习和道德转化的结果,人的学习能力和转化能力都需要人的生理机能提供基础条件,在条件不具备或不成熟的情况下,学生的道德学习和道德转化是不可能实现的。人无法回避自己的身体,身体是人精神的物质基础。人的生命包括生理、心理和精神。人的大脑是思想的器官,心跳加速等生理现象能引起人的心理发生改变。德育活动是德育信息传递和接受的有机系统,学生能否接受或多大程度上接受德育信息并有效践行道德行为和习惯,必须以学生个体的生理发展为前提,即学生的生理成熟为前提,生理成熟为德育提供了物质基础和发展的可能性。

心理学研究表明,人类行为的某些特征受到遗传因素的影响。学生最初的气质特点是其个性发展的基础,其原始气质的不同对个性发展呈现出差异性影响。这些差异性影响着父母、教师与学生相互作用的方式及作用的效果,如学生或独立或依赖、或稳重或急躁的不同的个性特质决定了教师在德育教学中应选择的策略。另外,学生到达生理成熟的年龄同样存在个体差异,生理成熟的早晚不仅影响同年龄学生面对不同的社会心理环境时的情绪、兴趣、能力和社会交往,而且会影响学生的道德认知和道德行为。

(二)学生品德发展的阶段性

学生个体的发展是有关键期的,不同时期有不同的年龄特征。学生从六七岁至十八九岁,经历了小学和初高中阶段。这一时期学生的生理经过了相对平稳的童年期、快速变化的青春期和再入平稳的青年期,其生理发生了较大的变化,生命能量的增盈决定了学生心理的变化发展,也对德育提出了相应要求。具体来看,在小学阶段,学生身体缓缓生长,12岁儿童大脑的重量已接近成年人[1],但是儿童的各种器官及其功能状态还是比较脆弱的,此时德育不仅要向儿童进行品德教育,还要保护儿童的健康,对学生的品德要求要量力而行,要分层次,不能用道德绑架学生。进入青春期后,学生的身体发生了"日新月异"的变化,特别是体态上出现了性特征。这是体内性机能萌动并趋向成熟的表征。在发育方面,男生和女生在起始时间和持续期限上都有区别,女性早于男性1—2年,而持续时间短于男性2—3年。在这一阶段,男生和女生对自己的体态出现了从未有过的自我敏感,常有不自然的羞涩感,身体的新陈代谢特别旺盛,精力也特别充沛,生命迸发出的能量增加了学生冲动性的行为。同时学生的大脑和神经系统的发展转向微观层次,神经系统在适当刺激的条件下逐渐细密化。有研究表明,在性成熟期进行品德教育,收效甚大。在高中阶段,学生身体的发展已达到成熟状态,其发展速度进入相对平缓时期,体态匀称健美,男生肌肉发达有力,女生婀娜多姿,精力充沛旺盛,洋溢着青春美。这一阶段的学生不仅不为身体所困惑,而且愿意展现自己的青春美,在人际交往上会出现新的需求,引发新的道德教育问题。可以说,学生的生理基础决定了对学生的道德要求和学校德育的内容。

---

[1] [捷]夸美纽斯.大教学论[M].傅任敢,译.北京:教育科学出版社,1999:5.

二、学生品德发展的心理特征

学生品德发展不仅受生理发展阶段的制约,在很大程度上也受心理发展特征的影响。

(一)心理发展水平与道德认知

在心理学领域,人们通常将个体视为一个由认知、情感、意志和行为构成的统一整体。对于学生而言,他们的道德发展同样会在这些方面得到体现。所谓的道德认知,它涉及对正确与错误、善良与邪恶的行为以及这些行为背后的执行意识的理解和认识。这种认知在很大程度上是通过道德判断表现出来的,道德判断是评估和决定行为是否符合道德标准的过程。学生的道德情感在其发展过程中经历由外露到内敛、易变到稳定、肤浅到深刻的过程。学生在产生道德行为过程中表现出的意志即为道德意志,是道德行为中的重要组成部分。学生道德意志的表现通常包含两方面:一是道德动机的斗争,表现在道德动机经常战胜非道德动机;二是表现在排除障碍,因执行道德动机而引起行为的决定。道德行为是学生的行动表现。在不同的年龄阶段,学生有不同的年龄特点,相应地其道德心理发展特点也不相同。

(二)不同发展阶段的道德认知特点

在儿童时期,道德认知主要基于直观的、具体的行为准则,如对父母和教师的权威服从,对奖惩的直接反应等。随着年龄的增长,进入青少年阶段,学生的道德认知开始转向抽象思考,他们能够理解和评价更为复杂的道德情境,开始关注行为背后的动机和意图,而不仅仅是行为本身。这一阶段的道德判断也更为独立和自主,他们开始形成自己的道德观念和价值取向。

具体来说,小学阶段,学生的思维水平尚处于具体形象思维阶段,他们对德育内容的认知主要依赖于具体的生活经验和直观的感受。他们倾向于将各种规范视为绝对不变的规则,对权威人物如父母和教师的指令有着高度的服从性。奖惩机制在这一阶段的德育中起着至关重要的作用,孩子们往往根据行为的结果来判断其道德价值,即行为带来的奖励或惩罚直接影响了他们对道德行为的理解和选择。

初中阶段,学生的思维向着更为抽象、概括和注重逻辑的方向发展,他们的道德学习能力有了较大提高,但在个人道德倾向和道德行为方式,女生和男生的道德认识兴趣和道德认识方式层面呈现出差异,学生已经能够做出独立的道德判断和思考,不会轻易放弃自己的观点,经常会和教师或是成人发生观点上的矛盾和冲突。这一阶段也是学生道德情感变化迅速而激烈的阶段,敏感、强烈而脆弱是其情感表达的独特方式。中学生开始试图掩饰自己的情感,对来自他人或社会方面的肯定以及自我肯定,会有满足和幸福的体验,但面对内心的道德冲突,也会有痛苦的表现,倘若情感强烈而无法掩饰时,往往会以爆发式的方式出现。在道德意志方面,中学生能够控制自己的行为和情绪,并且能够自觉努力地掌控行动目标,为实现目标而努力,克服一些困难。但在外界不良环境作用下,或是感觉自尊心受到严重伤害时,也会出现激情迸发失去理智而使自己的行为失控的现象。在此阶段,学生已经开始步入社会,学生之中出现了各种"小团体"现象,对集体活动兴趣不大,更愿意与自己的伙伴在一起活动,喜欢新鲜和带有刺激性的活动,行为上表现出不愿受成人束缚但又需要成人帮助,能独立又不能完全独立的特点。这个时期学生的各种欲望增加且精力充沛,容易受到不良信息引诱,导致各种劣迹出现,甚至出现违法犯罪事件,是需要警惕和值得注意的现象。这个时期的学生面临着双重选择,既是人生的起飞阶段,也是人生的危机阶段,更是奠定迈向社会的基础阶段。

高中阶段,学生在身心两个方面都已逐渐成熟,社会化逐步完成。高中生大多数都已对世界、社会、事业和自己有较清晰和深入的思考,有自己独立的见解和核心的价值观念,对个人未来有相对稳定与明确的选择,有坚定的理想和信念,是人生由准备期向定型期转变的关键阶段。在认知上,高中生具备了逻辑思维和辩证思维能力,对事物的综合分析能力、创造性及解决问题的能力都已达到较高的水平,已经能够按照自己的意愿规划未来人生和生活,对主客关系有了更清晰深刻的认识,对自我的认识也更加全面和客观,能够进行自我设计、自我体验和自我发展,从独立的自我向独特的自我发展,在内心中构建出个人的意义世界,道德观成为内心世界的重要组成部分。在情感上,高中生的情感更加丰富复杂,并走向稳定深沉,能够控制和掩饰自己的情感。在这个阶段,内心世界的挣扎和斗争往往是很激烈的,但是一旦决定了就能表现出惊人的意志力,并表现出行动的自主性,开始承担责任,在行动中能根据实际情况调整自己的行为,设计自己的活动,对行动能够进行反思调控。

在当下的教育大环境下,无论是家长还是教师都非常重视孩子的成长,但往往忽视了尊重孩子的选择。而我,一个刚踏出校园不久,满怀教育热情的青年教师,却想做些力所能及的事情:尊重学生,培养学生的选择能力。

我记得有一次,一个成绩很好的孩子跟我说:"韩老师,这段时间我因为下午放学后会练很久的击剑,因此晚自习老是打瞌睡。平时上课,我精神也不够专注,最近成绩下滑得很快。我在想要不要放弃我最热爱的击剑?"当孩子这样跟我说的时候,我大概知道了他的选择,既想要好好学习,又不想放弃自己的爱好。当时我对他说:"孩子,选择把所有精力投放到学习上,或是均衡精力,学习和爱好兼顾,这都是你自己的选择。老师不能替你做决定。老师只能帮你分析分析。学习是学生的本职工作、首要任务,但是在忙碌的学习中,也确实需要一些自己的兴趣爱好。所以,合理安排时间才是最为重要的。"后来,这个孩子没有放弃他热爱的击剑运动,开始合理安排学习和运动的时间,在往后的一段时间里,我发现他学习不仅开始好转了,对学校生活也有了更多的热情。再后来,他的母亲给我打电话,很激动地跟我说:"谢谢韩老师,当初没有像我一样直接否决孩子的爱好,而是给了孩子自主选择的机会,现在他不仅学习变好了,还在前不久的击剑比赛中得了金奖。"尊重自由原则,尽可能地给孩子创造相对宽松的环境,给予孩子选择的权利,尊重孩子的选择,在孩子需要的时候,适当地做出积极引导,帮助孩子做出更合适的选择。当我们把选择的权利还给学生后,会发现学生正在慢慢成长。因此,在这一过程中,家长、教师需要学会耐心地等待孩子成长的脚步。

在班级管理中,我一直强调尊重。尊重学生,培养学生选择性。在和家长相处中,我跟家长强调,学会放手,让孩子做自己的主人。当然,让孩子自由选择不代表让其任意所为,适当的引导和建议是必需的,根据自己的人生经验,传授一些必要的选择技巧也是非常具有现实意义的。在自己的教学教育管理中,我选择为孩子们创造相对宽松的学习环境,让他们在这个环境下敢说敢做,敢于思考,敢于犯错,敢于改正,敢于选择自己的路。孩子们在这样的学习环境下,愿意进行选择,愿意参与式学习,学习热情相对高涨。(西南大学附中　韩丹)

教师在进行德育教育时,要注意区分不同年龄段学生的特点,进行有针对性的品德教育,提高德育的实效性。教师要注意澄清各种品德观念,积极的观念要加以赞扬和肯定;消极的观念要加以反对和否定,引导学生明辨是非美善。在学生的品德教育中,更重要的是让他们参加一定的教学实践和社会实践,在实践中锻炼情感和行为。成年人要经常肯定学生那些好的言行,批评和否定那些不良的言行,以加深学生心目中的道德观念,并产生情感共鸣,从而使学生的道德情感向着积极的方面发展,使学生的道德情感体验不断深化。成年人要及时向学生提出道德要求,要求学生为家庭或集体做点事情以激发学生去完成某种道德行为,使其在完成的过程中,体验为亲人或集体做事的义务感、责任感。

三、学生品德发展的过程特点

学生品德发展归根到底是伴随着学生的成长而逐步获得道德认知,将道德规范进行转化,形成自己的道德品质,并将个人所获得的相关道德经验付诸实践的过程。这个过程不是一蹴而就的,而是伴随着学生的身心成长、时代的发展、新一轮科技革命和产业变革给人们带来的冲击等而发展变化的。学生的品德发展是一个动态的生成过程,要完成从一个自然人向社会人的转化,即俗话常说的"做人"过程。由于学生自身不断变化发展,所处环境同样不断变动,构成学生道德的结构因素——道德认知、道德情感、道德意志和道德行为。这些因素也相互影响和相互作用,因而学生的品德发展是复杂的过程,更是长期的、反复的发展过程。

(一)做人与成长

成长是摆在每个人面前的课题,人的生理发展被称作生长,人的心理变化过程被称作成长。而做人,则是一个更为宽泛且深刻的话题,它关乎个体的品德修养、价值观念、社会责任感等多个方面。在成长的过程中,如何做人,如何成为一个有道德、有担当、有爱心的人,是每个人都需要面对和思考的问题。

做人与成长是相辅相成的,成长不仅仅是身体上的发育和心理上的变化,更重要的是在成长的过程中不断塑造和完善自己的人格。一个优秀的人,不仅要有丰富的知识和技能,更要有高尚的品德和良好的行为习惯。因此,在成长的过程中,学生需要注重自己的品德修养,学会尊重他人、关爱他人、帮助他人,培养自己的责任感和使命感。

同时,做人也需要不断学习和成长。在人生的不同阶段,每一个人都会面临不同的挑战和机遇,需要不断调整自己的心态和行为,以适应社会的变化和发展。在这个过程中,需要保持一颗谦虚、进取的心,勇于面对困难和挫折,不断学习和提升自己的能力和素质。

人生在世,重要的无外乎两件事:一件是做人,另一件是做事。做人固然没有一定的法则和标准,但它存在一定的通则。如何做人?怎样做人?做一个什么样的人?这是一门艺术,更是一门学问。我们经常感慨"做人难,难做人",也经常领悟"先做人,后做事"。可见,做人不是个小问题,而是大问题,是每个人一生的必修课,做一个有道德的人,是人成长过程的重要内容之一。学生的成长过程也是受教育的过程,是获得教养的过程,学生要学做一个有教养的人。所谓的教养就是应该知深浅、明尊卑、懂高低、识轻重;应该讲规矩、守道义。有教养的人,往往不以术而以德,不以谋而以道,不以权而以礼。有教养的人在自己独处时,超脱自然,会管好自己的心;与人相处的时候则为他人着想,与人为善,淡然从容。学生的成长过程是学习的过程,是通过学习各种知识获得生活智慧的过程,学生要学做一个有道德智慧的人。拥有道德知识不等于拥有道德智慧,道德知识掌握得再多,若没有对道德智慧加以应用,道德知识也就失掉了价值。道德知识是静态的,学生通过学习拥有了道德知识,还应该明白如何正确地将所掌握的道德知识在生活实践中加以应用。没有道德智慧,就不可能有做人的通达,不可能有人生的大智慧。道德智慧是学会生活、处理事务的智慧,是一种道德洞察力和判断力,是一种改变事情的勇气,是一种接受不可改变事情的胸怀。一个有道德智慧的人知道有所为,有所不为;知道什么时候为,什么时候不为;知道做什么事、怎么去做事、把什么事做成什么样。道德智慧在把握人生方向时,用中庸拒绝极端,用理智拒绝冲动,用冷静分析情境,用务实发挥影响,用自觉端正态度。如果一个人缺少道德智慧,就会在做人做事方面的能力上有欠缺,所以学生道德发展实际上就是道德智慧的渐成,是在学会做人中的成长。

(二)明理与习德

孔子讲"学而时习之,不亦乐乎"。学生品德发展的实质是一个学习道德和实践道德的过程,也就是明理和养成道德习惯的过程。明理,指明白一个道理;习德,指遵循道理进行实践。品德发展过程可以看成学习道德规范并将道德规范变成个人的行为,形成个体的道德品质,在生活中对其运用和操作的过程。学生品德发展需经过对道德知识经验的领会和掌握,是一个由量变到质变的过程,其中要经过很多阶段。学生品德发展是在掌握和运用道德知识、联系和重复道德行为的过程中完成的,道德认知能力包括道德理解能力、推理能力以及道德判断和选择能力,最终形成道德习惯。

明理在学生品德发展过程中不可或缺,任何一种道德现象,只有人们对它形成了正确的认识,才有可能内化为情感和意志,外化为行为和习惯。道德首先是人的一种思维和理念,而后才体现在语言和行为上。语言和行为是可以成习惯的,当道德行为成了人自动化的表现后,人的道德习惯才算形成。明理形成人的道德理性,理性含着道德智慧与道德思维。这些充满智慧与理性的道德行为在当今竞争激烈的社会中应该得到肯定和弘扬。德育工作要改变传统的道德习惯培养方法,对与过去的教育观念不相符甚至相悖的观念和行为要加以鼓励和倡导,以适应社会的发展和教育的要求,而量化、模式化的技术至上的做法降低了教育的艺术性,也不同程度地束缚了青少年学生主观能动性的发挥。品德习惯是"养成的"而不是"速成的",对青少年良好行为习惯的训练,并不一定适用规则教育。规则总是被他们忘掉,教师应该利用一切时机甚至在可能的时候创造时机给学生一种不可缺少的道德练习,使他们养成品德习惯,并通过行为训练使他们知行统一,而言行统一的高尚品德习惯的养成必须经过实践和锻炼,且必须是长期的。

(三)长期与反复

人的道德是一个动态的发展过程,学生品德发展的过程是道德认知、道德情感、道德意志和道德行为等道德要素相应发展的过程。构成人的道德的这些要素是不稳定的,经常处于变化之中,而且各个要素之间的发展也存在着不平衡。学生的身心正处在发展变化时期,加之外界环境的变化,都会导致学生已经形成的品德面临新的考验和挑战,学生的道德品质也将发生改变,旧的问题解决了,还会出现新的问题,好的道德品质需要巩固,不良的道德品质需要改正。学生的道德品质并非线性发展的,任何道德品质的形成都不是偶然一现的道德认识或偶尔一次的道德行为,而是需要经过长期的学习。在与社会和环境的相互作用中,学生将逐步树立起关于道德的正确认识,并将这种认识内化到自身品行之中。这必然是个长期的过程,并伴随着人的成长和思想意识的成熟而不断进步和提高。那种认为品德发展是短时间之内就可以达成,甚至认为一朝一夕的教育活动就可以见效的思想是不切合实际的。

学生是社会中的一员,尽管学校生活占据了其大多数时光,但他们依然与社会生活的方方面面发生着广泛的联系。在接受学校教育的同时,也受到家庭和社会的深刻影响。当学校、家庭和社会的道德教育相一致时,学生的品德发展是顺畅的,而事实上家庭和社会对学生的道德影响是自发的,有些道德影响是和学校道德教育相一致的,有些道德影响甚至是相反的;有些对学生的品德发展起积极作用,有些则对学生的品德发展起消极或是毁坏作用,学校里的道德教育无法完全控制与其不一致的来自家庭或社会的消极影响。

今天,无论我们是否愿意相信或者是否愿意看到,人工智能时代已经来临。它正在以前所未有的速度,给我们想到与想不到的领域带来革命性的变化。在《自适应学习:人工智能时代的教育革命》一书中,作者李韧向我们指出未来已来:人工智能时代的教育革命已经不可避免。作者还描述了人工智能给我们的学校教育在多个方面带来的挑战。书中所描述的事实让人感到震撼,其讲述的故事也让人深思。作者认为:"只有那些了解即将到来的变革的学校与社会,才能在未来多年中得以繁荣发展。未来的教学范围更广泛,教育更全面且更富启发性。人工智能时代,需要重建教育。"

从学校德育领域面临的挑战来看,人工智能时代带来的德育问题更加突出或者说是正在逐渐显示出其严重性与重要性。随着人工智能的浪潮不断席卷全球,教育领域中的每一个角落都感受到了前所未有的冲击。传统的德育模式正在经历一场深刻的变革,这不仅是对德育角色的重新定义,更是对学生德育学习方式的全面革新。

第二节
个体品德发展的观念论

品德是怎样形成和发展的一直是人们要探讨的问题,在人的品德形成和发展的思想史上,形成了两大派别的学说:一是强调外部要素在人的品德形成和发展中的主导作用,认为人的品德形成和发展要靠社会习俗的教化,靠教育的灌输和训练,靠行为习惯的养成;二是强调人自身的内部要素在品德形成和发展中的作用,认为人的理性和人的主观性是品德形成和发展的本源,人总是在总结个体品德经验基础上,让品德逐渐成熟和发展起来。纵观对品德形成和发展的看法,有以下几种代表性的观念。

一、成熟论

美国著名发展心理学家格塞尔和汤姆逊做了一个著名的同卵双生子爬梯实验,实验结果表明不同的生理成熟状态,对学习效果有不同影响,品德学习也不例外。实验选择了一对身高、体重、健康状况都一样的46周双生子A和B,首先对A做爬梯学习实验,让A必须学习爬过一个阶梯,才能到高栏小床上拿到吸引他的东西,对B则暂时不做这个学习实验。结果发现在A的第一次爬梯学习中,他的动作既迟缓又笨拙,且需要帮助完成。此后每天用10分钟进行爬梯练习,经过6周的练习之后到第53周停止。这时让同样是53周的B第一次开始做相同的爬梯学习,结果观察到B第一次爬梯动作比A在46周时的爬梯动作成绩要好得多,且不需要任何帮助;让两人从地板爬到梯顶,A用时25秒,B用时45秒,B的爬梯动作不如A那么熟练,因为A已经有了6周的训练,而B缺乏这种练习;紧接着让B进行两周的爬梯学习,其成绩提高显著,从地板爬到梯顶只需10秒,B的两周学习成果远远超过A的6周学习成果,而B开始学习爬梯时间比A晚了6周。在这一实验中,B的生理成熟状态比A好,学习的效果也就不同。这个双生子的爬梯比较实验为成熟论提供了实证性证据,结合一些儿童早期发展的研究,他们认为,儿童的神经系统按照阶段和自然的程序成熟,其各种能力包括道德都受成长规律支配。成熟论考虑到了品德发展受生理因素的影响,是一种认识上的进步,但没有完全走出品德发展由先天因素决定的阴影。

二、阶段论

人的发展是有阶段性的,这是人的发展的一个显著特征。古今中外的思想家、教育家都曾对人生阶段进行过划分,并提出在不同阶段要进行不同内容的教育,且各阶段的教育要各有侧重,相应的教育手段也不相同。阶段论认为个体道德发展到了一定阶段才发生,个体的发展在每个阶段都有一个主要方面,每个阶段的主要发展方面不同,各有重点。如法国思想家卢梭认为,2岁以前的儿童主要是身体的健康生长;2岁到12岁的儿童智力尚处于睡眠期,只能进行感官训练;12岁至15岁才是理智教育的时期;15岁至20岁主要的教育任务是情感和意志的培育,道德教育要在此五年内进行。他非常推崇情感教育在道德形成中的作用。卢梭开了将个人成长历程作为教育理论研究重点的先河,凭借其自身的深刻觉察力和敏锐直觉力,提出了一系列不同于当时教育的传统主张,在人类思想史和教育思想史上产生了深远的影响。个体道德发展虽然与其他方面有不平衡性,但就总体而言这种说法依然略显绝对。

三、扩展论

扩展论认为个体品德发展由孩子到成人没有什么质的变化,只是量的增长,品德随着个体的长大而发展。在人生的不同阶段,道德教育的内容没有什么区别,只是程度的不同而已。道德发展就像水波纹似的扩散,道德的起点好似圆心,道德发展在不同阶段犹如圆的半径,在道德发展过程中,圆半径不断延长,圆面积也随之不断扩大,整个道德发展过程呈螺旋式上升和扩展。捷克教育家夸美纽斯就持这样的观点,他认为教育要适应自然的原则:一是要适应自然的顺序,自然界的万事万物都有其生长法则和秩序,教育也要服从这个顺序;二是要适应人的自然本性,遵循人的年龄特点。因此,夸美纽斯主张教育应从易到难,从近到远,从简单到复杂,从具体到抽象。品德教育应以贤明、节制、勇敢和公正为基本德性。儿童获得这些品行要通过实践,教师和成人要做好儿童的榜样,合理安排生活使儿童无法违德。

四、内生论

孟子从性善论出发,认为人皆有先天的恻隐、羞恶、恭敬、是非之心,只要努力发挥这四个善端,就能去除私弊,成为圣人。正所谓"尽其心者,知其性也;知其性,则知天矣。存其心,养其性,所以事天也"[①]。人的心中就有天理,道德规范和人的主体意识在本源是同一的。王阳明心学继承了孟子的思想,提出"心即是理"、心是道德主体的代表,理是道德之理,人之所以为人之理,"心外无理",道德的形成和发展要靠人的"致良知"。从道德主体出发来讲道德本体,指出二者本源的同一,道德主体具有个性化和感性化的非理性

---

① 万丽华,蓝旭.孟子[M].北京:中华书局,2016:342.

因素,尊重人的个体性和差异性,突出了个体的道德情感和道德自主,是"内生论"。

五、外铄论

先秦儒家道德思想以人性论为基础,荀子从性恶论出发,提出"化性起伪",遵循社会的外部礼制达到对人本性的约束,通过"隆师""道问""强学""积学"等过程,整治其恶之本性,使之合乎礼义。程朱理学发展了荀子的思想,从其性体论出发来论述道德的形成和发展。程颐认为:"一人之心即天地之心,体一物之理即万物之理,一日之运即一岁之运。""学者全体此心,学虽未尽,若事物之来,不可不应,但随分限应之,虽不中,不远矣。学者须敬守此心,不可急迫,当栽培深厚,涵泳于其间,然后可以自得。但急迫求之,只是私己,终不足以达道。学者全要识时。若不识时,不足以言学。颜子陋巷自乐,以有孔子在焉。若孟子之时,世既无人,安可不以道自任。"[①]朱熹认为:"心与理一,心与性为体。"心是人的本性,代表着天理的社会道德规范表现在人的身上就是"性",要"化心为性",变求得肉体物欲满足的"人心"为从天理和道义出发的"道心",道德的形成和发展要靠外在力量和权威的教导,要确立人的理性本体地位,从"理"出发,化气质为义理,化个体性为普遍性,具有本质主义的特点,这一派学说代表了中国传统道德教化的大方向,是"外铄论"。

六、内化论

所谓内化,指的是道德主体把外部的道德要求通过认知与情感的结合而变成内部需要的过程。马克思主义辩证唯物观认为,道德的形成和发展受人们所处物质生活环境的影响,既不来自抽象的人性也不来自道德本身,道德作为一种意识形态,是由人们的经济基础决定的,道德作为个体的存在方式,是社会道德规范通过主体的内化而表现出来的行为结果。"人不是被动地服从社会道德的约束,而是主动地把握道德规范的要求,自主地选择道德活动。也就是说,道德是在一定社会关系基础上通过人的自由自觉的活动表现出来的。而人的这种自由并不是独立于社会和人自身没有经验内容的空洞形式,而是人在认识、把握两种必然性——外部自然界的规律和人本身的肉体存在和精神存在的规律基础上支配自己行动的能力。马克思主义进一步认为,个体对道德规范的把握,一旦离开道德的社会决定性和客观制约性,道德的主体性就失去了表现的场所。"[②]人的本质是一切社会关系的总和,人的道德离不开一定的社会经济关系,道德反映了社会历史的

[①] 程颢,程颐.二程全集[M].武汉:崇文书局,2021:12-13.
[②] 胡林英.道德内化论[M].北京:社会科学文献出版社,2007:73.

必然和现实利益的要求,具有普遍性,个体道德是对整体道德的反映。马克思主义的道德发展观既看到了个体道德是对社会道德准则内化的本质,重视个体的主观能动性,又看到了社会道德是不以人的意志为转移的客观社会关系的要求,在社会实践中发展人的道德是马克思主义的基本观点。在影响道德形成和发展的内外因关系上,马克思主义强调外因是条件,内因是根本。

现代道德发展观强调由他律转向自律,将外在规范内化为自我约束,是从外向内的转化。由于现代性认为理性是人的本质,是人认识世界的标准,重视秩序的建立和稳定,必然重视认知和训练在道德发展中的作用,忽视对意义和价值的揭示。现代道德发展的内化观是建立在一种确定性的基础上,道德的时空是确定的,道德的内容和规范是不变的,在价值取向上追求普遍性、客观性、必然性,个体的偶然的独特的道德经验、情感和意义是不在考虑之内的。主客二分的方法论,把道德发展的主体看成教育的对象,从而将道德从道德自我的属性中分离出来,成为与道德主体相对,外在于道德主体。以一致的道德秩序与道德准则来规范道德主体的日常行为,所遵奉的是道德一体化秩序的道德约束,是以纪律为形式的强制的训诫、评价和奖惩,体现为一种道德的管制,并把这些手段看作是道德内化的必要性存在,是促进个体道德内化不可缺少的外部环境的制约要素,从而有意或无意地遏制个人道德的主体性。现代道德发展的内化观看似强调了道德个体的主观能动性,但在实际运作上是把道德主体当成了被动接受和转化道德的工具,其潜在意图是把道德主体训练成或塑造成能遵守特定秩序的、具有特定功能的,失去反思、判断、自主性等理性能力的道德工具人。

七、建构论

后现代强调个体道德不具有原初性质,是后面建立起来的。建构既然是后天建构的,它就要有一个建立的根基,这个根基就是人的身份。自我性和道德是难解难分的主题,人可能焦虑地怀疑生活是否有意义,或者对它的意义是什么感到困惑,没有任何框架为所有人共有,能够被当作唯一最重要的框架,而这个框架是无法逃避的,框架的东西体现着一套关键的性质特征。在这个框架内的思考、感觉和判断,是这样的一种意义在起作用,即某些行为或生活方式、或感觉方式高于那些我们更乐于实行的方式。认同是由提供框架或视界的承诺和身份规定的,在这种框架和视界内个体能够尝试在不同的情况下决定什么是好的或有价值的、什么应当做、应赞同或反对什么。换句话说,这是个体能够在其中采取一种立场的视界,这个框架或视界可为事物提供获得稳定意义,认同允许我们规定什么对我们重要以及什么对我们不重要,规定着我们在其中生活和选择的不同的空间。

第三节 个体道德发展的相关理论

关于道德的学说，林林总总经历了两千年的发展变化，道德是怎样在个体身上发生的，这是人类自我意识觉醒和发展的必然结果，也是人类文明和社会发展进步的必然产物。人的道德终究是人的身心发展的一个社会性结果，按照其结构的组成可以分为知、情、意、行四个方面，不同的理论学派对道德发生发展的研究也是从这几个方面分别进行的。20世纪以来，对道德发展的研究形成了精神分析、行为主义与社会学习和道德认知发展流派，它们分别从道德的不同结构要素进行了研究，并获得了丰厚的成果。

一、道德认知发展的理论

从认知的角度来思考道德的发展情况，其核心是分析从儿童期到成年期人类发展的各个阶段中思考方式的结构。这种阶段性的发展既被认为是自然的过程，又被看作是在周围环境因素的影响下形成的。

（一）皮亚杰的道德发展阶段论

瑞士心理学家皮亚杰在研究儿童道德发展方面做出了突出贡献。他主要是从儿童道德判断能力的发展来研究道德发展的特点，所以他的有关理论也被称为道德的认知发展理论。皮亚杰从大量的实证研究中，揭示了儿童道德判断的发展进程，并出版了《儿童的道德判断》一书。

皮亚杰采用的主要方法是对偶故事法，即根据所要研究的道德现象，设计编制一些包含道德价值内容的对偶故事，要求儿童对故事中的主人公的行为做出是非对错的评价，从中揭示儿童的道德发展水平。

皮亚杰通过分析儿童的回答，把儿童的道德发展划分为四个阶段。

1. 自我中心阶段（2—5岁）

自我中心阶段的儿童以自我为中心。他们缺乏规则意识，规则对其没有约束力，且不认为规则应该遵守。如在打弹子的游戏中儿童是按照自己的想象去执行规则。因为他们还不能将自己与周围环境区别开来。他们的游戏活动只是个人独立活动的任意行为，与成人、同伴还没有形成合作关系。

2.权威阶段(6—8岁)

权威阶段又称他律阶段。在这一阶段,儿童开始对规则表示关注,他们的道德判断受外部标准支配和制约。服从外部规则,绝对服从权威指定的规范,如绝对遵从父母、权威者或年龄大的人,认为服从权威就是好孩子,否则就是坏孩子,并且把规则看成固定的、一成不变的,违背规则是绝对错误的,且应受到惩罚。这一阶段的儿童对行为的判断只看客观的效果,而不考虑主观动机。

3.可逆性阶段(9—10岁)

可逆性阶段又称自律阶段。此阶段的儿童已不把规则看成一成不变的东西,认识到规则具有一定的变通性,是同伴之间的共同约定,因此也是可以修改的。这一阶段的儿童已经意识到同伴间的一种社会关系,即应该相互尊重共同约定的规则。规则对他们来说具有一种保证相互行动、互惠的可逆特性,这标志着儿童具有了一定的是非判断能力,其道德判断由他律转向了自律。

4.公正阶段(11—12岁)

公正阶段的儿童的公正观念是在可逆性的自律阶段上发展起来的。他们开始倾向于主持公正、平等,领悟到公正和平等应当符合各个人的具体情况,公正感成为其情感领域的核心和规范。这一阶段的儿童已过渡到真正的自律阶段,他们进行道德判断时已具有了自己的行为准则和判断标准。

综上,皮亚杰认为儿童的道德发展是从他律向自律转化的过程。自律道德是根据外在道德法则而做判断,只注意行为的外在结果,不考虑行为的动机,是非标准取决于是否服从成人的命令或规定,这是一种受自身之外的价值标准所支配的道德判断。自律道德已能从主观动机出发,用平等不平等、公道不公道等新的标准来判断是非,是一种受儿童自身已具有的主观价值支配的道德判断。皮亚杰认为,儿童只有达到这个水平,才有了真正的道德。

(二)柯尔伯格的道德发展阶段论

1.儿童道德发展的三种水平六个阶段

美国心理学家柯尔伯格继承了皮亚杰的理论,认为儿童的道德发展是分阶段的,他扩展了皮亚杰的理论,对儿童道德判断的研究更加具体,并于20世纪60年代提出了道德发展阶段理论。

柯尔伯格采用道德两难故事法对儿童道德问题进行了大量的、卓有成效的研究。道德两难故事法是皮亚杰对偶故事法的发展,这种方法是虚拟一些故事,用问答的方式讨论故事中人物行为的道德性质,以此测量儿童道德判断能力的发展状况。他采用这种方法测试了十多个不同国家六七岁至二十一岁的被试,发现尽管种族、文化和社会规范等各方面存在不同,但道德判断能力随年龄发展而发展的趋势却是一致的。

柯尔伯格通过对儿童两难问题回答的分析,探讨了儿童道德判断能力发展的一般状况,并根据其特点将儿童的道德发展分为三种水平六个阶段(见表5-1)。

(1)第一种水平——前习俗水平

学前儿童和小学低中年级学生处于前习俗水平。这一时期儿童的道德水平是最不成熟的,他们的道德观念是纯外在的,道德判断仅着眼于人物行为的具体结果和自身利害关系。这一水平又分为两个阶段。

①服从与惩罚的道德定向阶段

服从与惩罚的道德定向阶段的儿童缺乏是非善恶观念,对行为好坏的判断并没有固定的准则观念,只是怕受惩罚而服从规范,或服从权威。道德判断的根据是是否受到惩罚,认为免受惩罚的行为都是好的,遭到批评指责的行为都是坏的。

②相对功利主义的道德定向阶段

相对功利主义的道德定向阶段的儿童对行为好坏的评判往往是按行为后果带来的赏罚而定,得赏者为是,受罚者为非,没有主观的是非标准,或是能满足自己的需求,对自己有利就好,不能满足自己的需要,对自己不利就是不好。

(2)第二种水平——习俗水平

习俗水平从小学中年级以上出现,一直到青年、成年。他们逐渐认识、了解并接受社会行为规范,着眼于社会的希望和要求,认为道德的价值在于为他人和社会尽义务,以维护社会秩序。这一水平又分为两个阶段。

①人际和谐的道德定向阶段

人际和谐的道德定向阶段的个体是按照人们所称"好孩子"的要求去做的。他们认为一个人的行为正确与否,要看是否能取悦于人,是否有助于人,是否能得到别人的赞赏。所以,他们判断行为好坏的主要根据是能否被人们赞许。

②维护权威或秩序的道德定向阶段

维护权威或秩序的道德定向阶段的个体更加深刻地认识到维护普遍的社会秩序的重要性,开始强调每个社会成员都应当遵守全社会共同约定的某些行为准则,即强调对法律和权威的服从。这时个体判断是非已有了法治观念。

(3)第三种水平——后习俗水平

后习俗水平的个体不仅接受和遵守某些行为准则,而且有自己判断是非的标准,发展到超越现实道德规范和法律的约束,达到完全自律的境界,即道德判断以普遍的道德原则和良心为行为的基本依据。年龄至少是青年期人格成熟之后,才能达到这一境界。

这个水平是理想的境界,只有少数人能达到。这一水平又分为两个阶段。

①社会契约的道德定向阶段

社会契约的道德定向阶段的个体的道德判断特别看重社会道德规范和准则。同时,看重法律的效力,认为法律可以帮助人们维持公正。同时认识到法律、社会道德准则仅仅是一种社会契约,是大家商定的,是可以改变的。他们一般不违反法律和道德准则,不用单一规则去评价他人的行为,表现出一定的灵活性。

②普遍原则的道德定向阶段

普遍原则的道德定向阶段是进行道德判断的最高阶段。这一阶段的个体判断是非有其独立的价值标准,不受外在的法律和规则的限制,而是完全诉诸个人的良心和人类普遍的道德原则和道德规范,如以正义、公正、平等、个人的尊严、良知、良心、生命的价值、自由等为依据。

表 5-1 柯尔伯格的道德发展阶段

三种水平		六个阶段		心理特征
一	前习俗水平	1	服从与惩罚的道德定向阶段	只从表面看行为后果的好坏。盲目服从规范或权威,旨在逃避惩罚
		2	相对功利主义的道德定向阶段	按行为后果是否带来需要的满足以判断行为的好坏
二	习俗水平	3	人际和谐的道德定向阶段	寻求别人认可,凡是成人赞许的,就认为是对的
		4	维护权威或秩序的道德定向阶段	遵守社会规范,认定规范中所定的事项是不能改变的
三	后习俗水平	5	社会契约的道德定向阶段	了解行为规范是为维护社会秩序而经大众同意所建立的。只要大众取得共识,法律、社会道德、准则是可以改变的
		6	普遍原则的道德定向阶段	道德判断以一个人的伦理观念为基础。个人的伦理观念用于判断是非时,具有一致性与普遍性

2.儿童道德判断阶段

在儿童对"海因茨偷药"的反应(见表5-2)中,海因茨该不该偷药并不重要,重要的是他们给出的理由。柯尔伯格正是根据这些不同的理由将儿童的道德判断划分为不同的阶段。

表5-2 儿童对"海因茨偷药"的反应

阶段	对海因茨行为的态度	理由
一	赞成	如果你让你的妻子死掉,你将会有很大的麻烦,你将会因不花钱挽救她的生命而受到谴责,而且你与药剂师将为你的妻子的死而接受调查
一	反对	你不该偷,因为如果你这样做,你将被抓住并被关进监狱。即使你跑掉了,你也将不得安宁,每时每刻都担心被警察抓到
二	赞成	如果你被抓到,你可以把药还回去,这样就不会受到过多的刑罚。如果你从监狱出来后还能拥有妻子,那么短期服刑不算什么
二	反对	如果他偷了药可能也不会被判刑很长时间,但他的妻子可能在他出狱之前就死掉了,偷药对他没有好处。如果他的妻子死了,他也用不着责备自己,因为她自己得了绝症,而不是他的过错
三	赞成	如果你偷药,没人会认为你不好,但是如果你不偷,你的家人将会认为你是一个没有人性的丈夫。如果你让你的妻子死掉,你将永远没脸再见任何人
三	反对	不仅仅是药剂师会认为你是个罪犯,任何人都会这样想。你偷药后,会给你和你的家庭都带来耻辱,这将使你没有脸再见人
四	赞成	如果你有点责任感的话,你就不会害怕做能够挽救你妻子性命的事(偷药)而让你妻子白白死掉。如果你不能履行对她的责任而导致她死亡,你将永远有一种犯罪感
四	反对	你处于绝望中,因此,当你偷药时,你可能没有意识到自己做错了。但是,当你被惩罚并被送进监狱之后,你就会知道自己做错了。你将会因为自己不诚实和破坏法律而感到罪恶
五	赞成	法律没有考虑到这种情况。在这种情况下把药拿走并不是很正确,但这样做应该得到辩护
五	反对	不能因为一个人感到绝望就允许他去偷。动机是好的,但好的动机不能说明手段是正当的
六	赞成	海因兹应偷药,因为人类生命的尊严必须无条件地优先得到考虑

在第六阶段,人能够理性地做出决定而不考虑个人利益。柯尔伯格将这种在理性基础上做出的正义的决定看作是道德的最高理想。①

柯尔伯格通过研究提出以下几点。

其一,每个人的发展都要经历这几个阶段,但发展速度有快有慢,美国9岁儿童中有94%处于第一种水平;10岁儿童中有60%处于第一种水平,38%处于第二种水平,只有1%—2%达到第三种水平;16岁儿童中有21%处于第一种水平,56%处于第二种水平,

---

① MCCORMICK C B, PRESSLEY M. Educational psychology: Learning, instruction, assessment[M]. New York: Longman Publishing/Addison Wesley L, 1997: 223-224.

23%达到第三种水平。因此,柯尔伯格认为:0—9岁大致属于前习俗水平;10—15岁大致属于习俗水平;16岁及以上的部分人向后习俗水平发展。但达到第三种水平的人数并不多,即并非每个人都能达到道德发展的最高阶段。

其二,各发展阶段具有质的差异和不变的顺序,不能跨越任何一个发展阶段。

其三,道德发展与逻辑思维发展有关,即道德推理发展阶段不能超越思维发展阶段。

其四,道德发展与不同环境的刺激、儿童与社会环境的交往有关。柯尔伯格调查发现,生活在孤儿院的儿童到了青少年阶段还不能达到第三阶段,而生活在适当的集体农庄的青少年则能达到第四或第五阶段。他通过跨文化研究发现美国城市中产阶级儿童16岁时已有25%达第五阶段,而墨西哥只有10%,土耳其只有2%。

其五,道德认知发展与道德行为有一定的关系,即成熟的道德判断是成熟的道德行为的一个必要条件,但不是充分条件。在一项研究[①]中发现:前习俗水平70%的人有欺骗行为,习俗水平55%的人有欺骗行为,后习俗水平15%的人有欺骗行为。在另一项研究中发现:道德判断发展处于习俗水平而又有欺骗行为的人中意志坚强的只占26%,而意志薄弱的却占74%。

根据我国心理学家韩进之等人的观点,柯尔伯格与皮亚杰在儿童道德判断发展上的主要差别在于,前者认为儿童道德判断的发展比较迟缓,后者认为比较早。[②]这也许是由于两位研究者调查儿童道德判断的课题不一样,皮亚杰主要通过儿童的现实课题对品德发展阶段做了考察,而柯尔伯格则完全是通过两难故事进行考察。

皮亚杰和柯尔伯格的卓越研究已使众多研究者接受了品德发展阶段论说。我国心理学家李伯黍等人从1978年起,对皮亚杰和柯尔伯格的理论做了系统的验证性研究与客观评价。研究表明,第一,我国儿童和青少年的道德判断,也经历着由他律到自律的发展过程,由低阶段、低水平向高阶段、高水平发展的过程。第二,我国中学生的道德发展水平大多数处于柯尔伯格道德发展阶段论的第三、四阶段。在对行为后果和原因的道德判断上,我国儿童从小学三年级起,绝大多数已能根据行为的动机意向或从行为的因果关系上做出判断,而且已有半数以上的儿童能把行为原因和后果两个方面联系起来进行比较判断。在某些特殊行为的判断上(如人身损害与财物损害),我国儿童的两种判断形式的转折年龄比国外已有研究的要早。我国学生的品德发展水平与执行行为规范程度之间有显著相关关系。第三,道德判断水平受到个体发展年龄阶段的制约,但可以通过教育去促进。教师应培养学生在面临社会道德问题时的道德判断推理和道德决策能力,这是极为重要的。

---

① KOHLBERG L. The cognitive-developmental approach to moral education[J]. The Phi Delta Kappan,1975,56(10):670-677.
② 韩进之,杨丽珠.我国学前期儿童自我意识发展初探[J].心理发展与教育,1986(3):1-13.

(三)吉利根的关怀道德取向理论

尽管柯尔伯格的道德发展理论产生了重大影响,并且得到了众多研究的支持,但也有许多人对该理论提出一些异议,其中就有他的研究生及助手吉利根。

皮亚杰和柯尔伯格的道德发展阶段理论,都假定公众是以"公正"作为道德取向的,吉利根利用柯尔伯格的"海因茨偷药"故事进行研究时发现,被试除了有以"公正"为道德取向这一类反应外,还有以"关怀"为取向的另一类反应。例如,有的被试在陈述海因茨不应该偷药的理由时说:"因为如果他侥幸成功地偷到了药,也未必能救活妻子;若被抓住,他妻子更没希望用上这药;这两种选择,都无助于海茵茨的妻子。"可见,该被试关注的是当事人的选择是否会解除海茵茨妻子的痛苦,这是一种"关怀"而非"公正"的取向。

吉利根及其合作者经过一系列研究,得出如下结论。

第一,在道德判断和推理中存在公正和关怀两种类型的道德取向,女性是典型的关怀取向,男性是典型的公正取向。

第二,男性更重视诸如公平和尊重他人权利这样抽象、理性的道德原则,而女性看待道德时,更加倾向于关注人类幸福。

第三,女性关怀道德的发展具有自己的特点,它一般要经过自我生存定向、善良、非暴力道德三个发展水平。[1]

吉利根的道德关怀取向理论,在一定程度上揭示了道德发展的性别差异,这不仅是对传统道德发展理论的重要修正,而且为我们针对不同性别学生开展道德教育提供了一条重要思路。

(四)艾森伯格的亲社会道德理论

同样对柯尔伯格的道德发展理论提出异议的,还有美国亚利桑那州立大学的艾森伯格教授。与吉利根的视角不同,艾森伯格注意到,柯尔伯格研究所用的两难故事在内容上主要涉及法律、权威或正规的责任等问题。[2]例如,在"海因茨偷药"故事中,海因茨必须在违法和履行丈夫的责任之间做出选择。艾森伯格认为,这些问题在一定程度上会限制儿童的道德推理,使他们的推理局限于一个方面,即禁令取向的推理(prohibition oriented reasoning)。

为了弥补这一不足,艾森伯格设计出不同于柯尔伯格两难情境的另一种道德两难情境,即亲社会道德两难情境,以此来研究儿童的道德判断发展。亲社会道德两难情境的

---

[1] GILLIGAN C. In a different voice: Psychological theory and women's development[M]. Cambridge, MA: Harvard University Press, 1982: 128-151.
[2] EISENBERG N, MUSSEN P H. The roots of prosocial behavior in children[M]. New York: Cambridge University Press, 1989: 13-20.

特点是一个人必须在满足自己的愿望及需要和满足他人的愿望及需要之间做出选择。例如,一名同学面临这样的情境:他必须在帮助学习困难的同学与牺牲自己的学习时间之间做出选择。

经过大量研究,艾森伯格总结出儿童亲社会道德发展的五个阶段。

阶段一:享乐主义、自我关注的推理。助人与否的理由包括个人的利益得失、未来的需要,或者是否喜欢某人。

阶段二:需要取向的推理。他人的需要与自己的需要发生冲突时,儿童开始对他人的需要表示简单的关注。

阶段三:赞许和人际取向、定型取向推理。儿童在分析助人与否的理由时,涉及的是好人或坏人、善行或恶行的定型印象、他人的赞扬和许可等。

阶段四:移情推理。儿童分析助人与否的理由时,开始注意与行为结果相关联的内疚或其他情绪体验,初步涉及对社会规范的关注。

阶段五:深度内化推理。儿童决定助人与否,主要依据内化的价值观、责任、规范以及改善社会状况的愿望。

艾森伯格的亲社会道德发展阶段论,得到不少跨文化研究的支持。我国学者程学超、王美芳参照艾森伯格的设计,研究了幼儿园大班到高中一年级学生的亲社会道德推理的发展,其研究结果也基本上支持该理论。[①]这说明,艾森伯格的亲社会道德发展阶段论具有一定的普遍适用性。

艾森伯格关于儿童亲社会道德的研究提示我们,儿童面临的情境不同,产生的道德认识、道德情感、道德行为都有可能存在差异。我们对儿童的道德教育,必须注意因势利导,针对不同情境,采用不同策略。

二、道德情感发展的理论

道德情感是品德心理结构的动力机制,了解道德情感形成和发展的相关理论,有助于科学培养学生健康的道德情感,进而促进学生形成良好的品德。

(一)精神分析学派对道德情感的研究

品德是个性的一个方面,在讨论道德心理发展时,我们不能不介绍弗洛伊德个性理论中有关道德的重要概念。弗洛伊德认为,个性是一个整体,由彼此相关的本我、自我和超我构成。这三部分相互作用形成的内在动力,支配了个体的行为,个体道德行为的原动力来自超我的支配。

---

① 程学超,王美芳.儿童亲社会道德推理的发展研究[J].心理科学,1992(3):13—17.

本我(id)是个性结构中最原始的部分,包括一些生物性或本能性的冲动,弗洛伊德称之为"力必多"(libido)。在力必多的冲动之下,个体寻求即时的满足,没有任何自制力。所以,由本我支配的行为,只是冲动,毫无道德可言。婴儿的行为即属此类。

随着年龄的增长,个体与环境中人、事、物发生交互作用,在本我之外增加了自我成分。自我(ego)是意识的结构部分,它处在本我和外部世界之间,根据外部世界的需要而活动。它的心理能量大部分消耗在对本我的控制和压抑上,自我的力量好像还不足以控制本我。经过幼儿期,个体生活进入了社会化历程,个体的需要和满足需要的方式,都要受周围其他人的批评和纠正,必须符合社会规范的要求。于是又出现了超我(superego),超我具有主宰全局支配个体趋向社会规范的力量。

弗洛伊德认为,儿童道德发展的过程是一个逐步内化的过程。父母很早就向儿童提出了社会化的要求,儿童将父母的批评和社会的批评内化成超我(俗称"良心")。良心或超我代表了内化的父母,它是相当严厉的,具有惩罚性的。良心的发展可以帮助儿童在父母不在眼前时也能遵循道德规范来行动,抵制外界的诱惑。如果个体的行为违反了超我的意向,就会产生自责和内疚的心理压力。因此,在弗洛伊德看来,自居作用(identification with aggressor)、自我惩罚(self-punishment)、内疚(guilty)是儿童道德发展的强大推动力。自居作用使儿童以这些大人为榜样,建立了自己所仰望的一种理想的自我。内疚是严厉的超我和附属的自我之间的紧张,它作为一种惩罚的需要而表现出来。

在弗洛伊德看来,道德情感的形成导致了儿童内在的双重性,一方是超我的力量,另一方是本能需要。遵从超我力量,儿童就要把遵守社会规范当作一种义务,恰当的超我将使儿童形成合理内化的道德情感,这是一种稳定的、不可改变的道德情感。

埃里克森后来发展了弗洛伊德的理论,更多地从文化对个体个性的影响上考虑个性的发展。他认为儿童的发展经历了八个阶段,在每一阶段个体均面临一个积极的选择与一个潜在的消极选择之间的冲突。这一冲突就是这一阶段儿童所面临的发展危机,个体解决这一个危机的方式对个体的自我概念以及社会观有着深远的影响。各个阶段互相依存,后一阶段的发展依赖于前一阶段危机的解决,他的理论对道德情感养成的研究有着重要的作用。

(二)人本主义情感取向的道德教育研究

与认知理论家、行为主义乃至社会学习理论家在道德教育领域坚持的"理智主义"相反,人本主义学派主张"情感主义"。他们强调道德情感在道德教育中的重要作用,认为"情感构成行为模式的动力系统"。

在罗杰斯看来,道德的发展(价值采纳)是一件不断增长自我意识的事,马斯洛称其为自我实现。人本主义心理学家提出发展自我是教育的重要任务,认为学校要将道德教育的理念与实践融入各科教学活动中,在潜移默化中促使学生养成健全人格,从情感的领域来发展道德的观念和行为。

价值教育作为道德教学的代表,其主要目的在于增强学生的六种能力:沟通(communicating)、移情(empathizing)、问题解决(problem solving)、批判(critical)、决策(decision)和个人一致(personal consistency)。[1]价值教育主要是为了培养独立自主、慎谋能断、重视人类价值和尊严的有道德的人。人本主义发展出来的治疗原则或称教育原则对道德情感的促进有着重要的意义。

1. 真诚

真诚即人的真实需要和情感不被误解。如果教师与学生之间的关系是掩盖教育者和受教育者真情实感的一种表面现象,那么就不可能促进知识的自我意识和他人意识的形成。一个教师给学生做出的最好的榜样就是,他在形成和表达自己在决策时所体现出来的坦诚。因为道德决策必须以一个人自己的思想和情感为基础。

2. 接受和信任

教育者和受教育者形成良好交流的特征就是接受和信任,罗杰斯称之为"珍视的受教育者"。教师必须尊重学生的完整性,只有这样才能接受他们的思想和情感,才能让学生与教师分享他们的思想和情感。双方的信任是交流的保证,学生不会因为教师的权威而觉得害怕,教师也不必认为学生的提问是对自己知识的挑战。

3. 移情性理解

移情性理解是一种根据学生的观点来解释世界的态度。这种态度和常见的评价性理解不相同,移情性理解是非判断性的,它是一种与理智洞察力相似的感受或直觉体验。有时学生的观点在教师看来尚显肤浅或考虑不够全面,但这正是出于学生理解能力的表达,移情性理解恰好可以在二者间搭建桥梁。若能在课堂中运用移情性理解,会有一种全新的、真诚的、坦率的课堂气氛,学生也能更加清楚且无所顾虑地表达个体观点及决策。

4. 主动倾听

教育活动中,教师要格外关照学生的表达,特别是学生进行道德问题的讨论时,真实的感受就会表达出来。主动倾听是鼓励和利用这种情况的重要手段,是一种对正在被表达出来的感受做出反馈,以便使表达者觉得你有理解其感受的能力,并不一定意味着你要对他的陈述进行接受或者反驳,而是表明你认可这个人及其感受的存在。

---

[1] CASTEEL J D, STAHL R J. The Social Studies Observation Record (SSOR): Theoretical Construct and Pilot Studies [R]. Gainesville, FL: P.K. Yonge Laboratory School, 1973. (ERIC Microfiche Nos. ED.101 000, 101 001, 101 002)

(三)凯根的五种基本道德情感

凯根认为普通人的道德状况更主要的是受情感而不是受理性支配。他指出,那些根据推理和演绎形成道德学说的理性主义哲学家无法理解,不同历史时代和文化中的普通人主要是通过他们的情感来判断是非的。虽然情感是稳定的,但它可以通过历史环境和文化引起道德内容的变化,由此造成一种形式与内容的区别。例如,人们认为在启蒙运动后,西方文化建立在自由基础上的道德是一种"根本的善",这意味着一个人有以下的自由:与他人签订契约、拥有私人财产、言论自由及维护个人利益。但是,在当代社会的其他文化中,个人自由并不是道德的一部分。从这种观点出发,自由并不比关心他人或群体合作的义务更能促进社会的和谐,在拉丁美洲和非洲地区的部分地方就可以发现这些义务感。正是西方文化倾向于形成抽象的道德理论,其道德标准被认为能应用于不同的情境和不同的人。

在凯根看来,道德的不同内容和五种具有进化基础的情感同时存在。这五种情感多数是不愉快的情感:一是焦虑(过度害怕受到惩罚、社会的否定评价和失败);二是移情;三是责任和内疚;四是"疲乏"或厌烦;五是困惑和不确定感。避免不愉快,得到愉快,是最主要的道德动机,这一机制支持了一个假设:不同时代和不同文化下的道德,其内容也不同。凯根以几个事例说明社会对产生愉快和不愉快情感的作用。比如,被归属于意义重大且不可侵犯的"道德原则"的道德内容,是由社会中情感反应的强度决定的。如果对道德标准的情感反应强,例如可能造成肉体上的折磨,其内容就会保持道德标准的性质。另一标准是"常规性的",父母告诉孩子吃饭时应该怎么拿筷子,这些规则只会给人们带来较弱的情感反应,所以它们是常规性的。

道德内容总是相对的。如果社会的情感反应决定了一种行为是道德行为还是社会常规行为,那么在特定的社会体制中任何行为都可能成为常规行为。例如,经常看暴力电视可能使儿童对暴力的情感反应变得"迟钝",以至于"关于暴力的原则性标准变得更为习俗化"。迄今为止,这些观点所提供的证据不是表现在情感和道德的关系上,也不是这些情感的进化基础,已有的证据只是表明,年龄很小的孩子就意识到了"标准"。但这些证据主要说明了儿童关心非社会领域和非道德领域的规律性(如幼儿关注破碎的物体、破烂的衣服和丢失的纽扣,或者对面孔和身体扭曲的人的照片感到焦虑)。

(四)霍夫曼的移情理论

20世纪六七十年代,关于道德情感的理论出现了一个大的转折,依恋、爱、同情和移情开始受到人们重视。移情(empathy)就是对事物进行判断和决策之前,将自己处在他人位置,考虑他人的心理反应,理解他人的态度和情感的能力。在道德培养的过程中,移情是最具有动力特征的因素。移情被一些人认为处于道德发展的核心地位,与凯根不同,这些人并不十分注重愉快和不愉快情感与道德内容之间的联系。

移情是亲社会行为(prosocial behavior)的动机基础,能激发与促进亲社会行为的发展。亲社会行为具体指人们在社会交往中表现出的那些有利于他人和社会的行为,一切积极的、有社会责任感的行为,如助人、分享、谦让、合作、自我牺牲等。许多研究者都把移情看作是亲社会行为的内部中介。表现出亲社会行为的孩子,无论男女都比未表现出亲社会行为的孩子具有更高的移情分数。亲社会行为的儿童比攻击性的儿童更有办法对付糟糕的社会处境。[1]移情是维系积极的社会关系的重要社会因素,是人们内心世界相互沟通的桥梁,不仅是人际互动的良好补充,而且在人际关系中必不可少。有研究发现,移情作为亲社会行为(如助人、慰抚、分享等)的动机基础,能激发与促进个体亲社会行为的发展。还有研究发现,不吸毒者的移情能力显著高于吸毒者的移情能力,无违法行为的在校大学生的移情分数显著高于被监禁的违法大学生。

移情作为一种替代分享他人情绪情感状态的心理过程,对侵犯行为甚至违法犯罪行为具有显著的抑制作用。研究者曾对88名加州大学的学生进行移情反应测验,并请他们在一周后参加另一项研究。[2]实验者把每一名被试与同性别的一名实验助手配对,指定助手为"学生",被试为"教师"。然后,让"学生"阅读一段材料,并告知要进行测验。同时,给"教师"一份测验答案,要求"教师"在"学生"出错时予以惩罚。惩罚方式是由"教师"选择七个电压强度之一来电击"学生"。实际上,"学生"并未真的受到电击,而是通过仪器模仿出适合被试给予电击水平的痛苦反应。实验分为两种条件,在直接的条件下"学生"与"教师"只相隔八尺(约2.6米)远,彼此能看见。在非直接的条件下,双方避开视线,但能清楚地听见对方的声音。实验结果表明,低移情的被试在两种条件下的侵犯数目(电击次数、电击水平)相同;高移情的被试在直接条件下比在非直接条件下的侵犯数目要少,比低移情的被试也要少得多。

霍夫曼是较早提出移情理论的研究者,他把进化而来的情感与一种内化的假设结合起来并提出了自己的理论。所谓内化的假设是指,"社会道德规范和价值观是个体动机系统的一部分"。[3]除了情感和内化以外,这种理论包括了动机、认知、有关关怀和正义的道德原则等。虽然人们努力把所有这些方面整合在一起,但由于移情的核心位置,情感仍然处于首要地位。

霍夫曼认为,他的理论与皮亚杰、柯尔伯格等强调道德判断的理论是不同的,他是从

---

[1] WARDEN D, MACKINNON S. Prosocial children, bullies and victims: An investigation of their sociometric status, empathy and social problem-solving strategies[J]. British Journal of Developmental Psychology, 2003, 21(3):367-385.
[2] MEHRABIAN A, EPSTEIN N. A measure of emotional empathy[J]. Journal of Personality, 1972, 40: 525-543.
[3] HOFFMAN M L. Empathy and moral development: Implications for caring and justice[M]. New York: Cambridge University Press, 2000: 121-123.

动机的角度界定道德行为的。他认为,道德行为是"为了另一个人的利益而行动的倾向",道德判断定义和道德动机定义的差异并不是模糊不清的。可以说,一个人做出的道德判断(如一个人应该帮助感到痛苦的另一个人,因为任其痛苦是错误的)可能会促使其行动,差异的关键表现在道德行为定义中的"倾向"这个术语上。此时,倾向指推动行为的情感反应。道德动机的主要来源是移情,移情被界定为一种情感反应,它不一定和另一个人的情感状态完全相同,"更主要的是对另一个人的境遇而不是对自己境遇的反应"。①通过用情感动机来描绘道德,霍夫曼提出了这样一个问题:"人为什么会有道德行为?"他回答说,这是道德情感的需要促成的。

虽然移情是一种生物学倾向,是自然选择的产品,但其发展过程仍然要经过四个阶段,且认知发展是移情发展的主要原因。

移情发展第一阶段:婴儿(在第一年)所感到的"全身性"的焦虑,其中同时混杂了个体自己的感情和另一个人的感情。例如,11个月大的女孩一看到一个小孩摔倒和哭叫,她自己就好像要哭,并把自己的大拇指放在嘴里,把脸埋在妈妈的大腿上。

移情发展第二阶段:是"自我中心"的移情阶段(1岁时)。客体永久性的出现使婴儿意识到别人和自己的身体是不同的,并开始关心("同情式的痛苦")处于痛苦中的另一个人。但是,儿童并不能区分他人和自己的内部状态。例如,一个18个月大的男孩让他的妈妈去安慰一个哭泣的孩子,虽然那个孩子的妈妈也在场。

移情发展第三阶段:是"对另一个人情感的移情"。霍夫曼指出,角色采纳技能大约出现在两三岁(这是一个尚有争议的问题),这种技能使幼儿将自己的情感和他人的情感区分开来。因此,在第三阶段,儿童能对有关另一个人情感的线索进行反应,对痛苦之外的各种情感进行移情(如失望、背叛感)。

移情发展第四阶段:出现在童年后期,"对另一个人生活状况的移情"。第四阶段有关的社会认知状况是儿童开始意识到自我和他人"都能以各自独立的经历和身份生活"。这些观念使儿童认识到,根据他的生活经验,别人能知道他的苦与乐。在这个阶段,儿童不仅能在自己熟悉的情境中体验到移情,而且能在自己不熟悉的人和群体(如在穷人或受压迫阶级)生活的环境中体验到移情。

霍夫曼提出的儿童移情发展的四个阶段是否准确描述了儿童移情发展的真实情况,仍然是一个有待实证研究来验证的问题。目前已有的证据是,一个婴儿对另一个婴儿哭的反应比对类似于婴儿哭的声音(婴儿哭声的录音或电脑模拟的婴儿哭声)的反应更强烈。但是,这种反应是否是一种很早的移情形式还不完全清楚。其他几个阶段都没有得到实验检验,霍夫曼是使用生活中的实际事例来作根据的。

---

① HOFFMAN M L. Empathy and moral development: Implications for caring and justice[M]. New York: Cambridge University Press, 2000: 3-4.

但值得一提的是,霍夫曼提出了对道德原则的"冷"认知和"热"认知之间的差异问题。他认为,道德判断、道德推理和道德原则是所谓的冷认知,移情与道德原则相联系使这些原则"热"起来,即使之具有道德意义,并促进相应道德行为的产生。这一观点是很令人感兴趣的,因为过去的道德哲学家和强调认知的道德发展心理学家都认为,道德原则是人的信仰系统和心理作用的一部分,可以直接影响人的行为,而不必通过移情的中介作用使这些原则具有道德意义。

三、道德行为发展的理论

在道德行为发展研究的理论层面,最具代表性的理论主要有班杜拉的社会学习理论和雅可布松的道德行为心理机制调节理论。

(一)道德行为发展的社会学习理论

班杜拉是社会学习理论的创立者,其代表作有《社会学习理论》。班杜拉认为道德行为受环境、社会文化、榜样和强化等多种因素影响,只要利用一定的条件与方法,鼓励学生的适当行为,就有助于学生的道德成长。班杜拉等人主要通过实验法来研究品德形成的问题,并在此基础上提出了三个有关道德行为获得的基本概念。

1.抗拒诱惑

抗拒诱惑(resistance to temptation)是社会学习论的基本概念。它认为生物界的弱肉强食现象说明有机体为了生存必须在环境中寻求一切得以生存的东西,而人类只保持生物性的求生本能,谈不上道德。作为有组织、有规范、有纪律的社会的人,求得生存必须学会两种求生方式:一是满足自己的需求;二是学会如何不违反社会的约定。第二种求生方式即"抗拒诱惑",所谓"抗拒诱惑"就是在具有诱惑力的情境之下,个人能依据社会规范,对自己的愿望、冲动等行为倾向有所抑制,使自己不做出违反社会规范的行为。如何抗拒诱惑?榜样的作用十分明显。此类实验很多,例如阿隆弗里得曾做了这样一个实验:

在儿童面前放置两个玩具,一个新奇好玩,对儿童具有极大的诱惑力;另一个则是已玩过的,熟悉的,对儿童无吸引力的。实验者要求儿童选择其中一个玩具并说明该玩具的特色。实验分三组,第一、二两组为实验组,处理情境不同,第三组为控制组。第一组儿童取新奇玩具时(正想取,还未取到),实验者立即厉声给予制止,说:"不行,那是留给大孩子的!"被试只好取另一玩具。第二组则在儿童取到玩具后再以同样的方式来制止,第三组是控制组不给予限制。其目的是了解不同情况的惩罚在抗拒诱惑中发生的效果。这一实验是在做抗拒诱惑的训练,儿童为了将喜爱的玩具留给大孩子,只好控制自己。

为检验抗拒诱惑训练的效果,实验者将儿童置于无人监管的状态,让其选择自己喜爱的玩具。主试只在暗中记录。结果表明在抗拒诱惑的自制倾向上,第一组最大,第二组其次,第三组最差。根据实验结果,实验者建议,为使儿童能抗拒诱惑,惩罚不仅要适度,而且要适时。

2.赏罚控制

运用赏罚控制培养品德。当行为合乎道德标准时给予奖赏,以期在情境重现时能出现同样的行为;当行为不合乎道德标准时给予惩罚,使学生从害怕惩罚到学会逃避惩罚,从而建立起道德感。这一基本概念来自行为派的联结原理,行为派不重视道德行为的认知成分,与班杜拉此后所强调的学习中的认知成分的重要性不一致。班杜拉和罗斯在1965年进行了赏罚控制实验,他们选择了66名4岁的儿童作为被试,并随机分成三组,每组22人,观察不同组的儿童观看电影中的同一攻击行为的不同对待结果。第一组是攻击—奖赏组:一个成人采取攻击行为后,另一个成人称赞他为勇敢的胜利者,并给他巧克力糖和汽水等食品作为奖赏;第二组是攻击—惩罚组,一个成人采取攻击行为后,另一个成人对他指责,骂他是暴徒,打他并迫使他低头逃跑;第三组是控制组,一个成人采取攻击行为后,既没有受到奖赏,也没有得到惩罚。然后,实验者把儿童带到与电影里相同的实验情境中,让儿童玩10分钟,并通过单项玻璃屏观察儿童的行为。结果发现,与其他两组相比,攻击—惩罚组几乎没有人模仿攻击性行为。他们认为替代惩罚降低了对攻击性行为的模仿。

3.模仿学习

模仿学习(imitation learning)也称榜样学习。榜样学习的关键在于对他影响最大的人所表现出的以身作则的"身教"作用,有些不良行为也可能通过榜样学习而养成。如张春兴和林清山于1982年的实验具体说明了模范学习不良行为的情况。

实验者找来一些大学生到实验室做实验,并将实验分成两个阶段进行,在前一阶段,主试拿出各种品牌的饼干让学生品尝,结果他们不知道是参加实验,吃下很多饼干,自然都感到口渴。此时,主试宣布将他们分成两组,分别到两个休息室,让他们等待后一阶段的实验。休息室内各有一个饮水器,但旁边挂的一块牌子写着"禁止使用"。其中一组有一人(主试的同谋)带头犯禁,结果大家都去饮水,而另一组虽然同样口渴难忍,但因无人带头犯禁,所以始终没有人饮水。这一实验结果说明,团体中一个人的行为可以成为其他人的榜样,引起众人模仿学习。

(二)道德行为的心理机制调节理论

当个人利益与社会利益发生冲突时,个体一般会通过法治调节和非法治调节(道德调节)来调节自己的行为。雅科布松设想:把自己的行为与道德标准相对照是道德调节心理机制的主要环节之一。于是,他设计了相关实验,探讨儿童在把自己的行为同善与恶这两个对立的标准同时进行对照时的心理特点,探讨用哪些方法可以促使儿童把自己的行为与道德标准相对照。[①]

实验设计了三种方法:一是让儿童熟悉两种对立的道德标准,请他们按这两种标准与自己的具体行为相对照;二是让别人用道德评价的公式,对儿童行为做出客观评价,并把评价结果告诉儿童;三是让别的儿童评定儿童的总体行为是好的,但让儿童认识自己的个别"恶"的行为是否符合恶的标准。

让儿童做完游戏后分玩具,考察儿童是否"公正"。三个被试用屏风隔开,一个被试把一定数量的玩具分发给另外两个被试,但这两个被试看不见分发者给自己留下了多少玩具。然后,实验者撤掉屏风,并让儿童对分发者说出自己的看法。采用上述三种训练方法后,各进行一次诊断性测验,过几周再复测一次。

实验选用了托尔斯泰小说《金钥匙》中两个人物作为"善"与"恶"、"好"与"坏"对立道德标准的代表。结果表明,采用第一种训练方法的儿童都知道小说中的代表谁是好的,谁是坏的(卡拉巴斯小气,自己拿得多,普罗提诺是好人,总是平均分配),但是他们自己依然按不公正方式分配;采用第二种训练方法的儿童已发现了小说中的代表与自己行为的关系,但20个被试中只有2个转为公正地分配;采用第三种训练方法最为有效,许多被试很快转为公正地分配。

雅科布松对这一结果作了如下解释:第一种方法没有效果并不是因为儿童不懂得客观标准,而是根本没有把两种分配方法与对立标准建立任何联系;第二种方法可以从儿童极力申辩自己不是坏的代表中看出,别人对他这样的评价会引起他极大的不愉快;第三种方法之所以最有效,是由于在选择道德行为的情境里加进了一个新的成分——儿童自己的形象。这样,使原来存在的道德价值与个人利害关系的外部矛盾变成了自己整个形象与个人(局部)利益之间的矛盾,使儿童感到自己整个形象是好的,又感到某个具体行为是不好的,二者不能相容,迫使他克服不好的行为。雅科布松的实验结果告诉我们,每个儿童都有积极肯定自己、希望得到他人表扬的强烈愿望,这是儿童遵守道德规范、道德希望的条件之一。

四、道德学习的意识水平分类

人的道德不是先天习得的,而是通过后天学习获得的,学生的道德发展是一个学习的过程,有意识、有目的地发现所学材料中隐含的抽象规则。关于学习的意识水平理论

[①] 刘儒德,陈琦.当代教育心理学[M].北京:北京师范大学出版社,2007:225-227.

对道德学习有较大的适用性。

根据学习的意识水平可以将学习分成内隐学习和外显学习。内隐学习(implicit learning)这一概念最早是由美国心理学家阿瑟·S·雷伯提出的,它是指有机体在与环境接触的过程中不知不觉地获得了一些经验,并因之改变其事后某些行为的学习。例如,人们能够辨别哪些语句符合语法,却不一定能够说出这些语法规则是什么。相反,外显学习(explicit learning)则类似于有意识的问题解决,是有意识的、做出努力的、清晰的、需要付出心理努力的并需要按照规则做出反应的学习,包括一个试图形成任务的心理表象,搜寻同功能系统的知识的记忆,试图建立和检验任务操作的心理模型。例如,学习道德规则。内隐学习的现象出现在很多领域,如第二语言学习、社会行为习得以及运动技能的完善等。内隐学习的研究表明,学习复杂任务时,人们常常以内隐的直觉方式进行。所以,道德教育应当适当引入内隐学习。

问题思考

学校中有一种普遍的现象:德育工作是每天都不能缺少的,教书育人、立德树人的标语在学校中随处可见,但是教师们宁愿谈成绩也不愿意谈道德教育,学生们宁愿写作业也不愿意谈道德成长,甚至在相当一些学校,品德课被挤占挪用现象很严重,特别是到了期末,品德课成了提高其他学科提高考试成绩的复习课。

1. 你认为品德课对学生的道德发展有直接的影响吗?
2. 你认为理论学习对学生的道德发展有促进作用吗?
3. 道德理论对学校教师帮助学生道德发展有指导作用吗?如果有,你认为学校教师应如何掌握学生的身心发展特点和相关道德理论?

拓展阅读

1. 为学大益,在自能变化气质。不尔,卒无所发明,不得见圣人之奥。故学者先须变化气质,变化气质,与虚心相表里。

——张载《理窟》

2. 漫游花园和田野、草地和森林的人啊,为何不打开你们的心扉去听听大自然以无声的语言教诲你们的一切。看看被你们称为杂草的、在压力和强制中成长的、几乎捉摸不到其内在规律性的植物吧,在大自然中,在田野和花圃中看看它吧,看看它显示出何等的有规律性以及在一切方面和一切外表上协调一致的多么纯洁的内在的生命吧,这生命犹如从大地上升起的灿烂的太阳,一颗闪闪发光的星星。

——[德]福禄倍尔《人的教育》

3. 易连云. 重建学校的精神家园[M]. 北京:教育科学出版社,2003.

4. [美]霍尔,戴维斯. 道德教育的理论与实践[M]. 陆有铨,魏超贤,译. 杭州:浙江教育出版社,2003.

5. [美]柯尔伯格. 道德教育的哲学[M]. 魏超贤,柯森,等译. 杭州:浙江教育出版社,2000.

6. [法]涂尔干. 道德教育[M]. 陈光金,沈杰,朱谐汉,译. 上海:上海人民出版社,2006.

7. 鲁洁. 道德教育的当代论域[M]. 北京:人民出版社,2005.

8. 朱小蔓. 情感德育论[M]. 北京:人民教育出版社,2005.

9. 高德胜. 生活德育再论[M]. 北京:人民出版社,2019.

10. 赵国栋. 养善之法:道德虚构与道德教育[M]. 北京:九州出版社,2019.

> **教育名言**
>
> 子曰:"后生可畏也,焉知来者之不如今也?""学而不厌,诲人不倦,何有于我哉。"
>
> ——孔子《论语》

第六章
学校德育中的师生关系

内容提要

师生关系是学校中最核心的关系之一,是德育过程中人与人关系最基本和最重要的关系,也是道德关系在教育领域中的反映和体现,谁是道德教育的主体决定着师生关系的不同性质,关于德育主体问题在理论界存在着"单一主体论"、"双主体论"和"复合主体论"的论争,师生关系的主体间性是对主体性的超越和扬弃。在德育过程中,教师如何呈现自己的价值,有教师权威说、教师中立说和师生对话说。学校德育的师生关系是教育者和受教育者的生命之交流,教育者和受教育者的创造之生成,教育者和受教育者的情理之互动,教育者和受教育者的活动之协同。构建和谐师生关系,需要消除教育者和受教育者之间存在的个性、目标和规范等矛盾和冲突,遵循目标趋同、尊重信任、心理相容和智能互补等原则,教师要通过向学生表达教师之爱、和学生进行对话沟通、向学生展现民主作风、与学生进行道德合作等方法来实现和谐的师生关系。

问题导入

1.谁是道德教育的主体？德育过程中的教师地位同其他各育过程中的教师地位一样吗？

2.若说教师既是道德教育者又是道德受教育者,那么德育中的师生关系会是一种怎样的关系？

3.你心目中的师生关系是什么样子的？在今天的社会背景下,你如何理解"师道尊严"？

第一节
学校德育中师生关系的理论

一、学校德育主体论说

学校德育是发生在教育者和受教育者之间道德形成和发展的活动过程。对师生间的关系、道德教育主体的认识不同,会产生不同性质的师生关系,这也成为德育理论中难有统一定论的命题。德育主体是指道德认识活动和实践活动的承担者,是有意识的、有能动性的个体。人作为主体,是唯一能够主宰自己命运的个体,人的主体性是人在同客体相互作用中所表现出来的能动性、创造性和自主性,教育本质上是培养个体主体性的活动。

关于德育主体问题在理论界存在着"单一主体论"、"双主体论"和"复合主体论"的论争,不同主体论的出现,既说明德育过程中师生关系问题的复杂性,也说明对师生关系地位和作用认识的逐步深化。单一主体论把教师作为德育工作的主体,学生和德育环境作为客体,强调了教师在德育过程中的绝对权威和领导权力,同时在这种思想指导下,教师被奉作道德上的圣人,这对教师来讲是一种道德的负重,对学生来讲是一种道德的被迫。双主体论将教师与学生的关系视为主体与主体间的关系,二者具有同等的主体地位,此种观点认识到师生双方主体性在德育过程中的重要地位。叶澜教授提出的复合主体论,认为应该把教育者和受教育者称为教育活动的复合主体。因为在教育活动中,教育者和受教育者是不可分割的两个方面,师生之间有着十分复杂的相互关系,是互为存在的条件,互为活动的主客体。在德育过程中,教育者和受教育者承担的任务不同,其地位有一定的相对性,但二者都是德育活动的承担者,都处于主体地位,师生共同的客体是德育内容。又因为在德育过程中,师生的活动是密切联系的、相互影响的、共时交织或前后相干的,是一种双边交互的互为主客体和条件的复杂关系,因此教育者和受教育者是一种复合主体。

总之,教师主体性与学生主体性是既对立又统一的。教师主体性的发挥是为了学生主体性的发展,学生主体性的发展更多地依赖于教师主体性的引导,而学生主体性的发挥、发展又可促进教师主体性的发挥和发展。在两个主体性的相互作用之中,教师和学生不断得到充实、丰富和提高,双方共处于一个和谐、协同的活动统一体中。

二、师生关系的主体间性

道德教育以培养学生的全面发展为目标,其主客体都是人,要达到德育目的,必须在教育者和受教育者之间建立起一种平等、交流、对话、理解的主体间关系。但当下的德育活动从理念到实践,从目标到方法都还停留在"主—客二分"的思维模式中,主体间性缺失。何谓主体间性?现象学大师胡塞尔在《笛卡尔式的沉思》一文中最先提出"主体间性"。胡塞尔认为交互主体性一方面指"主体间"的相互关系,涉及自我作为主体是否以及为何能认识另一主体(他我),"他我"的存在如何对自我成为有效事实;另一方面是各个主体之间存在着共通性。哈贝马斯的交往合理化理论认为主体间性就是个体在保持个体化基础上的社会化和在社会化基础上的个体化。海德格尔认为主体间性是"我"与他人之间生存上的联系,是"我"与他人的共同存在以及"我"与他人对同一客观对象的认同。主体间性下的主体是超越主体的任何一方,又包容了双方的"公共主体"或"交往主体",是主体突破封闭的自我,走向他者并与之构成互为主体或互为主客体的一种存在关系。

德育中的教育者和受教育者可以看作是一种主体间性的存在关系。教师是以教育实践为特征的德育主体,是实践主体性和发展主体性相统一的德育主体,是人类职业角色分配中个体主体性的体现;而学生则是未成熟主体,是实践活动和个体活动相统一的认识主体和发展主体。虽然教师与学生具有不同的个体主体性特征,但二者又都是教育活动系统意义上的活动主体,集中表现在教师主体性与学生主体性这两种个体主体性的协同、融合、统一上,是一种主体间性的关系。在现代教育活动里,需要弘扬的既不是教育者和受教育者之间相互剥夺的个体主体性,也不是相互排斥的个体主体性,而应是更高层面上相通、相融的个体主体性,是具有教育共通性的个体主体性,是教师主体性和学生主体性在教育活动过程所体现出的个体主体性间的协同与融合。因为教育活动中教育者和受教育者主体性的发挥都是为了一个共同的目标——学生的发展。师生关系的主体间性是对主体性的超越和扬弃,师生关系绝对不是二元对立的,而是处于共生关系之中,体现为一种"主体间性的意义关系"。

三、教师在学校德育中的地位与作用

在德育过程中教师如何呈现自己的价值,既是一个德育理念的问题,也是一个德育操作的方式问题。无论持有什么样的观点,一个事实就是在学校德育中不能离开教师的作用。如何认识此问题关乎德育的指导思想和有效性,在理论界一直存在着几种不同的看法。

(一)教师权威说

持有教师在德育过程中具有权威作用的代表人物有我国的荀子和西方的洛克与涂尔干。荀子认为教师是社会伦理秩序的维护者,特别强调了教师的作用。他对教师的作用提出了很多论述,诸如"礼者,所以正身也;师者,所以正礼也。无礼何以正身?无师,吾安知礼之为是也?"强调了教师推行"礼"的作用,并且指出,"国将兴,必贵师而重傅""国将衰,必贱师而轻傅"。因此国家要重视教师的作用,学生要遵从教师,严守师道,最终达到"化性起伪"。师道尊严的观念也正是从荀子开始明确起来的,对教育和道德教育的传统产生了巨大的影响。

英国经验主义哲学家洛克则认为,人的一切观念包括道德和知识都是环境、后天经验和教育的结果,一切都源于经验,建立在经验的基础上,他从"白板说"出发,把人看成白纸,没有任何的特性和观念,道德价值和规范都是做导师的人灌输进来的,导师要用一切办法使人懂得和彻底信服。涂尔干认为教育主要是一种权威的活动,是年长的几代人根据国家和社会的要求对各方面尚未成熟的人施加影响,进行社会强制的过程。教师是权威活动的执行者,教师的权威基于两个方面:一是儿童自然地处于一种被动状态,极易受教育者的影响;二是教师拥有经验和文化的优势,自然地要对学生进行影响。因此教师是道德的权威,对学生的影响具有绝对性。

教师权威说过分强调了教师在道德教育过程中的地位和作用。虽然反映了教师在道德教育中具有不可或缺的事实,但势必会弱化学生在道德教育过程中主体能动作用的发挥。权威主义以教育社会本位论、行为主义心理学和经验主义哲学为理论前提,形成道德教育灌输模式,忽视学生自觉、自主的本体功能,把学生看成完全被动的对象,与现代道德教育强调学生主体作用的观念格格不入,而现代道德教育正是在否定权威的进程中获得发展的。

(二)教师中立说

教师中立说是指教师在道德教育过程中采取一种价值相对主义的立场,在师生关系上保持价值中立的态度。这一观点的主要代表人物是美国价值澄清理论的倡导者和英国人本主义课程的代表人物劳伦斯·斯滕豪斯等人。

价值澄清理论认为,我们生活在一个复杂的社会里,经常在转折关头和处理事务时面临着选择。从理论上讲人们的选择依据他们的价值观,但实际上常常是在不清楚所持价值观是什么的时候就已经做出选择了。价值应源于个人的经验和生活,是个人的、自由的、审慎的选择,是个人思考和选择的结果。因此,教师在价值澄清过程中的地位和作用应是"中立的",即教师不能将特定的价值强加给儿童,也不能把自己的价值渗透到教学活动之中,教师的作用在于发展儿童的澄清技能技巧。坚持教师中立的根本目的就是要学生形成自己的价值和生活方式。教师尤其不能将自己的价值观传递给学生,价值归个体所有。

斯滕豪斯则强调教师由"权威角色"向"中立角色"转换,认为现代价值教育更强调在解决价值问题时学生的自主性。他认为相对于教师服从校规和提出自己的观点,教师中立是最理想的。教师中立意味着对学生的观点和教材中所包含的价值不予评论。坚持教师中立,一方面是为了避免教师把自己的观点强加给学生,另一方面是为了让学生在自由探究中形成自己的价值观。教师中立原则不是让教师放弃所有的价值,而是让教师拥有一种更为重要的教育价值观。

教师中立说显示了在价值学习过程中尊重学生主体性的意义与作用,是对传统的教师权威角色的反对,可以克服道德教育过程中的灌输学习。但是绝对的价值中立是不可能实现的,教师的职责就是要把合理的价值观念传授给学生。教师中立说解脱了教师的职责,事实上,教师对学生进行道德教育的过程中总是带有一定的价值倾向。保持中立的教育不仅不可能,而且对学生的道德成长也是有害的。

(三)师生对话说

教师权威说和中立说都有各自的局限性,加拿大当代道德和价值教育理论家克里夫·贝克提出了师生对话说。

贝克极力反对传统的、权威主义的教师角色,认为传统学校里教师控制价值学习的进程,在向学生传递价值看法时,依赖于教师个人的兴趣和对内容的把握程度。教师感觉他们给了学生很多东西,却没有从学生那里得到什么,这种感受强化了他们身为人师的优越感。而事实上,学生学到的也不多,教师低估了学生的能力,也错过了向学生学习的机会。贝克认为,教育者和受教育者是共同学习的,价值教育应是教育者和受教育者之间展开的一种对话。在对话的过程中,教育者和受教育者互相提问题并共同解决问题,教师不仅是教育者,同时也是受教育者。反之,学生在受教的同时也在施教。教育者和受教育者对共同发展的过程负有责任,此过程是师生间相互学习的过程。贝克不认为在价值教育过程中教育者和受教育者有什么不同,如果有差别那仅限于他们的职业角色和具体技能的不同,而不是价值成熟度上的不同。教师进行价值教育是为了完成教育计划,这些教育计划对教育者和受教育者都适用,如果教师不进步,就会阻碍他人的学习。贝克把进行价值教育的教师比作曲棍球教练,教练打球不一定比队员打得好,但是教练有杰出的教练技巧,仍能获得很高的评价。有的教练可能具有高超的打球技能,但这并不是教练所必备的,他应具备的是各种知识和能力。

尽管贝克反对教育过程中教师的权威性。但是由于教师的职业角色,教师不仅是课程目标和计划的制定者、学习内容的确定者,也是学习的评价者。教师的权威性在教育教学过程中不可能完成消除,一旦这种权威失去控制,就会削弱价值教育的效能,所以应当使非权威性和对话式教学成为理想的教学方式。教师应尽其所能地为学生服务,与学生一道努力确保对话的实现。

师生对话说向我们展示了一种新的探索观点,具有启发性,能辩证地看待教师在德育过程中的地位和作用。教师要在德育过程中和学生共同成长,以"教师—学生"身份出现在学生面前,为学生营造一个更加平等、自由、宽松的学习心理空间,积极鼓励学生进行探索性学习,避免以不道德的方式来进行道德教育。

综观对教师在德育过程中的地位和作用的看法,可以总结出以下几点:首先,对师生关系性质的认识决定了对学校德育中教师地位和作用的看法。道德是人的存在的规定性之一,道德教育表现为人积极主动参与的过程,没有人的主体性发挥便没有道德。任何道德教育要取得满意的成效,就要考虑学生的自由意志、积极参与和自主发展与实践,考虑学生的内在需要和现实发展水平。不考虑学生主体性发挥只强调教师权威的理论是不完善的。其次,学校德育总是要把前人的道德成果或当下的道德价值传递给正在学校接受教育、正在成长的一代,教师作为德育主体其价值体现在对学生道德成长的引导上。教师有责任将自己的道德经验教给学生,因此教育者和受教育者在教育过程中的平等并不是责任与地位的对等,教师要做学生成长道路上的引导者。最后,学生的主体性是伴随着学生成长而逐渐形成的。学生主体性的生成需要教师的引导和帮助,这意味着教师应尽可能减少对学生的束缚,师生之间应形成一种和谐亲密、相互合作的关系。

第 二 节
学校德育中师生关系的性质

师生关系与社会上一般的人际关系不同,它是教师按照预定方向对学生进行有目的、有影响的一种教育过程。在教师对学生发生影响时,学生也必反过来影响教师,在这样相互影响的交往活动中,教师应与学生交流知识、观点、情感、意向和兴趣,进行直接或间接接触,进行相互认识、理解和评价。这是一种相互知觉的过程,同时也是教师和学生之间生命之交流、创造之生成的过程。

一、教师和学生的生命之交流

"生命"的概念被引入教育学后可以从不同的角度进行理解,在师生关系维度上是指与人的自然生命相对应的生命关怀和尊重,与人的生理相对应的精神生命的生成与发展。道德发展与人的生命成长融为一体。生命是道德的基础,道德提升生命的质量。教师的生命存在,意味着教师对职业人生做何种意义的追求。教师的职业人生可以看作是教师生命体验的过程,"生命体验是生命时空获得的内在体现。它在个体生命活动中生成,同时又是对个体生命活动的内在鼓励、对生命的自我确认。它是生命不可缺少的一环,也将作为一种向往、追求、态度,引领着生命走向新的境界"[①]。历史上教师职业价值的认定主要停留在社会功用上,把这种劳动的性质看作是传递性而非创造性工作,"红烛""园丁""春蚕"成了教师的象征。但这种歌颂并未涉及教师职业劳动对教师本人现实生命的意义,从而使之感受到从事这一职业的内在尊严和欢乐。职业和教师的生命是不可分割的整体,"用生命回应职业的需要"和"用职业实现生命的价值"是完全不同的两种状态。前一种状态表明个体是为外在的职业而存在,是应付职业的需要。教师职业所带来的苦闷、挫折等负面情绪都会变成生命的烦恼源,对教师认同度比较低,把忠诚于教师职业看作是一种奉献和牺牲,是个体生命用生命回应职业。后一种状态表明个体是为自己而存在,通过职业体现生命的价值。教师职业是个人生活的一种存在状态,教师若将教师职业看作是有价值、有意义的事情并能从中体验到人生的乐趣,方能实现自我、张扬生命的价值。教师对生命的态度又决定了教师职业生活的生存水平,教师职业生活的状态又决定了学生的生命成长状态。生命是不可替代的存在,具有独特性,每个人的生命成长历程都要从实然的状态向应然的状态转向和迸发,教育的价值之一就是提升学生的

---

① 李家成.关怀生命:当代中国学校教育价值取向探[M].北京:教育科学出版社,2006:164.

生命质量。让学生在有限的生命历程中，不断超越自我、实现自我。生命的成长需要滋养与哺育。生命作为一个开放的系统，需要与外界环境进行交流。生命的充盈不是自身的独自生长而是在与他人建立的"人—人"关系中获得丰富与升华，具有人类共通特征，从这个意义上看教师和学生之间的关系就是生命和生命的对话与交流。

二、教师和学生的创造之生成

现时的教育已经不能停留在完成传递文化、知识、技能上，停留在让学生只知学习，而不会思考也不会创造的水平上，要把学生生命中的探索欲望燃烧起来，创造的潜能开发出来，让他们拥有一个充满信心、勇于开拓发展的积极人生，树立为中华民族伟大复兴而奋斗的高远志向，才是当代中国教育特有的历史使命和社会价值。叶澜教授指出在这样的教育背景下，人们找到了教师职业对于社会而言的外在价值与对于从业者——教师的内在生命价值之间的统一基点，找到了教师可能从工作中获得外在与内在统一的尊严与欢乐的源泉，即创造。马克思论及职业选择时的一段名言："能给人以尊严的只有这样的职业，在从事这种职业时我们不是作为奴隶般的工具，而是在自己的领域内独立地进行创造。"康德认为人不是被决定的既成性的，人是选择性和创造性的。叶澜教授指出教师要成为自觉创造教师职业生命和职业内在尊严的主体，教师的创造才能和引导作用才能在处理教育问题中得到发挥。这些问题向教师的智慧与能力提出了一系列挑战：当学生精神不振时，你能否使他们振作？当学生过度兴奋时，你能否使他们归于平静？当学生茫无头绪时，你能否给予启迪？当学生没有信心时，你能否唤起他们的信心？你能否从学生的眼睛里读出愿望？你能否听出学生回答问题中的创造？你能否察觉出学生细微的进步和变化？你能否让学生自己明白错误？你能否用不同的语言方式让学生感受关注？你能否使学生觉得你的精神脉搏与他们一起欢跳？你能否让学生的争论擦出思维的火花？你能否使学生在课堂上学会合作，感受和谐的欢愉、发现的惊喜？教师的创造性带动了学生的创造性，教师和学生之间正是基于这种创造性的活动才让学生得以成长和发展，而德育的目的就是让学生创造性地把握生活。

三、教师和学生的情理之互动

认识和情感是人类共有的心理现象，但是认识和情感都具有个体性特征，受到个体已有的知识、经验的影响。师生间认识与情感的联系促进了双方之间的交往与互动。人是情感的动物，情感是指与人的社会性需要相联系的体验，是人所特有的。"每个个体都是情感性的完整存在,都有情感交流以及被认可的情感共鸣的需要。"[1]情感总是与具体的社会内容相联系,如尊师爱生的情感。感情是连接师生关系的纽带。情感与认识密切联系主要体现在两方面。一方面,情感是在认识的基础上产生的。没有认识就没有情感,情感的产生与变化依从于认识;另一方面,情感也会左右人们之间的相互认识。可以说,教育者和受教育者之间是情理交融、相互策动与相互影响的关系。

认识和情感是个体进行行为活动的动力源泉,在个体道德行为选择中发挥着重要的作用。道德教育旨在帮助学生形成正确的道德认知,陶冶道德情感,使情与理一致。因此,在学校德育过程中,教育者和受教育者间的情理互动本身就是一种教育形式。道德情感的培养需要教师的引导和交流,将低级情感向高级情感转化,从具体情感向抽象情感转化,当学生的道德认识和道德情感遇到矛盾和面临冲突时,教师应引导学生理智地做出最佳选择,这有助于师生间情理的交融与升华。德育实践证明,如果教师热爱学生并对其有较高的期望,学生便会受到感染和鼓励,变得更加自信且富有进取精神,道德面貌也会发生大的改观;同时学生对教师的热爱,可以激发教师的事业心和责任心。相反,如果师生间形成的是一种消极的认知和情感,则会引发师生间的冲突和对抗,教育者和受教育者都不能从中受益,反而会产生消极的态度和不良的后果。师生之间的情理互动能够缩短师生间的空间和心理距离,取得较好的德育效果。

四、教师和学生的活动之协同

师生间关系是为完成一定道德任务而产生的,是以德育活动为纽带,具有工具性目的。其主要表现在德育活动过程中,教育者和受教育者在道德上的协调一致,这种一致性取决于教师的德育素质水平。如果教师有较高的德育水平,就能够有效地组织德育活动、协调教育者和受教育者的关系,使学生在德育过程中乐学、善学,并获得应有的道德品质。

教育者和受教育者的活动协同还表现在师生之间的交往。交往需要是作为人的一种独立的和主观的需要而客观存在的。无论是教师还是学生,在德育过程中都会有强烈的交际需要,教师希望得到学生的认同,学生希望得到教师的关爱和肯定。这种需要的不易满足性成为师生双方发展的一个动力。教师只有具备高尚的品德和精湛的教育艺术,才能赢得学生的信赖与崇敬,同时,学生要有良好的品德修养和强烈的发展愿望,才能在相互尊重和相互关爱的氛围中形成和谐的师生关系。

---

[1] 印苏,李西顺.回归情感:从休谟同情视角看德育教学的重心转移[J].教育学报,2022,18(1):57.

第三节
学校德育中和谐师生关系的建构

在学校德育中,和谐师生关系的构建不仅是德育本身的要求,也是德育取得成效的重要保证。和谐产生于不同质的事物,是具有差异性事物间的结合、统一和共存,是人们所追求的事物之间存在的最佳状态,和谐状态下的事物能达到最优化和高效率。人和人之间的和谐是一个关系范畴。教育者和受教育者之间的和谐是指双方处于相互联系和共同促进之中,是良性的发展状态而不是处于对抗、紧张状态。同时,和谐是人类对事物发展状态的期待,是人类的价值追求,这两个方面是统一的。教师在建立和谐师生关系中起主导作用。学校德育从根本上说是关于学校中师生人际关系的教育。忽视师生之间人际关系的德育,不可能培养学生具有良好的德性。道德是对人与人关系的一种把握。在学校德育中,和谐的师生关系具体体现在:一方面,学生在与教师相互尊重、合作、信任中全面发展自己,获得成就感与生命价值的体验,产生人际关系的积极实践,从而形成自由的个性与健康的人格;另一方面,教师通过教育教学活动,让每个学生都能感受到尊严,感受到心灵成长的愉悦。和谐的师生关系的重要性不言而喻。

一、影响和谐师生关系的矛盾与冲突

教育者和受教育者的交往是一种互动性的人际关系。在交往中,教师和学生在个性、目标、规范等方面的差异都可能构成师生之间的矛盾和冲突。教师只有了解这些矛盾和冲突,才能在德育目标的指引下,形成和谐的师生关系。

(一)个性冲突

师生间的交往是在个性基础上形成的。教师与学生的交往看似面向全体,但实际上教师和每一个学生的交往才是师生关系的基础。教育者和受教育者在双方个性的基础上进行交往,受到个体需要、动机、兴趣、气质、性格和才能等多方面因素的影响。如果师生之间的个性相悖,或是缺乏沟通和理解就容易发生矛盾,造成师生之间感情上的排斥,互不接纳。现行德育中还存在着内容枯燥、脱离实际等现象,易引发学生对道德学习的消极情绪,使德育工作成效不佳,这就有可能产生师生交往的冲突。教师的个性也是一种德育力量,此种力量具有不可替代性,因此教师加强自身修养显得尤为重要。

(二)目标冲突

德育过程是师生的双边活动过程,师生参与的积极性与方向的协调一致性是德育活动有效开展的前提。师生在德育过程中的需求和目标的协调一致是双方积极性趋同的条件。如果双方的需求和目标不一致或不协调,那么师生相互冲突的情境便会出现。师生各自都在社会生活体系中占据着一定的地位,扮演着不同的社会角色。教育者和受教育者都会自觉或不自觉地明白自己所扮演的社会角色,他们都能不同程度地按教师或学生角色的要求来表现自己,这些角色间本身存在着许多矛盾,如果角色之间没有一致性目的就会在目标上发生冲突。

(三)规范冲突

在学校德育过程中,教师的角色任务决定了教师具有鉴定学生品行好坏、实施奖惩等教育权力,但必须按照教育规范和准则来使用自己的权力。从学生方面来看,每个学生都是学生集体的一员,学生集体的规范与教育规范有许多矛盾的地方,有些学生往往不理解学校为他们制定的各种规范,虽经多次教育和引导,规范之间的冲突仍时有发生。例如,虽然学校制定了严格的考试规范要求,不允许作弊,但学生考试作弊现象仍然屡次发生,而且在学生中协同作弊的现象也经常发生。另外在现实学校生活中,教育者和受教育者都存在于多个正式或非正式群体中,他们所属的群体都有一些成文或不成文的规定。教师集体要求每个教师有共同的见解,有共同的信念,彼此间相互帮助,彼此间没有猜忌,学生集体也是如此,但是在班级竞争中就会出现教师偏爱自己所带学生,学生也会偏袒和他们亲近的教师,因情感的自然流露而有失公平,出现不和谐的音符。

二、建立和谐师生关系应遵循的原则

教师在和谐师生关系的建立中发挥着关键性作用。教师需要遵循一定的工作原则,讲求工作的艺术性,才能够建立和谐的师生关系。

(一)目标趋同原则

目标决定着人的行为方向。构建和谐的师生关系,最重要的是要处理好教师工作目标与学生发展目标之间的关系。目标趋同原则,就是要求教师工作目标和学生的发展目标须与学校教育的整体目标一致或趋同,都要以达成教育目标为重,要以学校教育的要求为最终结果,不断修正师生双方的目标。只有这样,师生才能互相合作,团结一致,共同努力,争取达到共同的目标。

(二)尊重信任原则

教师在德育过程中,要从尊重学生、热爱学生、理解学生和信任学生出发,向学生提出道德要求,使道德要求容易为学生所理解和接受,变成他们的自觉行动。教师只有尊重学生、热爱学生、理解学生、信任学生,学生才会尊重教师、亲近教师、接受教师的帮助和指导,从而形成融洽的师生关系。

(三)心理相容原则

心理相容,是指师生相互吸引、和谐相处、相互尊重、相互信任和相互支持。教育者和受教育者的心理相容度高,师生关系表现出良好状态,德育的内容和要求就容易被学生接纳和吸收;心理相容度低,师生关系就容易处在紧张状态中,学生对教师的德育工作易产生抵触情绪和不合作的态度。在德育过程中,师生之间是否心理相容,对整个德育活动过程影响很大,决定着德育的效果。心理相容作为师生关系的心理基础和德育活动的心理氛围,为师生关系达到和谐、融洽创造了条件。在此情境下师生可以充分发表自己的见解而不必有所顾虑,从而提高德育效果。

(四)智能互补原则

智能互补,就是指在师生群体内,由于所担负的角色不同,因而需要担任不同工作的人员之间相互合作、互为补充。智能互补包括知识水平互补、思维类型互补、能力专长互补、知识构成互补等。德育活动是一种极其复杂的智力活动。针对教师个体来说,构成智力的各要素和创新能力的发展往往是不均衡的。教师要善于发挥学生的长处,调动学生的积极性,充分发挥每一名学生的智力和才能,才能形成最佳的互动、互补的师生结构,才能有效地促进师生之间的和谐关系。

三、构建和谐师生关系的方法策略

师生关系是德育工作的基础。建立和谐的师生关系是进行有效德育的必要前提,建立什么样的师生关系是教师的教育理念、个性特征和工作方式等多种因素相互作用的结果。和谐的师生关系不是教师对学生的掌控,也不是教师对学生的放任自流,更不是教师和学生之间的相安无事,而是师生间能平等对话、相互作用。建立和谐师生关系需要教师运用正确的方法,用实际行动做出努力。

(一)教师要向学生表达教师之爱

爱是教育的灵魂,没有爱就没有教育,这是实践证明了的真理。教育爱是为学生的,不是为"我"的,但正是这种"忘我"却更好地实现了"为我",使教育者在"忘我"中达到了自我的完美同一。[①]师爱,是教师对学生的热爱,是教师基于对教育事业本身的敬重而产生的一种发自内心的情感。教师的工作对象首先是学生,每个学生都是具有情感的个体,是有着无限发展可能的个体,是与教师有着同等人格尊严的个体。这决定了教师的工作不仅是教育技术性投入,更是一种情感的付出,这种情感承载着教师的教育情怀,是对学生进行教育的基础。教师的爱作为一种外部的情感因素,能够转化为学生自身的道德动机,成为推动学生不断进步的动力。师爱可以作为一种教育力量,给学生以温暖,提供学生成长中所需要的稳定、安全和一般性支持,它能增强学生的自信心,使学生受到鼓舞,进而影响学生的身心发展和人格形成,增强学生对教师的向心力。同时,师爱也使教师成为真正的教育者,促进师生之间的互动与融合,让学生学会接纳教师、亲近教师和尊重教师,并由此形成和谐师生关系。不能向学生表达师爱的教师往往得不到学生的欢迎,和谐的师生关系也就难以建立。和谐的师生关系作为德育工作得以展开的基础,如失去它,德育的实效性就会打折扣。

(二)教师要和学生进行对话沟通

师生间的教育交往以对话的形式展开,通过对话形成真正的沟通和交流,从而达到理解,即精神获得沟通。"对话作为教学的基本形式正是个体在教学中走向人与人彼此联结的基本方式,也是个体走向精神教化的基本实践形式。"[②]教师的角色理应是对话者和理解者,平等地看待学生、尊重学生,以角色换位来移情和理解学生,并达到共情从而给予学生指导和帮助。教师要通过各种方法来建立和培养与孩子们之间的感情。心理学家认为,人是理性的,也是非理性的。当一个人持理性的观念去看待事物时,就会对事物做出适当的反应,若是以非理性观念看问题,则会产生情绪的困扰,甚至做出不适当的反应。师生之间加强对话与沟通才能建立和谐的师生关系,因此,教师要倾听学生的声音,通过与学生对话和沟通,形成理性行为。教师应以积极的态度,把自己置于学生的位置,设身处地为学生着想,通过换位,以求与学生心灵上的相通;教师要了解学生的需求,知晓学生的优点,理性看待其缺点;教师应时时关心学生,处处帮助学生,增进师生团结,消除师生隔阂;教师要尊重学生的人格,保护学生的自尊心,不要当众揭学生短处,有事与学生共同商量,争取达成共识,由此促进师生关系和谐地发展。

---

① 高德胜.论爱与教育爱[J].中国教育学刊,2018(12):55.
② 刘铁芳,罗明.作为教学方式的对话:意蕴及其可能性[J].课程.教材.教法,2020,40(3):90.

(三)教师要向学生展现民主作风

教师应为学生创造一个和谐、快乐的环境,让学校充满友爱、和谐的气氛。在此氛围下,学生才可在教师面前畅所欲言,这不仅体现师生间平等的关系,也有助于学生的发展。教师要用一颗真诚的心去理解学生,才会使学生感受到教师是亦师亦友的存在,从而在情感上与教师达到交融。此外,教师要促进良好班风、校风的形成,这不仅有助于学生的健康成长、师生间相互尊重,还有助于将班级建成一个友爱的、生气勃勃的集体。教师要尊重学生、相信学生与学生做朋友,使学生形成良好的品德观念,使他们懂得教师是自己的好朋友、好伙伴。教师在与学生的各种交往中,要建立起诚挚、平等、互敬、互爱、互尊、互重的友好关系。教师要把成长的自主权还给学生,从而把学生培养成为能够自主地、能动地、创造性地进行认知活动和社会实践活动的主体。

(四)教师要与学生进行道德合作

教师和学生的道德合作,指在道德教育活动过程中,师生间协同意识与心态的反应。师生之间是相互影响的,师生间形成的交往关系影响学生日后学习和品德的发展。合作是以师生关系为中心的诸多教育关系的健康与协调。教师正确处理个人与集体、个人与个人之间关系是基本的道德要求,也是集体主义原则的具体表现。美国心理学家罗杰斯提出了人际关系的三个基本要素:真诚、接受、理解。在师生关系中分别表现为教师要以表里如一的真诚原则对待学生,反对虚伪;教师要无条件接收来自学生的信息,允许学生表露自己的真情实感;教师应从学生的角度理解学生,设身处地为学生着想。苏联的合作教育学认为在教育教学过程中,应该使每一个学生都感到自己的个性受到尊重与关怀,在学校里受到保护,师生之间应摒弃权力与服从,这样学生的个性和人格才能获得发展。

教师与学生的道德合作,能给学生的道德成长提供自主发展的宽松环境。平等、合作、健康的师生关系,为学生的道德发展提供了广阔的可能性。处于低年龄段的学生,缺乏知识和经验,因而师生间合作更多的是依赖教师做出决策。随着学生的成长与成熟,教师应逐步消除支配性的交往方式,而以"平等中的首席"身份与学生进行平等、合作式的交往。这种合作精神不仅能促进教师道德素质的提高,也利于学生向他人学习良好品德、克服自身的缺点。师生在合作过程中能相互学习、相互理解,促进和谐师生关系的建立,从而使学生形成自我负责的态度、独立自主的能力、与他人协同活动的能力。

问题思考

人的一生中，青春年少的时光都是在学校中度过的。学校是令人怀念的地方，那里有我们敬爱的老师和亲爱的同学。在那里，每个人心中都有一个关于自己和教师之间关系的记忆，都有一个对教师给予我们影响和触动的印记，师生关系构成了学校教育的主旋律。

1. 根据你的理解，本章关于教师在学校德育中的地位与作用你更认同哪一种主张？
2. 和谐的师生关系是师生共同追求的理想，那么在学校德育过程中建立和谐的师生关系应遵循哪些原则？
3. 如果你是学生，在学校德育过程中若想建立良好的师生关系，你该怎样做？如果你是教师，你该怎么做？

拓展阅读

1. 从自由的内心发出的别人的爱只能允许彼此间平等的交往，不论是在实际的交往之中，或是在远距离的交往之中，唯有这种爱的交往才是一种可能的交往方式。

——[德]雅斯贝尔斯《什么是教育》

2. 我们要向小孩子学习，不愿向小孩学习的人，不配做小孩的先生，一个人不懂小孩的心理、小孩的困难、小孩的愿望、小孩的脾气，如何能教小孩？如何能知道小孩的力量，而让他们发挥出小小的创造力？

——陶行知《陶行知教育文选》

3. 我们接受关心，生活在关心所营造的一种氛围之中。没有这种关心，我们就无法生存下去，成为一个完整的人。在人生的每一个阶段，我们都需要被他人关心，随时需要被理解、被接受、被认同。

——[美]内尔·诺丁斯《学会关心：教育的另一种模式》

4. [美]斯特蒂文特.零距离师生关系[M].冯林，译.重庆：西南师范大学出版社，2016.

5. 史金霞.重建师生关系[M].北京：中国轻工业出版社，2012.

6. 庞丽娟.教师与儿童发展[M].北京：北京师范大学出版社，2001.

7. 康伟.师生主体间性理论与实践研究[M].西安:陕西人民教育出版社,2007.

8. 余娟.当代新型师生关系的解读与构建[M].长春:东北师范大学出版社,2017.

9. 张松.人工智能时代基础教育师生关系研究[M].长春:吉林人民出版社,2022.

10. 王旭东.师生关系的理论和实践[M].南宁:广西教育出版社,2006.

> **教育名言**
>
> 德者,得也。
>
> ——《说文解字》
>
> 上德不德,是以有德;下德不失德,是以无德。上德无为而无以为;下德为之而有以为。上仁为之而无以为;上义为之而有以为。上礼为之而莫之应,则攘臂而扔之。故失道而后德,后德而后仁,失仁而后义,失义而后礼。夫礼者,忠信之薄,而乱之首。前识者,道之华,而愚之始。是以大丈夫处其厚,不处其薄;居其实,不居其华。故去彼取此。
>
> ——老子《道德经》

第七章
学校德育过程

内容提要

德育过程是学校德育的具体实施与展开,学校德育包括多种要素,各种要素之间既相互独立又相互联系,它们以不同的方式发挥自身独特的作用,而且也决定了德育过程的具体逻辑。除了分析德育过程的要素以及相互之间的关系外,本章还将重点论述德育过程的本质,德育过程中存在的各种矛盾及运行规律,德育过程的性质与特点以及德育过程的组织与调控等。

问题导入

1.德育与德育过程两者等同吗?如果是,为什么会有两个概念;如果不是,那么两者的区别又是什么呢?

2.德育过程有哪些基本要素?各个要素的实施过程是一样的吗?

3.你如何理解"大思政"和"全员育德,全过程育德,全方位育德"?

4.你如何理解德育过程的整体性与连续性?

第一节
德育过程概述

过程是物质运动在时间上的持续性和空间上的广延性,是矛盾存在和发展的形式,也是指事物进行或事物发展所经过的程序。唯物辩证法主张,过程是物质、运动和时间、空间的辩证统一。任何事物都是过程。具体而言,过程乃是现实世界中的事物或活动产生、发展、变化的连续性在时间和空间上的展开。19世纪,有人曾经对过程进行过论述,他认为,世界不是一成不变的事物的集合体,而是一个过程的集合体,这如同中国传统文化经典《周易》中的太极,作为万物产生之"浑元",其阴阳变化无穷,以至于一物一太极,一事一太极。其中各个似乎稳定的事物以及它们在我们头脑中的印象即概念,都处于生成和灭亡的不断变化之中。其中,他特别强调了过程的动态生成特性,这一思想得到恩格斯的高度认可。恩格斯指出:"把整个自然的、历史的和精神的世界描写为一个过程,即把它描写为处在不断的运动、变化、转变和发展中,并企图揭示这种运动和发展的内在联系。"[1]德育过程的展开与实施比较全面地突出了过程的动态生成性与反复性。

任何一个活动都表现为活动主体与客体按照一定的目的与要求,以适当的方法,并通过适当的途径,在一定时间、空间条件下,相互联系,相互作用的运动形态。按此理解,我们可以将学校德育过程作如此理解并定义,即学校德育过程就是在特定的时间与空间中展开的教育者与受教育者之间传授与接受德育相关要素的教育活动,它是一种动态的、双向互动与立体的对品德的影响、形成与发展的过程,现代学校德育过程具有鲜明的社会主义核心价值观导向性。与传统德育过程相比,现代德育过程展开与实施的平台已经从专门的、封闭性的学校场所扩大到开放的社会与数字化网络空间,现代德育过程也因此具有了更大的开放性、隐蔽性、多向性与复杂性。为此,要认识现代德育过程的特点和规律,不能仅停留在对德育过程作静态的、单一的考察层面上,而是对其作动态的、全方位的与深入的考察,在现代德育过程的运动、变化与发展中,找出其中运动、变化与发展的本质特点与基本规律。

过程 物质运动在时间上的持续性和空间上的广延性,矛盾存在和发展的形式。形而上学把自然界的各种事物和各种过程孤立起来,其局限性在于不能把世界理解为一种过程。唯物辩证法认为,过程是物质、运动和时间、空间的辩证统一。任何事物都是过程,自然、社会、思想是过程,整个宇宙就是无限的发展过程。事物是作为过程而出现和向前发展的。过程的根源在于矛盾。过程是有限性和无限性的统一,就具体过程来说,

---

[1] 中共中央马克思恩格斯列宁斯大林著作编译局.马克思恩格斯选集(第三卷)[M].北京:人民出版社,2012:398.

是有始有终的,是有限的;就整个世界过程发展来说,是无始无终的,是无限的。过程是常住性和变动性的统一,过程的实际内容是对立面的统一和斗争;其形式是量变和质变以及它们的相互转化;其道路是螺旋式上升、波浪式前进;其总的趋势是由简单到复杂,由低级到高级。[①]

现代社会历史条件下的学校德育过程,与传统的德育过程相比,无论是从形式还是内容、从途径还是方法上看,均有了比较大的变化。特别是进入数字化时代后,自媒体所具有的开放性、平等性、双向和多向互动的特点,"在线生存"方式使现代学校德育过程突破了过去时间与空间上的限制,智能化设备也使得今天的学校德育过程有了更加灵活与广泛的使用手段。"大思政"德育、"全方位"德育、"全过程"德育、"全员参与"德育无论从时间上,还是空间上都比过去有了更大可能性,并具有更为复杂的特点。总之,现代德育过程不再是一种孤立与封闭的现象,也不再是一个单纯与单向的片面活动,而是一个历史的、发展的、开放的运动过程,是其普遍本质在新的社会历史条件下的全面展开。因此,现代德育过程也包含着德育过程的一般本质规定。正因为如此,要认识现代德育过程,我们还必须从德育过程的一般性质出发。

一、德育过程理论研究的对象、任务和意义

德育过程是在教育者主导下通过诸德育要素相互配合、共同作用以帮助形成受教育者的思想品德的教育与形成过程。从教育者的角度来看,它是一个教育过程;从受教育者思想品德的形成过程来看,它是一个心理发展过程。德育过程的理论既是德育的基本理论,也是德育展开的重要环节,因此,对德育过程进行研究是德育研究的重要内容。在学习德育原理的过程中,既需要明确"德育"的概念,认识德育的一般本质,还要认真区别"德育"和"德育过程"的概念,厘清德育过程的理论究竟要解决什么问题。

(一)德育过程理论研究的对象

任何一种理论都有特殊的研究对象,这是一种理论得以确立的逻辑前提与基础。在德育原理中,对德育过程进行研究,与其他方面研究的不同之处在于研究对象的差异。这种差异就是德育过程研究对象的特殊性。

就一般意义而言,德育过程理论的研究对象自然是学校德育过程及其展开与实施的内在机理、诸要素之间的联系与互动规律与特点等。然而,在长期的教育实践中,人们常常将德育过程与学校德育活动等同起来,有时甚至将德育活动的实施等同于德育过程。这是由于在人们的观念中,这两者往往被视为同一事物,故而疏于做出深入阐述和精确

---

① 夏征农,陈至立.大辞海(哲学卷)[M].上海辞书出版社.2015:117-118.

的区分。另外一个原因则在于教育者并没有真正理解"大德育"与"大思政"的理论内涵与实践意义。可以这样说,在实践德育中,教育者更多的是将具有广泛意义的德育理解成了狭义的德育课程,如"道德与法治""思想政治"等。

事实上,无论是从传统文化中的"道""德"教育思想,还是今天的"大德育"与"大思政"理念都是一个综合性的整体理念,它并非仅指某一门单纯的课程。就具体的学校德育操作过程而言,作为日常学校教育中的"德育课程"或"德育活动",与德育理论研究中的"德育过程"两者确实联系紧密,但又存在着区别。作为课程或活动的"德育",教育者更多考虑的是某具体课程或活动的结果与效用,也就是我们通常所追求的实效性。在这个过程中,教育者考虑更多的不是如何科学地、合规律性地进行真正的德育,而是达成课程的具体要求。而作为研究对象的德育过程则不同,其重点在于,教育者要把握"大德育"与"大思政"思想内涵与德育理念,将社会要求的主流意识形态、道德品质、法治意识与良好心理品质贯穿到整个学校德育活动的展开与实施过程中,利用受教育者身心发展的规律与特点,特别是受教育者品德形成的规律与特点,科学合理地开展与实施具体的德育。它既不是随心所欲的活动,也不是可以随意操作的个体行为训练。可以这样说,德育过程理论的研究对象就是德育的客观运动过程或者说就是探讨学校德育活动的具体展开环节以及基本特点与规律。

(二)德育过程理论研究的任务

德育过程理论研究的基本任务就是揭示德育过程的本质、特点及其基本规律。

本质是事物的根本性质,是事物内部相对稳定的联系,是事物所具有的特殊矛盾。德育过程理论研究旨在揭示德育过程的本质,也就是要研究德育过程展开与实施过程中的内在特殊矛盾,认识德育过程内部相对稳定的联系和客观规律,与学校教育中其他过程不同的是,现代德育过程是一种立体化、综合性的教育过程,它既可以纳入整个教育活动过程,又具有自身的特殊性。这也是德育过程与其他活动过程相区别的重要特点。

规律指事物发展过程中的本质联系和必然趋势,具有普遍性等特点。规律是客观的,是事物本身所固有的,人们只能认识和利用规律,不能创造、改变和消灭规律。教育规律就是教育过程中的本质联系和必然趋势。对教育规律的认识就是要从感性认识上升到理性认识,揭示教育过程中的客观规律,指导教育者的教育实践活动。规律可分为自然规律、社会规律和思维规律。

教育规律与自然规律都是客观的,但又有所不同。第一,它们的运动方式有所不同;第二,揭示它们的方式也有所不同。自然规律是纯粹的宇宙运动规律,而教育规律则是具有主观意志的人的活动规律。自然规律可通过实验发现,而教育规律则具有两重性,既可以通过实验得以发现,又不可能完全以实验的方式发现和把握,甚至在一定程度上具有一定的不确定性。

(三)德育过程理论研究的意义

对德育过程的研究就是要认识德育诸要素内在的相互联系与必然趋势。要正确而有效地实施德育就必须遵循德育的规律。德育过程作为人们实际德育活动的展开,不仅已发现的规律在支配着它的运动,而且随着人类社会、人类的教育活动的不断发展,又在不断地涌现出新问题,特别是智能化时代的到来,德育的展开路径的多元,资源的丰富超出了过去所有的时代,人们要充分地发挥想象力才能理解"大德育"的"大"。这就要求我们去发现支配德育活动展开的新规律,特别是在新的形势下,学校德育过程无论从形式还是内容上都有了前所未有的改变,学校德育过程的展开从单纯的校园德育、课程德育发展到了社区德育与网络德育,这些都需要深入地研究。这也是德育过程研究的实践意义所在。

德育过程研究在理论上具有十分重要的意义。一方面,对其进行研究可以丰富现代德育理论;另一方面,它可以为正确实施现代德育提供科学的理论依据。

德育过程理论是德育理论中的基础理论,从宏观上讲,它是制定德育原则、确定德育内容、选择德育方法、组织德育活动的理论依据。从微观操作层面上讲,德育过程理论的研究涉及整体德育要素各个部分的具体展开与实施,要正确地开展现代德育活动,不能不掌握现代德育过程的理论。

二、德育过程的一般性质及基本规律

规律是一种事物现象或属性。严格地说,规律指事物现象属性中普遍稳定且可重复的要素;是一事物与其他事物相互作用的表现;是事物在确定的规范联系作用下表现出的整体属性。德育过程有着自己的特殊性质,其展开与运行也有着相对稳定的基本特点与规律。对这些特点与规律的把握在一定程度上决定着它是否能够科学、有效地展开。

(一)德育过程界说

对德育过程的探讨通常是从概念、本质以及内涵的解读开始,这是分析德育过程的基础,除此之外,还包括德育过程的各种要素及其相互关系,德育过程与其他教育过程中的相关关系,德育过程中的基本矛盾与运行机制等。

1.德育过程的概念

作为物质运动在时间上的持续性和空间上的广延性,任何事物都是过程。过程概念具有抽象和具体两种属性。从宏观角度来看,它表示事物在整个时空中的运行和展开,是一个总体过程,体现了物质、运动和时间、空间的辩证统一,表现出开放性与整体性。从微观角度来看,它指事物在局部时空中的运行与发展,是一系列具体的活动,表现出渐进性与阶段性。从两者的关系来看,宏观过程与微观过程是相互联系的。两者构成一对包容与体现的关系,即总体过程包含着各个具体的过程,每个具体过程的运行又使得总体过程得以最终实现。

一般认为,德育过程即教育者对受教育者实施"大德育"或"大思政"的教育过程。具体来说,德育过程是教育者针对受教育者政治、思想、法治、道德与心理健康教育等方面施以专门的教育与引导,以促进受教育者思想品德形成与发展为目标,教育者与受教育者共同参与双向互动的教育活动过程。在新的历史时期,由于社会互动的加强,现代德育过程特别强调教育者与受教育者在德育过程中共同接受德育影响并促使自身品德发展。就普遍意义而言,中国特色社会主义学校德育过程是教育者根据中国特色社会主义条件下受教育者的生理、心理特点发展的要求,受教育者思想品德的形成规律,以及中国特色社会主义社会对年轻一代在思想品德方面的要求,启发、引导和指导受教育者能动地认识、体验和践行基于中华优秀传统文化的现代德育精神,接受中国特色社会主义政治意识形态、创新思想、法治意识、道德素养,培养健康良好的思想品德,发展其政治观念、遵纪守法、正确进行道德选择和追求幸福生活能力的教育过程。

德育过程从宏观上看,贯穿人的一生,涉及人的生活的方方面面,从微观上看则专指学校教育中具体的学校德育。从过程的特点来看,学校德育过程不仅仅是受教育者接受德育的过程,它同时也是教育者与受教育者双向互动的教育与受教育过程,从德育的完整性与终身性来看,其间也包含了教育者在德育过程中接受德育影响并提升自身精神境界的过程。

2.德育过程和其他各育过程的区别和联系

从学校教育的整体教育过程来看,教育过程是一个多方面、多层次的复杂系统,按照不同的分类可以划分为具有一定内在联系的各具体教育过程。如按学校教育的基本组成部分划分,学校教育过程可分为:德育过程、智育过程、体育过程、美育过程、劳动技术教育过程。

对德育过程的研究要探索德育独特的内在规律性区别于其他各育过程的特殊性。在认识德育过程的特殊性上,不仅要考虑作为学校教育内容各要素之一的德育与其他各育之间的关系,还要深入考察学校德育相对于其他各育的独特性,特别需要注意的是:在日常语言描述中,德育、智育、体育、美育与劳动技术教育似乎是五个平行独立的部分,甚至人们会按照数字的序列对"五育"进行平行认识,这造成了认识上的模糊与混乱。曾有国内学者先后提出德育过程的自觉性、目的性、复杂性、广泛性、社会性、可控性、多端性等多种特点。这些提法从不同的侧面描述了德育过程的属性,可以帮助人们认识德育过程的特点。然而,这些属性却并非德育过程所特有,因而很难说是德育过程区别于智、体、美、劳等育的特征,而要说明德育过程的特征,应从分析德育过程的特殊矛盾出发,从教育目标和依据方面揭示与其他各育过程的区别。这些区别表现在如下方面。

第一,教育目标上的区别。从传统文化关于道德的理解来看,"道"是一个重要的哲学范畴。"道在中国传统哲学范畴系统中是一个核心范畴。它可以被规定为一个普遍联系的系统,或是一个场,是一个具有多层次、多结构的整体结构。"[1]德育过程是培养与造就中国特色社会主义接班人的过程,这一过程中要解决的主要矛盾是受教育者思想品德的现有发展状况与现代社会所提出的德育目标之间的矛盾。德育过程的目标是促进受教育者德性发展,形成稳定与良好的思想品德结构,自主地解决政治信仰、科学的世界观与人生观、崇德与守法意识等态度与情感问题。智育过程的目标是要求受教育者掌握一定的知识、技能,解决如何认识世界、改造世界的问题,或者说要解决知与不知、懂与不懂、会与不会的问题。而德育过程围绕着受教育者的生活而展开,并立足于受教育者的生活实践解决政治意识启蒙、道德善恶判断、法治观念形成、心理健康养成等问题,即要解决好个人与社会、与集体、与他人、与自然的关系问题。体育过程的目标是指导学生学习一定的体育知识、体育技能,并通过积极参加体育锻炼以增强体质,提高身体素质。美育过程的目标则是要培养感知美、鉴赏美、创造美的能力,以培养受教育者审美意识、审美情操。

从德育的整体性来看,德育可以被视为其他各育所要达成的最后目的,其他各育从实质上看都可以看成德育所需要的知识与能力基础,因此,德育过程与其他各育过程的关系既非平行并列,也非平等独立的关系。

第二,德育过程所依据的规律不同。作为教育过程的一部分,德育过程除了依据教育过程的基本规律,在此点上,德育过程与其他各育的过程具有同质性,应该说德育过程是一个特殊的教育过程。因为个体思想品德形成与发展的综合性与复杂性,德育过程既包括以教育者为主的学校德育过程,也包括受教育者自身修养的自我德育过程。特别需要指出的是:德育过程并非单向的教育者施教,受教育者受教,而是一个师生互相影响、双向互动的过程。智育过程主要依据个体的认识活动规律;体育过程依据的是受教育者生理发展的规律与技能技巧的掌握规律;美育过程则以受教育者审美能力发展规律为依据。

---

[1] 张立文.道[M].北京:中国人民大学出版社.1989:1.

3.德育过程和思想品德形成过程的区别和联系

德育过程与思想品德形成过程是一对既相联系又相区别的概念。从某种意义上说，德育过程的最终归宿就是要使受教育者形成一定的思想品德，这一过程是外在的，是一个施教与受教的过程；而就受教育者思想品德的形成过程而言，这一过程则是内在的、自省的，其中，个体的领悟更是一个重要的环节。在智能化时代，就个体的思想品德形成与发展而言，学校德育过程不再是唯一的影响因素，还有家庭、社区、社会等环境影响因素，在今天，其实并没有什么线上线下之分了；在生活中，这一切都融合为一体，构成了整个时代人们的生活与生存环境，德育真的是无所不在，无处不在了。德育过程的重要性在于它可能按预定的目的、受教育者思想品德形成规律并协调多方面的影响，促进受教育者思想品德发展。德育过程与思想品德形成过程实质是教育者德育活动与受教育者思想品德的发展之间相互影响相互作用的关系。

将德育过程与思想品德形成过程相区分，并不是要把两者根本割裂开来。德育过程是教育者与受教育者双方的，也是双向的活动，但受教育者思想品德的形成，并不完全受学校德育的制约。如前所述，受教育者思想品德的形成，还要受到多种环境因素的影响。受教育者的思想品德形成过程中影响因素的来源主要是两个方面：一是学校德育影响，一是校外环境影响。就广义的环境而言，学校德育也应该是环境的一部分，但是为了探讨学校德育规律，有必要把学校德育影响以及学校德育之外的环境影响区别开来，而有无明确的目的是区别学校德育影响和校外环境影响的根本标志。德育过程有明确的目的，因而是自觉的影响过程；环境影响更多的是无稳定明确目的，无系统内容的，表现出的多是宏观、碎片化甚至是带有自发性的影响。特别是今天的网络时代，这种环境超出了国界，突破了一定区域环境能够控制的界限，这一特点更突出。一般说，系统的学校德育影响因为其内容与过程的可控制因而对促进受教育者思想品德形成的作用是积极的，当然不排斥也可能有消极影响。环境影响则具有两面性，既有积极的，也有消极的。学校德育影响过程是有意识组织起来的，是可控的、正式的影响。环境影响因素极其广泛，且良莠不齐，加之智能时代自媒体的推动，学校德育遇到前所未有的困难。

(二)德育过程的本质

德育过程是教育者、受教育者共同参与的，旨在促进受教育者个体思想品德发展的社会过程，实质上是一种通过政治、思想、道德的社会传递和社会继承过程，达到受教育者社会政治与主流价值观认同，自觉遵守道德与法律，养成良好心理品质，具有社会责任担当，能够成为中国特色社会主义的合格建设者可靠接班人的过程。人类的政治思想、道德与法治精神作为精神财富，从一个社会到另一个社会保存、积累、丰富和发展，正是由于这种社会传递与社会继承,其中包括创立、形成新的社会制度、政治思想、道德法律的范畴、原则与规范、深厚的民族文化与国家认同等。德育过程的主要任务是教育者有目的地指导受教育者学习、选择、接受既有的社会政治与思想观念、道德与法律文化与传统,同时学会自主地在传承中华优秀传统文化的基础之上,进行政治、思想、道德、法治与心理健康等方面教育的创新,提升受教育者的人格素养与品质。因此,德育过程的本质就是造就中国特色社会主义"接班人"的过程。

德育过程造就"接班人",包括个体政治思想与道德社会化和社会政治思想与道德个体化两个方面。个体社会化即有意识地促使受教育者形成一定的社会政治观点、价值观念、道德规范与法治意识,使其逐渐内化为个体思想品德,并外化为良好社会行为,知行合一,成为能适应和参与一定的社会行为的人。社会精神个体化,即一方面是社会政治思想、价值观念、道德规范与法治意识转化为个体思想品德;另一方面,每个个体形成的思想品德又因其性别、年龄、智力、性格等各方面的差异而具有个性特点。德育过程是个体思想品德社会化和社会政治思想道德与法治意识个体化的统一过程,是一个有别于传统德育的"大德育"过程。

(三)德育过程的结构

在今天来看,德育过程的结构理解起来有点复杂,这主要缘于人们对德育的理解。很长一段时间内,在教育研究中,对德育的研究一直存在着不同的观点。如从范围来看,德育有"广义德育"与"狭义德育"之说,但对于如何认识"广义与狭义"似乎又存在理解要么过宽,要么过窄的困惑。如果从广义的角度来思考德育,涉及内容似乎包罗万象,无法具体把握,因而难以统筹;反过来,如果从狭义的角度来理解德育,只是将德育视为道德教育,则又使得德育仅仅成了道德教育,无法讲清楚真正的德育。

本教材主要使用"大德育"概念。德育过程结构是指德育过程中各个要素或各个组成部分相互联系、相互作用的方式。德育过程有哪些基本要素,在长期的研究中存在着争议。学者们提出了如下观点:"三要素说""四要素说""五要素说"。"三要素说"和"四要素说"大同小异,都包括教育者、受教育者、德育手段和德育内容或者途径等多种要素,所不同的是"三要素说"把最后两个要素合并为一。"五要素说"认为德育过程包括德育主体、德育客体、德育目的、德育结果和德育手段。通常情况下,人们更多地从三个方面对德育过程的要素进行解释和说明,也就是"三要素说"。此说认为,德育过程中的教育者指有目的地对受教育者施加影响的个人或团体,处于主体地位;受教育者指接受德育影响的个人或团体,既是德育的客体,又是主体;德育内容是教育者用以影响、作用于受教育者的中介,是纯客体的东西。三个基本要素在德育活动中形成相互联系、相互制约的关系,从而形成德育过程内部的矛盾运动。德育过程结构诸要素中,教育者与受教育者是最基本的要素,它们之间相互联系、相互作用,共同推动着德育活动的进行与展开。在现代德育过程中,教育者与受教育者均是德育过程的活动主体,他们之间构成互为主客的双向动态关系。离开了教育者与受教育者的相互作用,就无法构成德育活动。德育内容则是教育者与受教育者共同作用的对象,是将教育者与受教育者联结起来的中介。正是有了教育者、受教育者、德育内容这三个基本要素,最基本的德育活动才能开展。也正是有了这三个基本要素及其相互作用,人们才能够考察使用何种德育方法、德育手段、德育组织形式等问题。应该说,教育者与受教育者、德育内容只是德育过程中的基本要素,从广义的过程来看,德育过程还应有诸多要素,如今天的网络德育、社会德育、家庭德育、终身德育这些要素共同构成了德育过程这一整体,并在基本要素的基础之上形成协调一致的活动,各种要素之间是否能够协调运行,则成为学校德育过程能否科学、有效展开的重要基础。

(四)德育过程的阶段

根据辩证唯物主义与历史唯物主义的观点,过程是有限性与无限性的统一,可以从宏观与微观两个层面进行分析,就具体的过程而言,是有始终的,是有限的;就整个世界过程发展而言,是无始无终的,是无限的。从社会与人的发展过程来看,任何过程都有始有终,包括整体人生发展的宏观过程与个体品德在不同阶段发展的局部过程,也叫微观过程。德育过程的展开根据上述观点可以分为若干阶段。现阶段根据社会发展与个体发展需要,德育过程的划分可以从以下五种维度进行。

一是以时间来划分:德育过程可分为终身德育过程、学校德育过程和具体的德育过程。终身德育过程即从幼年到老年一生中,接受家庭、学校、社会各方面德育影响的过程,可以分为幼年期、儿童期、青年期、中年期、老年期。实验和观察表明,1岁前的婴儿不可能有道德判断和有意识的道德行为,1.5岁以后的婴儿,逐渐产生最初的道德判断和行为。国内外对3岁前儿童个体品德的萌芽和发展给予高度重视,进行了大量研究。[①] 学校德育过程指学生从入学到完成学业止,即受教育者在整个学校教育期间,学校对其实施的德育影响,引导、促进其向预定的德育目标要求转化的全过程,可以分为小学、初中、高中、大学、研究生教育五个阶段。具体的德育过程如一次专门的德育课或一次主题班会等,可依其活动的程序分为若干阶段。

二是从内涵上划分德育过程,以提出某个特定的德育目标为开始,以实现既定的德育目标为结束,可依据德育活动展开的程序分为若干阶段。这里的德育过程主要是指中、小学阶段的德育过程,德育过程阶段的划分昭示我们,要研究小学、中学阶段受教育者品德形成的特点并把它作为实施德育过程的重要依据。

---

① 林崇德.品德发展心理学[M].上海:上海教育出版社,1989:265—288.

三是从德育进行的场域划分。德育又分为家庭德育过程、学校德育过程、社会或社区德育过程等。也就是说,从实质上看,德育自人出生之日,便已经开始,孩子所处的环境无时不在进行着潜移默化的德育影响,这时的德育实际上是在为人生奠基,具有非常重要的作用,但在日常生活中,早期德育常因为孩子年幼被忽略,社会德育又因为缺乏抓手而无从着手。

四是根据实施德育的主体与客体进行划分。德育可分为外在的德育过程与内在的德育过程,也即德育与自我德育过程;在学校教育过程中,教师通常被视为德育的主导者,是对受教育者进行德育的主体,受教育者则被视为德育的客体,接受教师的教育与指导。然而我们要注意到德育具有一个明显不同于其他各育的特点,那就是教育过程的双向性与动态性,也就是说,在德育过程中受教育者并非单向接受教育的客体,他也是同时在进行着自我教育的德育主体;如果从师生之间的相互影响上看,受教育者也是发出德育影响的主体,这种德育影响既可能指向同辈群体,也可能指向作为教育者的教师,这也是当前"大德育"与全员德育观念必须认识到的德育特点。

五是从德育进行的路径维度。德育过程可分线下实体德育过程与线上网络德育过程。这是从路径的维度,也就是从具体的操作手段进行划分的,在实际生活中,其实已经无法将二者完全分开了,线上与线下,网络与现实已经实实在在地成为人们的生活,它已经构成了现实人的生活的整体。

(五)德育过程的基本矛盾

过程的根源在于矛盾,其实际内容就是矛盾双方的统一和斗争,双方既对立又统一;过程是一个量变与质变相互作用与转化的过程,它的发展道路并非直线式上升而是波浪式、螺旋式前进,甚至可能局部倒退的运动演化过程,它是一个由简单到复杂,由低级到高级,由具体到抽象的认识过程,并以解决某个具体矛盾作为过程结束的阶段性标志,但也同时意味着一个新的过程的开始。德育过程存在多种规律与矛盾,正是这些规律与矛盾推动着德育过程的运行与发展。

1.德育过程的一般规律

前面我们指出,德育过程论或德育过程研究的任务是揭示德育过程的本质和德育的规律。那么,我们在探讨了德育过程诸方面的一般性质之后,还应进一步探讨德育过程的基本规律。

规律亦称"法则"。它是指事物发展过程中的本质联系和必然趋势。规律具有客观性、普遍性、可重复性等特征。规律既不可能发明创造,也不可能改变和消灭,它是事物本身所固有的普遍属性。对规律的认识和利用可以帮助人们更好地从事社会生活与教育活动。规律还可以分为"普遍规律"和"特殊规律",其中普遍规律指整个世界或同一类事物共有的规律,特殊规律则指整个世界中各个领域或同类事物中各种不同事物所特有的规律。教育与德育规律可以被视为普遍规律和特殊规律之间的关系。各种德育过程的运动、发展、变化是有规律的,学校德育过程规律是教育基本规律在学校德育过程中的具体体现与反映。认识和掌握这些规律,并按照这些规律设计、组织开展和管理学校德育活动,是提高学校德育实效性的根本保证。

列宁说:"规律就是关系……本质的关系或本质之间的关系。"[1]按此理解学校德育过程中的规律便是学校德育过程的内在本质和必然联系。学校德育过程中存在的关系很多,诸如师生关系、生生关系、师师关系、家校关系、校社关系等。这些关系中,有些是本质的、必然的,有些是非本质的、非必然的;有些是基本的,有些是非基本的;有些关系贯穿于整个德育过程的各个阶段、各个方面。如何找到最基本的、本质的关系是德育过程研究理论中的一个重要课题。

关于学校德育过程的规律问题,在过去的研究中,人们常常从教育过程的角度进行研究,应该说,具有一定的参考价值,但是,还不能明确学校德育过程规律的特殊性,因而有必要对其进行专门的研究。

为了正确把握德育过程的规律,首先需要区分德育过程规律与品德形成规律。

从宏观与微观的角度来看,我们认为,如同德育过程与品德形成过程既有联系又有区别一样,德育过程的规律与品德形成的规律,也是既有联系又有区别。从宏观的角度来看,德育作为人类有目的的实践活动,它是一种社会现象,其德育的内容涵括整个世界中的人与物之关系,如"德者,得也"。得什么呢?结论是得"道",道则生天下万物,这也就是中国传统哲学中德育的真正内涵,几千年来,中国的传统德育精神便浸润其中。我们今天要深入研究与理解的便是这个得"道"的过程,也就是德育的过程。德育的总体对象包括整个生态系统。从人类进化的角度来看,不同的德育最后都是在目标上指向社会进步的,它是一个漫长的过程;相对于社会与人类的进化发展,个体品德的形成过程则是局部与短暂的。社会德育与个体德育之间总是存在着不小的张力,社会整体进步是以全人类个体的普遍进步为基础,但是这个发展是阶段性,也是不同步的,这是为什么我们看到不同社会发展阶段人类的品德出现差异,也是同一阶段社会或族群出现品德发展水平差异的原因。

我们在谈个体思想品德形成规律时,指的是一种个体德性发展的客观过程中的规律;而我们讲德育规律时,则是指我们自觉地控制事物间的因果关系或变量间的关系,使教育活动按预期目标形成良好思想品德教育的规律。

---

[1] 列宁.黑格尔《逻辑学》一书摘要[M].中共中央马克思恩格斯列宁斯大林著作编译局,译.北京:人民出版社,1965:81.

所以我们说,德育过程论在探讨德育规律时,探讨的是施教与受教之间的变化规律,是从教的角度探讨教育者如何实施德育的过程,而不是指受教育者单方面的思想品德形成规律;对德育过程规律与思想品德形成规律的正确区分是认识德育过程规律的前提。

2.德育过程的基本矛盾

德育过程的基本规律究竟有哪些,人们进行了不同的研究,提出了多种规律,我们在此探讨的是德育过程中最根本的规律,并以此探讨德育过程的具体展开。我们认为德育过程的基本规律是教育者在德育过程中代表社会所提出的思想品德要求与受教育者现有思想品德发展现状之间的矛盾运动。

德育过程中存在着诸多矛盾。这些矛盾至少有三个层次:第一个层次是德育过程与外部环境的矛盾;第二个层次是德育过程的内部矛盾;第三个层次是德育过程中主体(教育者、受教育者)自身的矛盾。

在德育过程所涉及的各种矛盾关系中,规定德育过程性质的,应当是德育过程的内部矛盾,但是这些内部矛盾也是复杂的,因为它们是德育过程各要素形成的。这些矛盾有教育者与受教育者之间的矛盾;教育者与德育内容、德育方法之间的矛盾;受教育者与德育内容、方法之间的矛盾;等等。在这些矛盾中,教育者与受教育者之间的矛盾是主要的矛盾。这两者之间的矛盾主要表现为教育者代表社会所提出的、体现社会道德发展需要的德育要求与受教育者思想品德现有发展状况之间的差距的矛盾。这一矛盾既是德育这一实践活动存在的条件,解决两者间的矛盾也是德育实践的目的之所在。同时,也正是这一对矛盾关系,决定着德育过程区别于其他各育过程,也决定着德育过程内部其他矛盾的解决。也就是说,解决教育者与德育内容、德育方法之间的矛盾,等等,都是为了解决施教与受教之间的矛盾。

施教与受教之间的矛盾,相对于受教者自身德性发展说,是外因。外因要通过内因起作用。受教育者发展自身道德的愿望与受教育者原有道德水平的差距,是我们所说的受教育者自身的内部矛盾。这一矛盾运动的过程,就是思想品德发展的过程。

假如受教育者没有形成发展自身道德的愿望,受教育者对施教育者的活动根本不做出反应,那么也就不会有两者之间的矛盾运动,没有受教育者在德育活动影响下的道德发展。这样的德育过程就与思想品德发展过程联系起来了。德育过程与这一过程中思想品德形成发展的关系,就在于德育过程的矛盾需通过受教育者自身的思想品德发展矛盾起作用,而受教育者的内部矛盾又是在教育活动的作用下形成的,而不是自发形成的。

由此我们认为,激发受教育者主体的道德需要,构成德育过程中教育者与受教育者之间积极的矛盾运动,是德育过程应遵循的基本规律。

第二节
现代德育过程的特点

与传统德育过程的单向与封闭性不同,在新的社会背景之下,由于受多种因素的影响,现代德育过程具有许多新的特点,具体包括以下几点。

一、科学性

在传统德育过程中,人们并没有自觉探寻德育规律的意识,也没有以系统化的科学理论来指导德育实施的过程,德育过程没有成为理论研究的对象。现代德育开始发生时,人们就力图把握德育的客观规律,并按照规律来进行德育。这样德育过程便成为德育理论研究的对象;德育过程的概念由此而产生出来。可以这样说,现代德育过程与相关理论研究几乎是同时开始的。

现代德育过程的开展,是与对"德育过程是怎样的"这一问题的思考相一致的,思考的中心是德育如何使个体道德成长起来。改革开放以来,德育过程的研究得到了长足的发展。研究者们从不同的学科视角,对德育过程的特殊性进行了深入研究。人们对德育过程的思考已达到系统化、理论化、科学化水平。对德育过程的特点、规律以及同他育过程的区别与联系均进行了有益探讨。人们不仅界定"德育过程"这一德育过程论中的上位概念,而且种种新的概念分化出来,如德育过程结构、德育过程要素、德育过程环节、德育过程规律,等等。这些研究为德育过程的科学性展开提供了较为有力的依据。

德育过程的科学性表明,德育过程是一个客观的、在一定程度上并不完全以教育者主观意志为转移的活动过程,它不仅成为科学研究的对象,而且也要求教育者按照这一过程的规律去实施德育。要以科学的理论来指导德育过程,这样才会有德育过程理论的发展。但是,我们也要看到并理解学校德育过程科学性的特点,特别是它所具有的人文社会科学特征,这一点使得我们既要坚持德育过程科学性中的客观性,同时也要严格区分自然科学的科学性和人文社会科学的科学性之间的差异,这样,我们才能够真正科学、有效地展开学校德育过程并对其进行科学、有效评价。

二、整体性

受教育者的"整体性"是指"人的生命是多层次、多方面的整合体;生命有各方面的需要:生理的、心理的、社会的、物质的、精神的、行为的、认知的、价值的、信仰的;任何一种活动,人都是以一个完整的生命体的方式参与和投入,而不只是局部的、孤立的、某一方面的参与与投入"[1]。这一特点是以人的发展的完整性为基础的。人的发展的完整性是针对传统教育对人的发展的片面理解而提出的。在传统道德教育中,德育被作为单纯的知识教育或简单的行为操练。在这种模式之下,人的发展被人为地肢解。

我们应该看到,在学校德育过程中,受教育者不仅是认识活动的主体,同时也是进行各种道德价值评价和意志活动的主体。受教育者对道德的认识包含着认知因素,但它不是道德认识的全部,它既不能等于简单的记诵,也不能等同于单纯的行为操练。这里的整体性指受教育者是作为一个完整的人参与到道德认识之中。这种整体性可从以下几个方面进行理解:

第一,学生道德认识本身的完整性。从学生内在的道德意识发展来看,对道德的认识并不仅仅是一个认知过程,学校道德教育的结果也并非培养掌握大量道德知识、律令与教条,而是一个以道德认知为基础,使其与学生的情感、意志共同作用的过程,或者说是一个集理智、感觉于一体的过程。实际上,对道德的认识和把握就是认知、理解、选择、行动的过程。其间,知、情、意共同在发生作用。

第二,道德影响的全方位性。道德影响的全方位性是从影响学生道德发展的外在因素而言的。由于社会的发展,今天的学生已经生活在一个多元文化并存的时代。在这一时代背景之下,我们不难看到,现在学生所受到的道德影响远非单一,而是丰富和多元。这种影响既有物质的,也有精神的;既有真实的现实生活世界,也有虚拟的网络世界。

以整体性的教育观来看待学校道德教育,实际上也就要求我们转变过去单纯地将道德教育视为知识学习和行为操练的道德教育观念,反思我们过去对学生主体地位与作用的认识。

第三,受教育者德性发展的统一性。在现代德育过程中,德性至少是知、情、意、行的合一。在这一过程中不仅仅是"知"的发展过程,还有"情"的发展过程,"意"的发展过程和"行"的实现过程。但是,这一发展过程并不是上述诸方面发展过程的简单相加,而是以"情""意"为基础的动态发展过程。这中间应十分重视"情""意"的作用。没有"情"的动力,"意"的外化,就谈不上德性的整体性。

德育过程的整体性一方面要求将受教育者作为完整的社会人来对待和教育,既要注意发展其对道德的认识能力,同时还要注意对受教育者非理性方面的引导与培养,这就要求对受教育者所施加的德育影响必须全面和完整。另一方面,教育者自身作为德育过程中实施德育影响的主体,同样应该作为完整的社会人全情投入,避免缺乏灵魂的、空洞的,甚至虚假的道德说教。

---

[1] 叶澜.时代精神与新教育理想的构建:关于我国基础教育改革的跨世纪思考[J].教育研究,1994(10):5.

三、双向性

双向性是现代德育过程的一个显著特点。在传统的德育过程中,教师居高临下,采取强制、强迫的方法对待学生,学生则处于消极、被动、服从的状态。而现代德育过程则强调教育者与受教育者双方共同参与,相互开放,双向影响,德性共进。具体来说,就是在德育过程中,教育者作为一定社会与阶级利益的代表,用相应的观念和规范影响学生,促进个体道德社会化;同时,受教育者的特殊地位以及其所具有的主体性,必然要以自身所认可的方式对施加的影响进行相应改造,并反馈给教育者,从而对教育者产生影响。这也就是说,德育过程并非仅仅是教育者单向地对受教育者的思想品德施加影响,还包括受教育者对教育者的影响。教育者自身也有着道德发展的需要,受教育者也会对教育的道德发展产生重要作用。因此现代德育过程实质上是教育者与受教育者相互促进的道德共进过程。

德育过程的双向性表明,在整个德育过程中,教育者与受教育者作为德育活动的两极,参与到德育过程之中,是教育者与受教育者双方共同争取自我实现、平等协作的活动过程。它既不是单纯的传道授业,也不是消极被动的接受过程;它是以教育者的主导为基础,教育者与受教育者主体作用共同发挥的过程。它与其他过程的不同之处在于,教育者与受教育者双方均在这一过程中获得教益,在德性上得以提升。当然,在其中,教育者与受教育者的主体性能否充分发挥,直接关系到德育过程能否顺利开展。

德育过程从属性上看,是一个人工过程,而不是一个自然的过程。其实质在于,作为社会代言人的教育者为了实现德育目的,有目的地设定从起点到终点的具体过程。德育活动便在这一特设的目的环境下得以展开。然而,由于德育对象所具有的主体能动性,教育者与受教育者双方在德育过程中所处的地位、所发挥的作用以及运行机制又各具特点,这就决定了德育过程的复杂性。德育过程的复杂性主要体现在双向性特征上。

从"教"的层面看,教育者根据"教"的目的来选择内容、途径和手段,而从"受教"的层面看,受教育者往往根据自身"受教"的需要和目的来选择发展自己身心的内容和手段。这就造成了德育过程中作为实践主体的教育者与另一实践主体的受教育者的同时存在。正是这种特殊,构成教育过程的双向运行模式。在德育过程中,施教与受教既相对独立又相互统一,在相互矛盾中,促进受教育者个体身心发展。

德育过程作为一个双向运行过程,它要求教育者在实施教育时,应当充分考虑受教育者的个体需要和个性特点,除了选择科学的德育内容、适当的德育途径和德育手段外,同时,还应当将受教育者视为独立完整的个体去认识。要看到,受教育者在接受教育的同时,还会以自己的需要、动机、兴趣、态度、情感来影响甚至制约教育者德育活动的开展,受教育者的品德状况也会在一定程度上影响着教育者的道德发展,作为教育者要有意识地从德育过程中进行自我教育,并自觉地实现师生之间的双向互动与道德影响。

四、实践性

德育过程具有强烈的实践性,这是由德育过程的实施主体所决定的。人的思想品德是在实践基础上形成的。学校德育过程实际上就是教育者与受教育者的个体生命实践活动,它是以教育者与受教育者共同的生命实践活动为基础的,从某种意义上甚至可以说,德育过程与教育者和受教育者的个体生命实践活动过程是统一的。德育最终要培养受教育者的社会行为,即指导受教育者完成从社会认识到实践、从内在动机到外在行为的转化,并培养其品德践行能力。受教育者的品德践行既是德育过程所要达到的目标,同时,也是德育过程实施的基础环节。

为了让德育真正发挥作用,首先,需要在受教育者身上激发起实践的积极性。这就要求我们要明确提出行动的要求。我们知道,没有要求的教育是不完整的教育,需要注意的是要把握好度。过高或过低,都可能削弱受教育者行为的积极性,甚至导致他们知行脱节。

其次,需要关注受教育者的行为方式,并组织各种形式的实践和练习,以培养他们良好的行为习惯。这个过程中,重在锻炼受教育者的意志,指导受教育者学会控制和调节,提高对良好品德行为的执行力。在这个过程中,教育者不仅要注重理论教育,还要引导受教育者将学校德育理论运用于自身的生命实践活动之中。引导受教育者在生命实践中理解和体验生命的价值,同时在生命实践活动中感受到精神的力量。此外,全社会应该为受教育者创造一个良好的社会环境,使他们在生活的方方面面都能感受到良好品德的重要性。

最后,要注意对受教育者的品德践行结果进行适时与持续的评价和反馈。适时的评价不仅可以帮助他们及时了解自己的进步,也能激发他们进一步改进的动力。同时,教育者也需要不断地反思和调整自己的教育方法,以确保教育的有效性和针对性。

五、开放性

传统德育过程理论对学校德育过程的外部环境关注甚少,或者只是简单地认识到德育环境如家庭、社会的影响。现代德育过程理论不是泛泛地研究作为德育环境的家庭、社会,而是一方面将德育环境分得更细,如同辈团体、社区、校园文化、网络文化等,特别是由于现代社会处于信息化时代,各种思想、信息相互交织,新的媒体时代打破了以往封闭的国界、域界,实现了全球信息的即时共享,传统德育过程中的"一对多"单向传授模式,已经转变为新的形势下的"多对多"平等交流。这一切使得德育环境日趋复杂。另一方面,强调学校德育过程与环境的相互作用,既看到两者相一致的一面,把环境作为一种德育资源加以利用,又看到两者不相一致的一面,讲求学校德育过程对环境的改善。总之,现代德育过程与外部环境是一个双向互动、相互开放的运行关系。

现代德育过程外部环境的开放性特征符合学校德育过程中教育者与受教育者自身所具有的开放性特征。人在本质上是开放的。人的禀赋是物性与超物性、生命性与超生命性双重本性的结合。人既是作为自然物种生命,又是作为社会性的生命存在。人的自由主要表现在如何去体现其所具有的社会本质属性以及理解与内化社会所奉行的道德规范,并在此基础之上对社会以及道德规范做出积极的反思与批判性的超越。在对环境的认识与把握上,它总是放弃一种相对比较熟悉的安全状态,去达到一种新的,尚未把握的新的状态。

人的生存活动是独特的。人的活动没有范围的限定。在人的生存活动中,不但要与其生存环境中所存在的各种事物乃至一切对象"打交道",而且通过对象化的活动还能够把它们变成自身结构的组成部分,即"为我的存在"或"人的无机身体"。

人之为人是自己创生性活动的产物。这就意味着,人既没有被给予的前定本性,人的本性也不是一经确定便永远不变;反之,人之为人的本质始终具有开放的性质。

按此方式理解学校德育过程,我们不难看到,无论是教育者,还是受教育者都同时面临着既要接受环境又要影响环境这样的问题。因而具有开放的心态是至关重要的。不断去面对环境中的道德问题并试图以自己的方式去面对和解决,是现代德育过程中强调培养道德主体的一个很重要的方面。

现代德育过程并不是已经终止的过程,而是在继续发展的过程。因此,对现代德育过程特征的认识,必然会有新的发展。

第三节
现代德育过程的实施

德育过程是指德育活动开展、实践的过程,但并非具体地指某一个具体的德育开展过程,这些具体过程体现在各种专门的学校德育课程教学、团队活动、班主任工作以及其他学科课程教学等活动之中。尽管如此,我们能够从具体的德育过程中抽象出体现在德育过程中的普遍活动方式。这些普遍的、共同的活动方式对于指导实际的德育过程有着重要的指导意义。

一、德育过程实施的基本环节

任何一种事物的发展过程总是阶段性与连续性的统一,德育过程也同样如此。事物发展过程的阶段性,体现为事物发展由各个环节组成,在德育过程中,同样包含着一些共同的环节。这些环节是德育过程共同具有的,也是现代德育过程得以展开的依据。

关于德育过程的起点或者开端问题,人们的观点因研究视角不同而有所差异。总的来看,对德育过程的起点的描述大体上有两种情况:(1)以教育者的行动为起点;(2)以受教育者接受教育的开始为起点。德育过程不是受教育者自发的自我教育过程。因此,从系统观来看德育过程,教育者仍然是德育系统运作过程的主要策划者和控制者。

德育过程的基本环节是指教育者与受教育者按事先科学安排的步骤,进行施教与受教的基本顺序和阶段,是整个德育过程展开与运行的一般时间模式。德育过程的基本环节包括如下几个部分。

(一)准备阶段

德育准备指德育过程展开和运行前的准备。它是德育过程实施的前提和基础,对确保德育的顺利进行具有至关重要的作用。德育准备的内容丰富多样,既有规范性要求,也可能根据教育者的教育教学风格而有所不同,因人而异。以下将从几个主要方面进行说明。

首先,研究与领会学校德育的科学内涵与中小学德育课程标准、教材及其他有关资料,是德育准备工作的首要任务,这一环节至关重要,可以说是确保德育科学性和有效性的关键。通过对德育本质的把握、德育课程标准、教材及其他相关资料的研究和领会,教育者可以在科学的基础之上制订具体的德育计划。

其次,准确设定与明确每一德育过程的具体目标。德育目标是德育的出发点和归宿,只有明确的目标,才能确保德育的针对性。在设定德育目标时,要充分考虑学校德育的特殊性,特别是学校德育各内在要素在目标上的差异;在此基础之上,充分考虑德育对象的年龄、心理、认知等特点,使目标既具有普遍性,又具有特殊性。

再次,全面系统科学地选择与确定德育过程实施的具体内容。一定要注意全面领会学校德育所包含的政治、思想、道德、法治与心理健康等内涵。德育内容是实现德育目标的重要载体,要根据德育目标和学生实际情况,选择贴近生活、富有教育意义的德育内容,使之具有较强的针对性和实用性。

最后,设计德育实施具体操作方案,要注意根据不同的要素要求选择科学的施教方法和途径,要充分利用网络平台,创新德育路径,对受教育者实施德育。网络平台具有传播速度快、覆盖面广、互动性强等优点,能够以一种新的技术手段有效地提高德育工作的实效。在设计教学方案时,要注重德育方法的灵活性和创新性,结合受教育者的特点,有针对性地开展德育。

(二)实施阶段

德育过程是我国教育体系中至关重要的一环。它旨在培养和提高受教育者的思想品德素质,使受教育者在日常生活中能够做出正确的行为选择。德育过程的具体展开和运行可以分为以下几个阶段。

首先,帮助学生做好心理准备。在这个阶段,教育者需要通过各种方式,向受教育者提出道德要求,激发他们内心道德学习的动机和激情。这是受教育者能够接受教育影响的基础。教育者需要引导受教育者认识到,品德学习不仅仅是一种义务,更是一种内在的需求,从而为后续的德育过程打下坚实的基础。

其次,德育过程的具体展开。在这个阶段,教育者需要通过各种教学和实践活动,帮助受教育者提高对德育各要素基本理论知识的认识,政治认同与情感的培养,形成品德发展的需要,培养和实践良好品德行为的意志。这个过程不是一蹴而就的,而是需要教育者和受教育者共同努力,需要不断地学习和实践。

最后,指导受教育者进行自觉的行为实践,引导他们从认知转化到行为,培养其作为行为主体的品德践行能力。这个阶段是德育过程的关键,品德认知和行为之间的转化,需要教育者有针对性地进行指导和引导。

(三)评价阶段

在我国的教育体系中,德育过程被视为核心环节,而其必不可少的评价阶段则是确保德育有效推进的关键。这一阶段旨在对德育过程进行全面评估,从而为后续的调整和改进提供有力依据。评价阶段的重要性不言而喻,它不仅有助于提升德育的质量,更是对我国教育宗旨的贯彻和落实。

德育评价作为评价阶段的核心内容,主要围绕品德评价展开。品德评价涵盖了受教育者在政治、思想、道德、法治与心理健康等方面的认知、相关情感体验以及行为表现等多个方面的评价。具体而言,对德育相关要素的认知评价关注受教育者对整体德育规范的理解和掌握程度;情感评价则着眼于受教育者在面对社会行为抉择时的内心驱动力;行为评价则着重考察受教育者在实际生活中的生命实践行为。此三者相互交织,共同构成了品德评价的完整体系。

此外,德育评价的范畴不仅包括对受教育者的品德评价,也包括对教育者自身的师德水平评价,还包括结果评价和对整个德育过程各个环节的评价。从德育目标的确立、德育内容的选取,到德育方法的运用、德育路径选择、德育形式的创新,每一个环节都需要充分评价。这样的评价有助于发现德育过程中的问题和不足,从而为改进措施提供依据。

总之,德育评价是德育过程中的重要反馈环节,它既关注受教育者的品德发展,也关注德育过程的整体运行。只有通过全面、深入的评价,才能确保德育的持续推进,为培养具有良好品德的社会主义建设者和接班人奠定坚实基础。

(四)综合调控

德育过程具有鲜明的整体性与局部性相结合的特点。在实施德育过程中,要注意整体过程与局部过程之间的关系。其中,如何控制各个具体的局部过程,确保其与总体过程在目标与方向上协调一致,成为至关重要的环节。为达此目的,需要运用综合调控的手段。

所谓综合调控,指对各个局部德育过程所获得的结果进行认真测评和分析,从而对既定的设计实施调整和控制。综合调控更好地协调了德育过程各部分之间的关系,使之在时间和空间上形成一个有机的整体。

对德育过程实施综合调控不仅是必要的,也是可能的。尽管对德育过程要达到的目标的设定经过了科学周密的设计,但这只是一种预先假设。而这种假设能否达到预期的目的,能否在实际操作中得到验证,则需要在特定的时间与空间中通过实际操作来显现。这种显现的结果就是对预期目标的调整和修正的基础。

德育过程的调控主要包括两个方面:宏观的整体调控和微观的局部调控。宏观的整体调控主要针对德育过程的整体布局,特别是针对学校德育包括的政治、思想、道德、法治与心理健康各要素教育目标的整合,以确保其在德育总目标上的正确性。微观的局部调控则关注德育过程的具体实施,侧重于调整和优化各个局部过程,使之更好地为实现整体目标服务。

通过这样的调控,我们可以确保德育过程在实施过程中始终保持目标的一致性和方向的准确性。这对于培养具有良好思想品德的人才,促进社会和谐发展具有重要意义。同时,调控德育过程也有助于我们更好地发现和解决德育中的问题。

二、现代德育过程实施的基本原则

正确地组织德育过程是有效实施德育的基本条件,而能够正确地组织德育过程,就必须遵循反映德育过程本质及其规律的原则。现代德育过程的实施应遵循如下主要原则。

(一)开放性与完整性相结合

德育过程的开放性要求教育一方面以开放的心态冲破传统德育的封闭的缺陷,去领会中国传统文化中对个体品德形成方面的真知灼见,展示传统文化丰富的一面;另一方面又要以开放的态度对待业已发生的因社会变革带来的对德育的冲击与挑战。开放式的德育不以封闭、禁锢受教育者的头脑和思想为目的,取而代之的是以促进受教育者的思维能力,特别是独立思维和批判性思考的能力、发展受教育者良好品德为目的。用单一僵化的教条和规范体系教育受教育者,或采取一切可能的措施迫使受教育者接受这些教条和信仰的做法会阻碍受教育者理智和品德的发展。德育过程的开放性原则要求作为德育内容的价值准则和规范系统必须向受教育者开放、接受受教育者的检验。使受教育者的政治、思想与道德观点经过理智思考而自由发展。

此外,现代德育过程理论认为德性是个体的完整的人格特征。个体的品德发展以受教育者的自觉的生命实践活动为基础,是受教育者在日常生活实践中完整生命活动的展开。作为品德发展的主体,受教育者的身心是一个完整的统一体,他们的个体性、主动性、完整性在德性上是统一的。所以,德育过程不能只着眼于德性的单一方面,更不能只是强调单向的德育知识的接受与片面的行为操练,如此,个体品德的健全发展就是不可能的。

(二)集体教育与个别教育相结合

在德育过程中,我们首先要关注全体受教育者,对整个集体提出统一的德育要求。这个过程的核心目标是培育集体意识,塑造良好的集体风气和氛围。为实现这一目标,教育者需要采取一系列措施,包括通过集体活动、优良风气和传统教育来影响个体成员。

集体形成后,它会变成一种无形的教育力量,对集体中的每个成员产生潜移默化的影响。这种影响力量源于集体共同的价值观、信仰和目标,使得受教育者在潜意识里接受并遵循集体的管理规范。与此同时,教育者还应关注每一个受教育者的发展,通过针对性的教育方式,促使他们更好地融入集体,为集体的发展贡献力量。

在教育过程中,教育者既要关注集体的发展,也要关注个体的成长。这种教育方式要求教育者具备高超的教育艺术,能够平衡集体与个体之间的关系,使集体教育与个人教育同时、平衡地进行。为此,教育者需要掌握一定的心理学、教育学知识,以便更好地了解学生的需求,制定合适的教育策略。

总之,在组织德育过程中,教育者要面向全体受教育者,关注集体与个体的共同发展。通过培养良好的集体风气,教育个人,并借助集体的力量影响个人,实现集体与个体的共同成长。在这个过程中,教育者应具备全面的教育观念,注重集体与个体的平衡发展,使德育工作取得更好的成效。只有这样,我们才能培养出具有思想品德、团结协作精神的社会主义建设者和接班人。

(三)热爱、尊重、信任学生与严格要求相结合

热爱、尊重、信任与严格要求,看似矛盾,实则辩证统一,它们在教育实践中相互联系、相辅相成。只有充分理解和把握这一辩证关系,才能更好地开展教育工作,促进学生的全面发展。

首先,对受教育者的尊重与热爱是教育事业的基础,也是德育的关键。没有对受教育者真挚的关爱,教育就失去了灵魂。教育者要时刻关注受教育者的需求,尊重他们的个性,以充满爱心和耐心的态度对待每一个受教育者。这样,他们才能在宽松和谐的环境中茁壮成长,德育工作也才能取得实质性成效。

其次,信任是教育过程中不可或缺的一环。教育者要相信每一个受教育者的潜力和能力,给予他们充分的信任和支持。当他们感受到来自教育者的信任时,他们会更加自信地面对挑战,勇敢地追求进步。信任可以激发受教育者的内驱力,促使他们自觉地遵循道德规范,实现自我提升。

最后,仅有热爱、尊重和信任还不够,教育者还需要严格要求,以确保受教育者品德发展的顺利进行。严格要求意味着设定明确的目标和规范,对受教育者的不当行为进行纠正。这种纠正并非简单的批评和惩罚,而是在理解和关爱受教育者的基础上,帮助他们认识错误,引导他们改正。严格要求有助于培养受教育者良好的思想道德品质,使他们更加自律、自省,从而实现思想品德的升华。

德育原理

在实际教育过程中,热爱、尊重、信任与严格要求应相互结合,注重以正面引导为主。教育者要善于发现受教育者的优点和长处,充分发挥他们的潜力。同时,要帮助受教育者克服身上的消极因素,帮助其发扬积极因素,促使他们不断进步。

(四)德育影响的一致性与连贯性相结合

德育影响的一致性和连贯性是指在学校德育过程中家庭、学校、社会三方面的教育力量协调一致,系统地发挥整体影响的教育作用。这是由影响受教育者思想品德形成因素的广泛性和社会性决定的,谈到外部因素的整体影响,苏联著名教育家马卡连柯曾说过:"一个人不能够一部分一部分地来教育,而是由人所经受的种种影响的全部总和综合地教育出来的。"[1]

德育影响的一致性和连贯性在现代教育体系中占据着重要的地位。一致性指的是在影响受教育者思想品德的各个因素和力量之间寻求协调和配合,以达到最佳的德育效果。而连贯性则强调德育过程的运行必须具有计划性和系统性,以确保教育的有序推进。

德育过程系统是一个与外部社会相互影响、相互作用的开放系统。在现代社会,各种外部因素对德育过程产生了深远的影响。如何将这些外部因素转化为教育的合力,是当前德育工作所面临的一项迫切任务。

针对这一问题,学校德育应采取以下措施:

首先,保持校内各方面教育影响的一致。学校应充分发挥德育的主导作用,整合各类教育资源,形成学校德育的整体优势。这需要各部门之间密切合作,以确保德育在不同层面上保持一致性和连贯性。

其次,学校应加强与家庭和社会的联系,统一协调各方面的教育影响。这意味着学校要与家庭、社会共同承担德育责任,形成教育合力。此外,学校还应积极组织受教育者参与社会实践,这既有助于培养受教育者的品德思维和践行能力,也能优化外部环境,为德育创造有利条件。

最后,学校要根据受教育者的身心发展特点,分阶段、分层次地提出适时、适度的德育要求。教育者要深入了解受教育者的成长需求,针对不同年级、不同特点的受教育者制定有针对性的德育方案,并将这些要求贯彻到底。

---

[1] [苏]马卡连柯.论共产主义教育[M].刘长松,杨慕之,译.北京:人民教育出版社,1954:227.

问题思考

阅读下面的短文,请联系实际谈谈你的认识与理解。

与孩子们一起生活使我们成长,我相信对每个人来说都是如此。和孩子们在一起,我们有机会去培养耐心和幽默感,增强内心的智慧并学着发现日常生活中潜藏的财富和意想不到的幸福。

然而,这种转变总是与痛苦紧密相连。伴随着欢乐时刻,常常会有富于挑战性的考验,其中我们的弱点、谎言、伪善,我们的疑虑、矛盾、缺点,统统会被置于最无情的审视之下。但是,这正是改变发生的方式。[①]

如果我只是试图把自己的期望强加给孩子,我最终会把快乐转变为强迫。有的父母就对此乐此不疲。我遇到过一些孩子,对他们来说,拉小提琴是一种折磨,踢足球是一个噩梦,跳舞是强迫性劳动。朋友、音乐、书籍、运动、艺术、剧院,所有这些都可能变成可怕的魔鬼。我们以最好的意愿让孩子去学习,却教会了他们在未来的生命中痛恨这些东西。[②]

问题:为什么我对孩子会有这样强制性的欲望,想要他实现我的期待呢?

拓展阅读

1.大学之道,在明明德,在亲民,在止于至善。知止而后有定,定而后能静,静而后能安,安而后能虑,虑而后能得。物有本末,事有终始。知所先后,则近道矣。

古之欲明明德于天下者,先治其国。欲治其国者,先齐其家;欲齐其家者,先修其身;欲修其身者,先正其心;欲正其心者,先诚其意;欲诚其意者,先致其知。致知在格物。物格而后知至,知至而后意诚,意诚而后心正,心正而后身修,身修而后家齐,家齐而后国治,国治而后天下平。

自天子以至于庶人,壹是皆以修身为本。其本乱而末治者否矣。其所厚者薄,而其所薄者厚,未之有也。此谓知本,此谓知之至也。

——《礼记》

[①] [意]皮耶罗·费鲁奇.孩子是个哲学家:重新发现孩子,重新发现自己[M].张晶,译.上海:上海社会科学院出版社,2016:4.

[②] [意]皮耶罗·费鲁奇.孩子是个哲学家:重新发现孩子,重新发现自己[M].张晶,译.上海:上海社会科学院出版社,2016:40.

2.一般地说,道德要求社会公正地对待个人,并且不要忘记,道德的产生是有助个人的好的生活,而不是对个人进行不必要的干预。道德是为了人而产生,但不能说人为了体现道德而生存的。

——[美]弗兰克纳《道德哲学导论》

教育名言

发虑宪,求善良,足以谋闻,不足以动众。就贤体远,足以动众,未足以化民。君子如欲化民成俗,其必由学乎!

——《礼记》

第八章
学校德育的实施

内容提要

学校德育的实施过程,就是教育者确定德育目标、组织德育内容及选择德育途径与方法,对学生施加教育影响,养成良好政治素质、道德品质、法治意识和行为习惯,形成积极健康的人格和良好的心理品质,促进学生核心素养的提升和全面发展的过程,其实质是回答"为什么教与为什么学""教什么与学什么""如何教与如何学"的问题。本章主要探讨德育目标与内容的含义、分类、结构,改革开放以来我国中小学德育目标与内容的演进及特点,德育途径的含义、分类、我国中小学德育的基本途径,德育方法的含义、分类,我国中小学德育的常用方法。

问题导入

学校德育旨在培养合格公民还是促进学生的个人幸福?学校德育仅指道德教育吗?全体教职工都是德育教师吗?德育最好的方法是不讲吗?

第一节
学校德育目标

学校德育目标回答的是德育实施中的"为什么教与为什么学"的问题,它是德育的出发点、落脚点及最终要达到的结果。

一、学校德育目标概述

(一)学校德育目标的含义

学校德育目标是党和政府有关部门、学校及德育工作者对不同教育阶段的学生在政治、道德、法治、心理等素质要达到的标准和水平方面的总的预期和要求,是学校教育目标的重要组成部分,同时也是学校德育目的中对学生德育不同阶段要求的层次化与具体化。学校德育目标体系由幼儿园、小学、初中、高中和大学德育目标构成。

(二)学校德育目标的分类

学校德育目标是一个复杂的系统,可以根据不同的标准进行分类。如:

根据制定主体不同,可以分为党和国家有关部门制定的德育目标(宏观目标),各级各类学校根据宏观德育目标及自己学校的特点制定的德育目标(中观目标),德育工作者根据宏观及中观德育目标制定的具有较强操作性的德育目标(微观目标)。

根据教育阶段不同,可以分为幼儿园、小学、初中、高中、大学德育目标。

根据教育性质不同,可以分为普通学校的德育目标和各类专科学校的德育目标。

根据实现途径不同,可以分为课程德育目标和非课程德育目标。课程德育目标又可以分为德育课程德育目标、学科课程德育目标、活动课程德育目标;非德育课程目标又分为班主任、共青团、少先队、学生会、班委会、团支部或其他社团组织的德育工作目标。

根据德育内容不同,可以分为政治教育、道德教育、法治教育、心理健康教育。根据德育各要素的内部结构不同,还可以就每一个维度进行进一步分解,如将道德教育目标分解为认知、情感、意志、信念和行为层面的目标。

根据要求的具体程度不同,可以分为德育总目标和具体德育目标。

根据要求的高低不同,可以分为最低层次的德育目标和较高层次的德育目标。

(三)学校德育目标的结构

学校德育目标从纵向看分为总体目标和学段目标,而学段目标由高到低分为五级:第一级是大学目标,第二级是高中目标,第三级是初中目标,第四级是小学目标,第五级是幼儿园目标;从横向看每一级目标分为政治教育、道德教育、法治教育、心理健康教育四个维度的目标。纵向上的总体目标由两个横向目标——个体目标和社会目标组成;个体目标由两个纵向目标——基本目标(核心素养)和高级目标(全面发展)组成;社会目标由两个纵向目标——基本目标("四个意识""三爱""四个自信")和高级目标(社会主义核心价值观)组成。

各学段目标,纵向上分为总目标和具体目标;总目标和具体目标从横向上又可以分为政治教育、道德教育、法治教育、心理健康教育四个维度的目标,每级的四个维度目标又具有一维甚至多维结构。如政治教育目标可以分为政治方向、价值取向和家国情怀,也可以分为政治思想体系、政治观点、政治心理、时事政策和政治规范教育目标,还可以分为政治认知、情感、意志、信念、行为教育目标;道德教育目标可以分为社会公德、职业道德、家庭美德、个人品德教育目标,也可分为道德认知(包括道德知识、道德判断能力)、道德情感、道德意志、道德信念及道德行为和习惯教育目标等。

二、我国中小学校德育目标的演进

(一)改革开放以来我国中小学校德育目标的演进过程

1.1978—1987年,小学德育目标初步层次化

1978—1987年,这一阶段主要围绕培养"四有"劳动者或"社会主义公民的基本目标和共产主义事业的接班人"或"四有"社会主义建设人才的高级目标对学生的法纪、道德、思想、政治素质提出要求。

1982年,《全日制五年制小学思想品德课教学大纲(试行草案)》指出:"思想品德课是建设社会主义精神文明,全面贯彻党的教育方针,用共产主义思想向小学生进行思想品德教育的一门重要课程。它的教学目的是使小学生初步具有共产主义道德品质和良好的行为习惯,立志做有理想、有道德、有文化、守纪律的劳动者,为把他们培养成为共产主义事业的接班人打下思想基础。"它规定的小学德育目标由两个层次的目标——基本目标("四有"劳动者)和高级目标(共产主义事业的接班人)组成,目标内容包括法纪、道德、思想、政治教育目标。

1986年,《全日制小学思想品德课教学大纲》规定的小学德育目标由两个层次的目标——基本目标(社会主义国家公民)和高级目标("四有"社会主义建设人才)组成,目标

内容包括法纪、道德、思想、政治教育目标。

2.1988—2000年,中小学德育目标逐步层级化、序列化、整体化

1988—2000年,既对中小学德育目标分别进行规定,同时又将中小学德育目标作为一个整体而提出要求。此阶段又可以分为两个分阶段:

(1)1988—1992年,围绕培养"四有"公民或"好公民"的基本目标和"坚定的共产主义者"的高级目标对学生的心理健康、法纪、道德、思想、政治素质提出要求。

1988年,《小学德育纲要(试行)》规定了小学德育的总目标——"四有"公民和具体目标——心理、法纪、道德、思想、政治教育目标。

1988年,《中学德育大纲(试行)》规定中学德育目标是由第一级目标("四有"公民)和第二级目标(初中和高中段德育目标组成),目标内容包括思想、政治、道德品质及个性心理素质和能力目标。

1988年,《中共中央关于改革和加强中小学德育工作的通知》将中小学德育的总目标分为两个层次:培养"好公民"(基本目标)和培养"坚定的共产主义者"(最高目标)。

(2)1993—2000年,围绕热爱社会主义祖国、具有社会公德、文明行为习惯、遵纪守法的公民的基本目标及"四有"的德智体美等全面发展的社会主义事业的建设者和接班人的根本目标、坚定的共产主义者的高级目标,我国对学生的心理、法纪、道德、思想、政治素质提出要求。

1993年颁发的《小学德育纲要》与1988年颁发的《小学德育纲要(试行)》基本相同,只是将根本目标由"为使他们成为有理想、有道德、有文化、有纪律的社会主义公民打下初步的思想品德基础"改成了为"使他们成为德、智、体全面发展的社会主义事业的建设者和接班人打下初步的良好的思想品德基础",强调小学德育的根本目标是培养德智体全面发展的社会主义事业的建设者和接班人。

1994年,《中共中央关于进一步加强和改进学校德育工作的若干意见》强调中小学校德育的根本目标是培养"四有"的有中国特色社会主义事业的建设者和接班人。

1995年,《中学德育大纲》规定中学德育目标由总目标(包括最低目标——公民和最高目标——共产主义者)和分段目标(包括初中段、高中段德育目标)组成,目标内容包括心理健康、法纪、道德、思想、政治教育目标。

1998年,《中小学德育工作规程》将小学的德育总目标与中学德育总目标合二为一,且德育总目标分为培养"好公民"的基本目标和培养"坚定的共产主义者"的最高目标。

2000年,中共中央办公厅 国务院办公厅印发的《关于适应新形势进一步加强和改进中小学德育工作的意见》规定了中小学德育的根本目标是"四有"的德智体美等全面发展的社会主义事业建设者和接班人,并将中学德育目标分为基本目标——热爱社会主义祖

国的具有社会公德、法制意识、文明行为习惯的遵纪守法的公民和高级目标——共产主义者两个层次。

3.2001—2016年,中小学德育目标进一步层级化、序列化、整体化

2001—2016年,围绕"四有"公民的根本目标和培养"社会主义事业的合格建设者和可靠接班人"的高级目标对学生的心理健康、法纪、道德、思想、政治素质提出要求。

2002年,教育部颁布的《全日制义务教育品德与生活课程标准(实验稿)》,将课程目标分为总目标——培养具有品德良好、乐于探究、热爱生活的儿童和分目标——情感与态度、行为与习惯、知识与技能、过程与方法;同年颁布的《全日制义务教育品德与社会课程标准(实验稿)》,将课程目标分为总目标——促进学生良好品德形成和社会性发展,为学生认识社会、参与社会、适应社会,成为具有爱心、责任心、良好的行为习惯和个性品质的社会主义合格公民奠定基础。分目标是情感、态度、价值观、能力、知识。

2003年,教育部颁布的《思想品德课程标准(实验稿)》,将课程目标分为总目标——以加强初中学生思想品德教育为主要任务,帮助学生提高道德素质,形成健康的心理品质,树立法律意识,增强社会责任感和社会实践能力,引导学生在遵守基本行为准则的基础上,追求更高的思想道德目标,弘扬民族精神,树立中国特色社会主义共同理想,逐步形成正确的世界观、人生观和价值观,为学生成为有理想、有道德、有文化、有纪律的好公民奠定基础。分目标是情感、态度、价值观、能力、知识。

2004年,教育部颁布的《普通高中思想政治课程标准(实验稿)》,将课程目标分为总目标——知道中国共产党是中国特色社会主义事业的领导核心,马克思列宁主义、毛泽东思想、邓小平理论和"三个代表"重要思想是中国共产党的指导思想,"三个代表"重要思想是马克思主义在中国发展的最新成果;了解中国特色社会主义现代化建设常识;学习运用马克思主义基本观点和方法观察问题、分析问题、解决问题;具备在现代社会生活中应有的自主、自立、自强的能力和态度;具有爱国主义、集体主义和社会主义思想情感;初步形成正确的世界观、人生观和价值观。分目标是知识、能力、情感、态度、价值观。

2004年,《中共中央 国务院关于进一步加强和改进未成年人思想道德建设的若干意见》强调中小学德育的根本目标是培养社会主义事业的合格建设者和接班人。

2004年,《中等职业学校德育大纲》明确规定,中等职业学校德育目标是:"使学生热爱祖国,拥护党的领导和党的基本路线,确立坚持中国特色社会主义事业的理想信念,具有为人民服务、奉献社会的使命感和责任感;逐步树立正确的世界观、人生观、价值观,养成科学的思想方法;自觉地遵纪守法,依法维护自身权益,具有良好的道德品质和健康的心理素质;热爱专业,勤奋学习,勇于创造,大胆实践,具有良好的职业习惯和安全意识、

质量意识、效率意识、环境意识。"

2005年,《教育部关于整体规划大中小学德育体系的意见》,将学校德育总目标分为根本目标——培养"四有"公民和高级目标——培养社会主义事业的合格建设者和可靠接班人两个层次。同时对中小学段的德育目标进行了规定,指出:

小学教育阶段德育目标是:"教育帮助小学生初步培养起爱祖国、爱人民、爱劳动、爱科学、爱社会主义的情感;树立基本的是非观念、法律意识和集体意识;初步养成孝敬父母、团结同学、讲究卫生、勤俭节约、遵守纪律、文明礼貌的良好行为习惯,逐步培养起良好的意志品格和乐观向上的性格。"

中学教育阶段德育目标是:"教育帮助中学生初步形成为建设中国特色社会主义而努力学习的理想,树立民族自尊心、自信心、自豪感;逐步形成公民意识、法律意识、科学意识以及诚实正直、积极进取、自立自强、坚毅勇敢等心理品质,养成良好的社会公德和遵纪守法的行为习惯。中等职业学校还要帮助学生树立爱岗敬业精神和正确的职业理想。"

4.2017年至今,中小学德育目标整体化特点更加突出

2017年至今,中小学德育目标围绕"核心素养""全面发展""社会主义核心价值观"展开,以培养学生的政治认同、道德修养、科学精神、法治观念、健全人格、责任意识和公共参与素养为依据,对学生的政治素质、道德品质、法治意识、行为习惯、健康人格和良好心理品质等方面提出要求。

2017年,《中小学德育工作指南》中将德育目标分为总体目标和学段目标。其中总体目标规定:"培养学生爱党爱国爱人民,增强国家意识和社会责任意识,教育学生理解、认同和拥护国家政治制度,了解中华优秀传统文化和革命文化、社会主义先进文化,增强中国特色社会主义道路自信、理论自信、制度自信、文化自信,引导学生准确理解和把握社会主义核心价值观的深刻内涵和实践要求,养成良好政治素质、道德品质、法治意识和行为习惯,形成积极健康的人格和良好心理品质,促进学生核心素养提升和全面发展,为学生一生成长奠定坚实的思想基础。"

2017年版2020年修订的《普通高中思想政治课程标准》明确通过思政课程学习,学生能够具有思想政治学方面的核心素养,包括政治认同、科学精神、法治意识和公共参与四个方面。

2022年,教育部颁布《道德与法治课程标准》,该课程整合了小学原《品德与生活》《品德与社会》和初中原《思想品德》课程,进行九年一体化设计。新课程标准围绕道德与法治课程要培养的政治认同、道德修养、法治观念、健全人格和责任意识核心素养确立了五个维度的总体目标。

(二)改革开放以来我国中小学德育目标演进的主要特点

1.内容逐渐拓展

新中国成立以来,尤其是改革开放以来,我国学校德育的内涵和外延经历了逐步拓展的发展历程:思想品德教育—思想品德和政治教育—思想政治和品德教育—政治、思想、道德和心理品质教育—思想、政治和品德教育—政治、思想、道德和心理品质教育—思想政治教育、品德教育、纪律教育、法治教育—政治、思想、道德、法治、心理健康教育—政治、道德、法治、人格和心理教育。相应地,我国中小学德育目标的内容也从思想品德的要求变为政治、思想、道德、法治、心理健康的多方面要求。

2.取向逐步"融合"

改革开放以来,我国中小学德育的总目标在不同阶段有不同的表述:"四有"劳动者、"四有"公民、社会主义事业的建设者和接班人、"四有"的社会主义事业建设者和接班人、"四有"的德智体美等全面发展的社会主义事业建设者和接班人、社会主义事业的合格建设者和可靠接班人及共产主义者或坚定的共产主义者等。这些目标更多是以社会需要为主要价值取向的。之后,我国中小学德育已经逐步将社会需要和个人需要融合起来。从总目标来看,《中小学德育工作指南》中明确提出"培养学生爱党爱国爱人民,增强国家意识和社会责任意识""促进学生核心素养提升和全面发展"等要求。在具体目标的阐述中也随处可见两者的整合,每个学段目标在社会需要方面都强调要教育和引导学生热爱中国共产党、热爱祖国、热爱人民;也都对学生的个人素质提出具体要求。如小学低年级强调要"爱亲敬长、爱集体、爱家乡,初步了解生活中的自然、社会常识和有关祖国的知识""形成自信向上、诚实勇敢、有责任心等良好品质"。可见,我国中小学德育目标在价值取向上逐渐将个人与社会需要有机融合起来。

3.要求逐渐层次化、序列化和整体化

改革开放以来,我国中小学德育目标结构不断完善,逐渐形成由总体目标、阶段目标、具体目标组成的有机体系,总目标按层次分为最低要求、根本要求或最高要求,小学、初中、高中阶段的德育目标在范围上逐渐扩展、要求上逐渐提高,不断层次化、序列化和整体化。从最新的《道德与法治课程标准》可以看出,该课程将小学原《品德与生活》《品德与社会》和初中原《思想品德》进行整合,呈现出九年一体化设计这一层次分明、前后连贯、目标一致的特点。

三、我国中小学德育目标体系的构建

改革开放以来,我国德育目标不断完善,不断关注大中小学德育目标之间的衔接性;不断根据不同阶段学生的接受水平、自身成长的需要及社会发展的现实,调整德育的基本目标和高级目标;不断将学校德育目标的社会取向和学生的个人取向结合起来,德育目标的系统性、层次性、科学性进一步得到提升。但是当前中小学德育目标体系还存在结构不够完整、层次不够明晰、较忽视个人需要和能力层级等问题,这些还需要进一步完善。

(一)我国中小学校德育目标体系构建的依据

1.社会对公民思想道德素质发展的需要

任何一个社会都要求它的公民承认这个社会现存的政治、经济、文化、社会制度,遵守这个社会所倡导的法律、道德规范和精神,并为这个社会的存在和发展尽自己的义务,因而必然对人的政治思想、道德、法治、心理健康提出相应的基本要求。现代人的政治思想、道德、法治、心理健康主要是通过学校培养的,学校必然担负起培养人相应素质的重任,我国政治、经济、文化、社会发展对公民政治、道德、法治、心理健康的需要是确定学校德育目标最直接的客观依据。

2.学生自身思想道德素质发展的需要

需要是一个人的动力系统,人的一切理性行为的源泉。人的需要可以从不同角度分类,按马斯洛的观点,人的需要由低到高包括生理的需要、安全的需要、归属和爱的需要(社交需要)、尊重和自我实现的需要、求知和求美的需要[①];按照需要的对象不同,可以把人的需要分为物质需要和精神需要。学校德育不仅是培养社会需要的公民的过程,也是满足学生精神需要的重要过程,因此,学校德育目标的确定要与学生的政治、道德、法治、心理认知发展水平以及心理健康和精神需要有机结合,才能产生共鸣与"合力"。

3.学生身心发展水平及思想道德素质的形成与发展规律

从个体的政治思想、道德、法治、心理健康等核心素养的形成与发展规律来看,这些素养不是在某个阶段同时形成的,而是遵循一定规律,按照一定次序和水平,由简单到复杂、由低级到高级、由具体到抽象、由感性到理性逐渐形成和发展的,且这个过程并非一帆风顺,而是波浪式前进和螺旋式上升的过程;个体的政治思想、道德、法治、心理健康的形成还与人的知识水平、人生经验、思维能力有着直接的关系,某种素质只有到一定的年龄阶段才有可能形成(比如信仰层面的素质),而且同样一种素质在不同年龄或者不同身

---

① 宋春宏,陈文玉.跨世纪青年发展研究[M].重庆:西南师范大学出版社,1998:140.

心发展水平的学生身上也不同。因此学校德育目标的确定要善于遵循学生政治、道德、法治、心理健康的形成与发展规律,对处于不同年龄段、身心发展水平不同的学生提出不同的目标要求。

4.制定者对人的思想道德素质的期望及其教育理论和实践的水平

制定者对人的思想道德素质的期望是学校德育目标最直接的主观依据。制定者对思想道德素质在人的素质发展及对其社会发展中重要性的认识程度不同,具体目标就不同。而制定者之所以对人的思想道德素质有不同的期望,实际上是由其教育思想中的教育目的、教育价值取向、教育理想、德育观及其德育实践经验等决定的。因此学校德育目标的科学与否与制定者的教育理论和实践水平直接相关。

(二)我国中小学德育目标体系构建的原则

1.继承、借鉴与创新的统一

继承、借鉴与创新的统一是指我国学校德育目标的结构与层次,既要建立在对我国学校德育目标,尤其是改革开放以来的学校德育目标合理成分的继承与当代国外中小学德育目标有益借鉴的基础上,又要根据我国社会现阶段的政治、经济、文化、社会发展状况及我国所面临的复杂国际背景与学生的政治思想、道德、法治、心理健康发展的需要进行创新。

2.个人发展与社会发展需要的统一

社会是由人组成的,个人发展和社会发展是对立统一的过程,两者不仅紧密相连,而且还互为条件、互为因果;人是社会发展的真正目的,社会发展最终是为人的全面发展和幸福服务的,德育目标首先要关注个体自我发展、自我完善、自我幸福的需要,但是,为了人类长远的、整体的根本利益,必须同时关注社会发展的需要。因此构建学校德育目标体系时要将个人发展与社会发展需要有机统一起来。

3.适应性与超越性的统一

适应性是指在确定德育目标时,要适应当前社会发展和人的发展的需求;超越性是指德育目标要超越现实生活提出理想性的要求。比如,面对我国社会主义市场经济的深入发展,社会经济成分、组织形式、就业方式、利益关系和分配方式的日益多样化等现实,必须构建主导性与多样性、广泛性与先进性相结合的学校德育目标体系。

4.整体性与层次性的统一

整体性是指学校德育目标是由相互联系、相互影响的各级目标及政治、道德、法治、心理健康等各类目标组成的整体系统;层次性是各级学校德育目标要与相邻层级的目标纵向衔接、横向贯通、螺旋上升。构建学校德育目标时必须将各阶段学校德育目标的整体性与层次性有机结合起来,发挥系统的整体功能和效能。

(三)我国中小学德育目标体系的基本内容

我国中小学德育目标体系的基本内容涉及多个方面,并具有不同的层次,主要有如下内容。

1.第一级目标——中小学德育总目标的基本内容

中小学德育目标虽然和全民德育的总目标不完全相同,但就现代社会而言,学生的政治素质、道德品质、法治意识、行为习惯、积极健康的人格和良好心理品质,这些学生核心素养的提升和全面发展主要是由学校来完成的,且不少学生中学毕业后就直接进入社会了,因此我们认为全民德育目标就是中小学德育的总目标。

中小学德育的一级目标从功能上可以分为个体目标和社会目标。个体目标从层次上可以分为基本目标和高级目标,基本目标就是提升学生的核心素养;高级目标就是在基本目标的基础上帮助学生全面发展。社会目标从层次上可以分为基本目标和高级目标,基本目标就是培养学生爱党爱国爱人民,增强国家意识和社会责任意识,增强四个自信;高级目标就是在基本目标的基础上帮助学生准确理解和把握社会主义核心价值观的深刻内涵和实践要求。

2.第二级目标——高中阶段德育总目标和具体目标的基本内容

高中阶段的德育总目标是教育和引导学生热爱中国共产党、热爱祖国、热爱人民,拥护中国特色社会主义道路,弘扬民族精神,增强民族自尊心、自信心和自豪感,增强公民意识、社会责任感和民主法治观念,学习运用马克思主义基本观点和方法观察问题、分析问题和解决问题,学会正确选择人生发展道路的相关知识,具备自主、自立、自强的态度和能力,初步形成正确的世界观、人生观、价值观。

具体目标分为普通高中政治思想课程目标和中等职业学校德育目标。普通高中政治思想课程目标是要培养具有思想政治学科核心素养的学生,包括政治认同、科学精神、法治意识和公共参与素养四个方面。中等职业学校则要把学生培养成为爱党爱国、拥有梦想、遵纪守法、具有良好道德品质和文明行为习惯的社会主义合格公民,成为敬业爱岗、诚信友善、具有社会责任感、创新精神和实践能力的高素质劳动者和技术技能人才,成为中国特色社会主义事业合格建设者和可靠接班人。

3.第三级目标——义务教育阶段德育总目标和具体目标的基本内容

初中阶段的德育总目标是教育和引导学生热爱中国共产党、热爱祖国、热爱人民,认同中华文化，继承革命传统，弘扬民族精神，理解基本的社会规范和道德规范，树立规则意识、法治观念，培养公民意识，掌握促进身心健康发展的途径和方法，养成热爱劳动、自主自立、意志坚强的生活态度，形成尊重他人、乐于助人、善于合作、勇于创新等良好品质。

小学阶段的德育分为低年级和中高年级两个学段。小学低年级的总目标是教育和引导学生热爱中国共产党、热爱祖国、热爱人民，爱亲敬长、爱集体、爱家乡，初步了解生活中的自然、社会常识和有关祖国的知识，保护环境，爱惜资源，养成基本的文明行为习惯，形成自信向上、诚实勇敢、有责任心等良好品质。小学中高年级的总目标是教育和引导学生热爱中国共产党、热爱祖国、热爱人民，了解家乡发展变化和国家历史常识，了解中华优秀传统文化和党的光荣革命传统，理解日常生活的道德规范和文明礼貌，初步形成规则意识和民主法治观念，养成良好生活和行为习惯，具备保护生态环境的意识，形成诚实守信、友爱宽容、自尊自律、乐观向上等良好品质。

义务教育阶段道德与法治课程的具体目标是要培养具有政治认同、道德修养、法治观念、健全人格和责任意识等核心素养的学生。如，从政治认同来看，要求学生要能初步了解中国基本国情、中华优秀传统文化的代表性成果，了解中国共产党的历史和革命传统、改革开放和中国特色社会主义的伟大成就，汲取党史、新中国史、改革开放史、社会主义发展史所蕴含的精神力量，热爱伟大祖国、中华民族、中华文化、中国共产党和中国特色社会主义，为自己是中国人而自豪；具有维护民族团结的意识，能够把个人发展和国家命运联系起来，维护国家利益和安全；能够理解社会主义核心价值观的内涵及其重要意义并在社会生活中自觉践行；能够以实现中华民族伟大复兴为己任，增强做中国人的志气、骨气、底气，不负时代，不负韶华，不负党和人民的殷切期望；关心时事，热爱和平，初步具有国际视野和人类命运共同体意识。

第二节
学校德育内容

德育内容回答的是德育实施中的"教什么与学什么"的问题,它是德育活动能够发生、展开的起点,是学校德育的根本任务和现实目标得以实现的核心基础。

一、学校德育内容概述

学校德育内容是学校德育得以开展的重要材料也是重要的依据,在现阶段,我国学校德育无论从广度还是深度上都比过去有了很大的变化,实施过程中应该根据不同的部分做出具体的理解。

(一)学校德育内容的含义

学校德育内容是党和国家、学校及德育工作者根据不同阶段的学校德育目标,以及受教育者思想道德发展的特点与规律所选择的用以培养学生思想道德素质的以观念形式存在的各种信息的总和,是由幼儿园、小学、初中、高中、大学德育内容构成的有机体系。

(二)学校德育内容的分类

学校德育内容可以按照不同的标准进行分类。

根据确定主体不同,可以分为党和国家有关部门确定的德育内容(总内容),学校根据党和国家有关部门制定的要求及自己学校的特点确定的德育内容(较具体的内容),德育工作者根据前两者的要求确定的具有较强操作性的德育内容。

根据教育阶段不同,可以分为幼儿园、小学、初中、高中、大学德育内容。

根据教育性质不同,可以分为普通学校的德育内容和各类专科学校的德育内容。

根据实现途径不同,可以分为课程德育内容和非课程德育内容。课程德育内容可以分为德育课程德育内容、学科课程德育内容、活动课程德育内容;非德育课程内容又分为班主任、共青团、少先队、学生会、班委会、团支部或其他社团组织的工作内容。

根据德育内容不同,可以分为政治教育、道德教育、法治教育、心理健康教育等。根据德育各要素的内部结构不同,还可以将政治、道德、法治、心理健康进一步分解,如将道德教育内容分解为认知、情感、意志、信念和行为教育内容。

根据要求的具体程度不同,可以分为德育总内容和具体德育内容。

(三)学校德育内容的结构

学校德育内容的结构总体上与德育目标的结构一样,是一个纵横结构。从纵向上分为五级:第一级是大学德育内容,第二级是高中德育内容,第三级是初中德育内容,第四级是小学德育内容,第五级是幼儿园德育内容;从横向上看每一级由其基本要素——政治、道德、法治、心理健康教育构成,每一个基本要素又有其自身的多维结构,如政治教育包括国家意识、社会责任意识、政治制度、"四个自信"和社会主义核心价值观教育;道德教育包括家庭伦理观、集体主义观、社会公德意识和生态文明观教育,同时还需进行个人品德教育或道德认知(包括道德知识、道德判断能力)、道德情感、道德意志、道德信念、道德行为教育;法治教育包括法治意识教育、法律知识和法治行为指导;心理健康教育包括心理健康知识教育、良好行为习惯教育。

二、改革开放以来我国中小学德育内容的演进

(一)改革开放以来我国中小学德育内容的演进过程

1.1978—1987年,以小学德育课程教学内容代替德育内容,小学德育内容初步层级化

此阶段小学主要进行以"五爱"和"五讲四美"为基本内容的社会公德教育和社会常识教育,形成了由基本内容、具体内容和阶段重点内容组成的结构体系,德育内容初步层级化。

1982年,《全日制五年制小学思想品德课教学大纲(试行草案)》规定的德育内容总体上存在"政治化"及超越学生理解接受能力的倾向。

1986年,《全日制小学思想品德课教学大纲》规定的德育内容由中心内容、具体内容、阶段重点内容组成,与1982年的《全日制五年制小学思想品德课教学大纲(试行草案)》相比,强调要对小学生进行爱国主义教育、革命传统教育、集体主义教育、劳动教育和共产主义理想的启蒙教育;增加了社会主义民主和法治观念的教育以及良好意志、品格教育等教学内容;注重了良好行为习惯和能力的培养;并根据小学生的知识水平和接受能力,适当删减了教学要点中要求过高的一些内容,使小学思想品德课教学的要求更加明确,更加有针对性,更加符合小学生的年龄特点。但总体上仍然存在"政治化"及超越学生年龄特点和接受能力的倾向。

2.1988—2000年，制定较全面的中小学德育内容体系，德育内容逐渐层级化和序列化

此阶段小学主要进行以"五爱"为基本内容的社会公德教育和有关的社会常识教育（包括必要的生活常识、浅显的政治常识以及同小学生有关的法律常识），小学德育内容是由基本内容、重点内容、具体内容组成的体系；中学主要进行爱国主义、集体主义、社会主义、社会主义民主和遵纪守法等教育，中学德育内容是由初中段和高中段的德育内容组成的，由相对固定的基本内容和随社会发展而发展的形势与政策方面的变动内容组成的体系。中小学德育内容进一步层级化、序列化。

1988年，《小学德育纲要（试行）》规定德育内容由基本内容、重点内容、具体内容组成。其基本要求与1986的《全日制小学思想品德课教学大纲》基本相同，只是去掉了"五讲四美"的内容，增加了着重教育学生心中有他人，心中有集体，心中有人民，心中有祖国及着重培养和训练学生逐步养成良好的道德品质和文明行为习惯方面的内容；德育主要内容也与1986年的基本相同，只是增加了爱人民、爱中国共产党、遵守纪律的内容，去掉了共产主义理想的启蒙教育的内容。从总体上看，《小学德育纲要（试行）》规定的内容难度有所降低，但涉及面更广。

1988年，《中学德育大纲（试行）》规定中学德育内容由相对固定的基本内容和随社会发展而发展的形势与政策方面的变动内容组成，基本内容包括：（1）初步的马克思主义常识教育；（2）爱国主义教育和国际主义教育；（3）理想教育；（4）道德教育；（5）劳动教育；（6）社会主义民主、法治与纪律教育；（7）身心卫生与个性发展教育。高中阶段的主要内容包括：（1）马克思主义常识教育；（2）爱国主义教育；（3）国际主义教育；（4）理想教育；（5）道德教育；（6）劳动教育；（7）民主、法治与纪律教育；（8）身心卫生与个性发展教育。同时指出：除对高中、初中各年级学生进行思想、政治、道德品质、良好个性心理素质和能力等以上各系列内容的教育外，还要随着经济、政治形势发展及党和国家重大决策进行形势任务和时事政策等教育；结合纪念重大节日以及班、年级教育主题的需要进行革命传统教育，结合有关学科和各种课外活动进行审美教育。总之，要针对不同年级学生的特点和需要，有计划、有步骤地进行综合的、经常的思想政治道德教育。此《中学德育大纲（试行）》对初中、高中段德育内容的规定表面看似乎相同，但具体内容和要求有较大差别，高中段的德育内容的范围和难度都有所增加。

1988年，《中共中央关于改革和加强中小学德育工作的通知》指出：中小学德育要以爱祖国、爱人民、爱劳动、爱科学、爱社会主义为基本内容，注意抓好爱国主义教育、集体主义教育、社会主义民主和遵纪守法的教育、劳动教育、道德教育和良好心理品质的培养，并再次明确了中小学德育的基本内容和重点内容。

1993年,《小学德育纲要》规定的基本内容、重点内容、具体内容与1988年的《小学德育纲要(试行)》基本相同,只是重点内容的顺序有所差异,具体内容的具体要求略有不同。

1995年,《中学德育大纲》规定的德育内容由相对固定的基本内容和随社会发展的形势与政策方面的内容组成;规定的初中和高中德育内容要点与1988年《中学德育大纲(试行)》相比,要点表述基本相同,但具体内容有较多差异;此《中学德育大纲》规定的高中德育内容与初中德育内容的要点相比,要点表述基本一致,但具体内容及要求不同,范围和难度方面都增加了。

3.2000至今,整体规划中小学德育内容体系,中小学德育内容进一步层级化、序列化和整体化

此阶段的中小学德育,在素质教育理念的指导下,更重视中小学各阶段内容的纵向衔接;内容更贴近青少年的生活逻辑及社会发展的现实,更注重从学生身心发展和成长的需要、学生的理解和接受能力及人的思想品德形成的规律来构建由易到难、由简单到复杂、由基本行为规范到理想信念的内容体系。从结构上看,中小学德育内容是由小学、中学段主要德育内容及小学、初中、高中德育课程内容组成的,中小学德育内容呈现层级化、序列化和整体化的特点。

2002年,教育部颁布的《全日制义务教育品德与生活课程标准(实验稿)》和《品德与社会课程标准》规定《品德与生活》的内容主要包括:(1)健康、安全地生活,(2)愉快、积极地生活,(3)负责任、有爱心地生活,(4)动脑筋、有创意地生活;《品德与社会》的内容主要包括:(1)我在成长,(2)我与家庭,(3)我与学校,(4)我与家乡(社区),(5)我是中国人,(6)走进世界。

2003年,教育部颁布的《思想品德课程标准》规定的内容主要包括:(1)成长中的我,(2)我与他人的关系,(3)我与集体、国家和社会的关系。

2004年,教育部颁布的《普通高中思想政治课程标准(实验稿)》规定的必修课的内容主要包括(1)经济生活,(2)政治生活,(3)文化生活,(4)生活与哲学;选修课的主要内容包括:(1)科学社会主义常识,(2)经济学常识,(3)科学思维常识。

2004年,《中共中央 国务院关于进一步加强和改进未成年人思想道德建设的若干意见》指出,对小学生重点是规范其基本言行,培养良好习惯;对中学生重点是加强爱祖国、爱人民、爱劳动、爱科学、爱社会主义教育,引导他们树立正确的理想信念和世界观、人生观、价值观。

2005年,《教育部关于整体规划大中小学德育体系的意见》规定小学教育阶段德育的主要内容是:开展热爱学习、立志成才教育,开展孝亲敬长、爱集体、爱家乡教育,开展做

人做事基本道理和文明行为习惯养成教育,开展热爱劳动和爱护环境教育,开展尊重国旗、国徽,热爱祖国文化的爱祖国教育,开展社会生活基本常识和安全教育;中学教育阶段的德育主要内容是:开展爱国主义、集体主义、社会主义教育,开展中华民族优良传统和中国革命传统教育,开展法治教育和民主、科学教育,开展基本国情和时事教育,开展民族团结教育、国防教育和廉洁教育,开展青春期卫生常识和心理健康教育,开展社会公德和劳动技能教育。中等职业学校还要加强职业道德、劳动纪律和职业规范教育。

2017年,《中小学德育工作指南》规定中小学主要德育内容包括理想信念教育、社会主义核心价值观教育、中华优秀传统文化教育、生态文明教育和心理健康教育。

(二)我国中小学德育内容演进的主要特点

1.由重政治教育逐渐到"多育"并重

尽管今天的学校德育内容中仍然包括政治教育的内容,尤其是高中德育课程主要以政治教育为主,但与20世纪70至90年代相比,随着德育内涵的变化及社会对人才素质需求的变化,已基本上改变了过去不管小学、初中、高中学生的生活逻辑、身心特点、思想实际、理解接受能力等突出政治教育的局面,而是根据不同阶段学生的生活范围、理解和接受能力等不同,"多育"并重,尤其是更加重视处于基础层次的道德教育和心理健康教育。

2.内容的科学性不断增强

从外延和内涵来看,中小学的德育内容随时代发展而不断更新。从难度来看,从20世纪80年代的小学阶段的"五爱"、爱国主义、集体主义和共产主义理想的启蒙教育,初、高中的爱国主义教育和国际主义教育、理想教育,到20世纪90年代初、高中阶段的爱国主义、集体主义、社会主义,再到21世纪的"对小学生重点是规范其基本言行,培养良好习惯","对中学生重点是加强爱祖国、爱人民、爱劳动、爱科学、爱社会主义教育"以及小学阶段注重"孝亲敬长、爱集体、爱家乡教育",中学阶段注重"爱国主义、集体主义、社会主义教育",中小学德育内容更符合学生的身心特点及人的政治、道德、法治、心理健康素质形成与发展规律,科学性显著增强。

三、当前我国中小学德育内容体系的构建

改革开放以来,我国德育内容不断完善,不断注重大中小学德育内容之间的衔接性,不断根据不同阶段学生的接受水平和自身成长的需要及社会发展的现实调整德育内容,使德育内容的系统性、层次性、科学性进一步得到提升。但是当前的中小学德育内容体

系还存在结构不够完整、层次不够明晰、各阶段德育内容安排不够科学等问题,需要在遵循依据和原则的基础上进一步完善。

(一)我国中小学德育内容体系构建的依据

1.现有中小学教育目的及德育目标

学校德育内容直接服务于学校德育目标,而学校德育目标又服务于教育目的,因此,学校德育内容必须根据教育目的、学校德育目标的要求来确定。

2.受教育者的身心特点及思想实际水平

由于年龄和身心发展水平的差异,受教育者在不同的教育阶段,所能接受的德育内容的深度和广度都会有所不同。因此,学校德育内容的选择与安排要充分考虑到不同阶段受教育者身心发展的特点和现有的思想道德发展水平,进行适当的思想道德教育。

3.社会政治、经济与文化发展的状况

一般说来,根据教育目的、学校德育目标以及学生身心发展特点和思想道德发展水平确定的学校德育内容是基本的、相对完整的和稳定的。但是由于在不同时期国内外形势不同,党在各个历史时期的中心任务和方针政策也就不同,学校德育内容也要相应调整,才能满足社会和学生发展的需要。比如,当前我国正处在改革和发展的关键时期,发展环境正经历着复杂而深刻的变化,国际国内意识形态领域的矛盾和斗争更加复杂,青少年学生无疑会受到多元价值观,如极端个人主义、拜金主义、享乐主义等思想的影响,这对学校德育内容提出了世界观、人生观、价值观、道德观、政治观等新的教育要求;当今社会随着科学技术的进步,各国都面临环境道德及新的伦理问题(如克隆人、虚拟爱人),这就对学校道德教育提出了重视环境道德和科技伦理道德教育的新要求。

(二)我国中小学德育内容体系构建的原则

我国中小学德育内容体系的构建,不仅要依照一定的依据,还要遵循一定的原则,这些原则主要包括:

1.客观性与主体性相结合的原则

客观性原则是指学校德育内容体系的构建应符合教育目的、德育目标、德育任务的要求,符合我国政治、经济、文化、社会发展的要求,符合人类进步、科学发展和社会文明发展的要求,符合学生的年龄特点、身心发展和思想道德水平的要求。主体性原则是指学校德育内容体系的构建不仅能满足学生自身思想道德素质发展的需要,还能满足学生其他素质发展的需要。客观性原则是确立学校德育内容的首要原则,如果背离了这一原则,脱离人类社会发展和人的发展的客观规律和要求,德育内容就会因"无根性"而失去生命力;如果忽视受教育者的需要,德育便成了教育者的"独白",德育的实效性就会因主体的缺场而事倍功半。因此,构建学校德育内容体系既要遵循德育的客观规律又要尊重受教育者的主体需求,坚持客观性原则与主体性原则有机统一。

2.整体性与层次性相结合的原则

整体性原则是指德育内容体系是一个包括多层级、多维度的整体,具有整体功能的优势;层次性原则是指不同层级的具体内容及其难度因教育阶段不同而不同,同一层级的内容及其难度因学生身心发展水平的个体差异而不同。构建德育内容体系坚持整体性与层次性相结合的原则,既要考虑各个阶段德育内容的纵向衔接,又要考虑各个阶段德育内容自身系统的完整性及层次性。

3.现实性与超前性相结合的原则

现实性与超前性相结合的原则是指学校德育内容体系的构建既要考虑现实社会、学校、学生的需要,又要适当高于现实社会、学校、学生的需要。如果德育内容的确定不立足于现实社会、学校、学生的实际情况,学校德育就会流于空泛的"说教",缺乏针对性和实效性;如果德育内容的确定缺乏适当的超前性,仅仅就事论事,学校德育就会失去导向性和预见性。因此,确定德育内容时,一方面要加强对社会、学校、学生存在的现实情况和问题的研究,增强德育的现实生命力,另一方面要结合社会、学校、学生社会发展的趋势,增强德育应对未来的张力。

4.时代性与继承性相结合的原则

时代性与继承性相结合的原则就是指学校德育内容体系的构建,既要反映时代特点和精神风貌,增强内容的时代感,又要继承和借鉴中外古今学校德育内容中的优秀部分,用全人类优秀的德育文化成果教育年轻一代。青少年既是时代的弄潮儿又是时代发展变化的感知者,学校德育如果缺乏时代性的内容,不能根据时代发展的要求及时地更新或充实,就很难被学生所接受。同时,学校德育内容体系的构建不是空中楼阁,如果不继承和借鉴古今中外学校德育中的优秀内容,新内容体系的构建就是无源之水,无本之木。

5.稳定性与灵活性相结合的原则

稳定性与灵活性相结合的原则是指学校德育内容体系的构建,既要根据教育方针、德育目标和学生年龄特征确定相对稳定的内容,又要根据社会形势和学生思想发展变化的实际,灵活地确定某些内容。一方面,人的素质的形成需要相对稳定的知识体系,没有稳定的内容,就难以对德育进行科学计划和安排,容易出现盲目性和主观随意性;另一方面,学校德育也必须结合社会发展和学生思想的实际变化,紧跟社会热点和学生的思想问题,及时地开展教育,增强德育的针对性。

(三)中小学德育内容体系的基本内容

中小学德育内容体系的关键在于对道德内涵的理解。传统道德中的"道"与"德"均包含了很丰富的内容,同时具有强烈的动态特点。因此,我们认为传统的道德是一个包括多层次、内容丰富的大道德概念,且不同的时代对道德应有更广泛与深入的理解,这也是为什么,伦理学关注的内容不断扩大,学校德育内容也不扩充的很重要的原因。我国中小学德育内容体系的基本内容包括理想信念教育、社会主义核心价值观教育、中华优秀传统文化教育、生态文明教育和心理健康教育五个方面。

1. 理想信念教育

理想信念教育要引导学生逐步领会国家发展使命,树立远大奋斗理想并坚定社会主义信念。具体来说是要开展马列主义、毛泽东思想学习教育,加强中国特色社会主义理论体系学习教育,引导学生深入学习习近平总书记系列重要讲话精神,领会党中央治国理政新理念新思想新战略。加强中国历史特别是近现代史教育、革命文化教育、中国特色社会主义宣传教育、中国梦主题宣传教育、时事政策教育,引导学生深入了解中国革命史、中国共产党史、改革开放史和社会主义发展史,继承革命传统,传承红色基因,深刻领会实现中华民族伟大复兴是中华民族近代以来最伟大的梦想,培养学生对党的政治认同、情感认同、价值认同,不断树立为共产主义远大理想和中国特色社会主义共同理想而奋斗的信念和信心。

2. 社会主义核心价值观教育

社会主义核心价值观教育是把社会主义核心价值观融入国民教育全过程,落实到中小学教育教学和管理服务各环节,深入开展爱国主义教育、国情教育、国家安全教育、民族团结教育、法治教育、诚信教育、文明礼仪教育等,引导学生牢牢把握富强、民主、文明、和谐作为国家层面的价值目标,深刻理解自由、平等、公正、法治作为社会层面的价值取向,自觉遵守爱国、敬业、诚信、友善作为公民层面的价值准则,将社会主义核心价值观内化于心、外化于行。

3. 中华优秀传统文化教育

开展家国情怀教育、社会关爱教育和人格修养教育,传承中华优秀传统文化,大力弘扬核心思想理念、中华传统美德、中华人文精神,引导学生了解中华优秀传统文化的历史渊源、发展脉络、精神内涵,增强文化自觉和文化自信。

4.生态文明教育

加强节约教育和环境保护教育,开展大气、土地、水、粮食等资源的基本国情教育,帮助学生了解祖国的大好河山和地理地貌,开展节粮节水节电教育活动,推动实行垃圾分类,倡导绿色消费,引导学生树立尊重自然、顺应自然、保护自然的发展理念,养成勤俭节约、低碳环保、自觉劳动的生活习惯,形成健康文明的生活方式。

5.心理健康教育

开展认识自我、尊重生命、学会学习、人际交往、情绪调适、升学择业、人生规划以及适应社会生活等方面教育,引导学生增强调控心理、自主自助、应对挫折、适应环境的能力,培养学生健全的人格、积极的心态和良好的个性心理品质。

第 三 节
学校德育途径与方法

学校德育途径回答的是通过哪些渠道育人的问题,是德育内容、目标实现的路径,是德育方法、手段依附的载体;德育方法回答的是采取什么样的具体方式传递德育信息、实现德育目标的问题。两者共同回答"如何教与如何学"的问题。

一、学校德育途径

随着现代社会的不断发展,学校德育途径也随之不断扩展,特别是新媒体时代的到来,使得我们对学校德育途径的理解与开展都有了前所未有的了解。

(一)德育途径的含义

德育途径是指教育者为传递德育内容、完成德育任务、实现德育目标而确定的各种路径(渠道)的总称,由德育组织者、参与者,德育方法、手段等要素组成。德育途径与德育方法和手段既有联系又有区别。德育途径是实现德育目标而确定的路径,而德育方法是指在某种途径中可以采用的具体方式和办法,德育手段是在某种途径和方法中借助的具体载体,在现阶段,借助网络实施德育已经发展成为一种十分重要,也十分有效的途径,应该予以高度重视。

(二)学校德育途径的分类

学校德育途径可以按不同的标准分类。按照组织者、参与者主次作用的不同可以将中小学德育途径分为五大途径,每大途径下面又分为若干小途径。

1.教职员工主导的育人途径

教职员工主导的育人途径包括教书育人途径、管理育人途径与服务育人途径。

(1)教书育人途径。教书育人途径是指德育课程教师和非德育课程教师通过课程教学对学生的政治、道德、法治、心理健康施加正向影响。德育课程教师主要通过比较系统的政治、道德、法治、心理健康教育及自身的言行表率对学生施加正向影响;非德育课程教师主要通过在课程教学中结合自己的学科所涉及的政治、道德、法治、心理健康问题的教育及自身的言行表率对学生施加正向影响。

(2)管理育人途径。管理育人途径是指班主任及少先队等组织的工作人员通过对学生日常思想的疏导及行为的表扬、奖励或批评、惩罚等对学生施加正向影响。

（3）服务育人途径。服务育人途径是指教师、班主任及少先队等在为学生的学习、生活、发展提供直接生活服务或咨询服务的过程中以自己的言行表率对学生施加正向影响。

2.学生课外参与的活动育人途径

以学生课外参与为主的活动育人途径包括校内活动育人途径和校外活动育人途径。

（1）校内活动育人途径。校内活动育人途径是指少先队、学生会、班委会、团支部及班主任、各学科教师等在校内组织的旨在促进学生思想、政治、道德、法治、心理素质正向发展的课外活动。如：各种主题集会、纪念日或节日庆祝活动等。

（2）校外活动育人途径。校外活动育人途径是指少先队、学生会及班委会、团支部及班主任、各学科教师等在校外组织的旨在促进学生政治、道德、法治、心理健康正向发展的实践活动。如：参观、访问、社会服务等社会实践活动。

3.师生共同营造的环境育人途径

师生共同营造的环境育人途径包括校园人际环境育人途径和校园文化环境育人途径。

（1）校园人际环境育人途径。校园人际环境育人途径是指师生共同营造尊重、平等、关心、互助、民主等环境氛围从而对学生的政治、道德、法治、心理健康产生正向影响。

（2）校园文化环境育人途径。校园文化环境育人途径是指师生通过共同创建健康向上的校风、班风、教风、学风、大学精神、精神面貌、人文素养及富含人文精神、科学精神、创新精神的校园设施等物质和精神文化氛围对学生的政治、道德、法治、心理健康产生正向影响。

4.师生平等参与的育人途径

师生平等参与的育人途径是指德育课程教师、非德育课程教师、班主任等面对学生在学习、生活、成长、交往、升学、就业等活动中遇到因困惑而需要帮助时，通过面谈、电话、网络等手段提供一对一的服务以促进学生的政治、道德、法治、心理健康正向发展。

5.与社会、家庭密切配合的共同育人途径

与社会、家庭密切配合的共同育人途径是指少先队、学生会、班委会、团支部及班主任、各学科教师与家长、社会有关部门等共同配合营造良好的家庭、社会氛围或者社会资源,共同促进学生的政治、道德、法治、心理健康正向发展。

此外,按照学校德育实施的场所与平台划分,德育途径还可分现实的学校德育途径与虚拟的网络德育途径。在现阶段,网络德育作为一种重要途径正在引起各级学校的高度重视,其理论与实践探索也成为德育理论研究中的重要内容。

(三)当前我国中小学德育的基本途径

2017年,教育部颁布的《中小学德育工作指南》对当前我国中小学德育的基本途径进行了指导性规定。

1.课程育人

课堂教学是中小学工作的主渠道,德育内容需要融入各学科课程的教学目标之中,渗透教育教学全过程。第一,严格落实德育课程。在保证课时的基础上,可以围绕课程目标联系学生生活实际,挖掘课程思想内涵,充分利用媒体资源,精心设计教学内容,优化教学方法,发展学生道德认知,注重学生的情感体验和道德实践。第二,重视其他课程德育功能。根据不同年级和不同课程特点,充分挖掘各门课程蕴含的德育资源,将德育内容有机融入各门课程教学中。语文、历史、地理等课要利用课程中语言文字、传统文化、历史地理常识等丰富的思想道德教育因素,潜移默化地对学生进行世界观、人生观和价值观的引导。数学、科学、物理、化学、生物等课要加强对学生科学精神、科学方法、科学态度、科学探究能力和逻辑思维能力的培养,促进学生树立勇于创新、求真求实的思想品质。音乐、体育、美术、艺术等课要加强对学生审美情趣、健康体魄、意志品质、人文素养和生活方式的培养。外语课要加强对学生国际视野、国际理解和综合人文素养的培养。综合实践活动课要加强对学生生活技能、劳动习惯、动手实践和合作交流能力的培养。第三,充分利用好地方和学校课程。结合地方自然地理特点、民族特色、传统文化以及重大历史事件、历史名人等,因地制宜开发地方和学校德育课程,引导学生了解家乡的历史文化、自然环境、人口状况和发展成就,培养学生爱家乡、爱祖国的感情,树立维护祖国统一、加强民族团结的意识。统筹安排地方和学校课程,开展法治教育、廉洁教育、反邪教教育、文明礼仪教育、环境教育、心理健康教育、劳动教育、毒品预防教育、影视教育等专题教育。

2.文化育人

文化育人是学校德育的重要途径,主要通过校园文化、学校氛围、班级文化和网络文化等方面开展。文化育人可以依据学校办学理念,结合文明校园创建活动,因地制宜开展校园文化建设,使校园秩序良好、环境优美,校园文化积极向上、格调高雅,提高校园文明水平,让校园处处成为育人场所。

如,营造文化氛围,凝练学校办学理念,加强校风教风学风建设,形成引导全校师生共同进步的精神力量;鼓励设计符合教育规律、体现学校特点和办学理念的校徽、校训、校规、校歌、校旗等并进行教育展示;创建校报、校刊进行宣传教育,可设计体现学校文化特色的校服;建设班级文化,鼓励学生自主设计班名、班训、班歌、班徽、班级口号等,增强班级凝聚力。

此外,学校还需重视建设网络文化。积极建设校园绿色网络,开发网络德育资源,搭建校园网站、论坛、信箱、博客、微信群、QQ群等网上宣传交流平台,通过网络开展主题班(队)会、冬(夏)令营、家校互动等活动,引导学生合理使用网络,避免沉溺网络游戏,远离有害信息,防止网络沉迷和伤害,提升网络素养,打造清朗的校园网络文化。

3. 活动育人

活动育人是通过设计、组织开展主题明确、内容丰富、形式多样、吸引力强的教育活动而进行的德育工作。在活动中以鲜明正确的价值导向引导学生,以积极向上的力量激励学生,促进学生形成良好的思想品德和行为习惯。常见的活动类型主要有:第一,主题教育。这类活动可以在传统节日、重大节庆日、重要纪念日以及其他主题日开展。如国家安全教育日等。第二,仪式教育活动。如入团、入队仪式,入学、毕业仪式等。第三,各种社团活动。发挥学生会作用,完善学生社团工作管理制度。结合各学科课程教学内容及办学特色,充分利用课后时间组织学生开展丰富多彩的科技、文娱、体育等社团活动,创新学生课后服务途径。

4. 实践育人

实践育人强调要与综合实践活动课紧密结合,广泛开展社会实践,每学年至少安排一周时间,开展有益于学生身心发展的实践活动,不断增强学生的社会责任感、创新精神和实践能力。

第一,开展各类主题实践。利用爱国主义教育基地、公益性文化设施、公共机构、企事业单位、各类校外活动场所、专题教育社会实践基地等资源,开展不同主题的实践活动;利用各种社会资源展开丰富的德育活动;广泛开展与学生年龄、智力相适应的志愿服务活动。

第二,实践育人可以通过劳动实践完成。在学校日常运行中渗透劳动教育,积极组织学生参与校园卫生保洁、绿化美化,普及校园种植。将校外劳动纳入学校的教育教学计划,小学、初中、高中每个学段都要安排一定时间的农业生产、工业体验、商业和服务业实习等劳动实践。教育引导学生参与洗衣服、倒垃圾、做饭、洗碗、拖地、整理房间等力所能及的家务劳动。开展学雷锋志愿服务。

第三,组织研学旅行。把研学旅行纳入学校教育教学计划,促进研学旅行与学校课程、德育体验、实践锻炼有机融合,利用好研学实践基地,有针对性地开展自然类、历史类、地理类、科技类、人文类、体验类等多种类型的研学旅行活动。

5.管理育人

管理育人要求积极推进学校治理现代化,提高学校管理水平,将中小学德育工作的要求贯穿于学校管理制度的每一个细节之中。具体包括以下五个方面:

第一,完善管理制度,包括制定校规校纪、班级民主管理制度、防治学生欺凌和暴力工作制度;细化学生行为规范,教育引导学生熟知学习生活中的基本行为规范,践行每一项要求。

第二,会同相关部门建立学校周边综合治理机制,对社会上损害学生身心健康的不法行为依法严肃惩处。

第三,明确岗位责任。建立实现全员育人的具体制度,明确学校各个岗位教职员工的育人责任,规范教职工言行,提高全员育人的自觉性。

第四,全体教师的参与。具体来说,班主任要全面了解学生,加强班集体管理,强化集体教育,建设良好班风,通过多种形式加强与学生家长的沟通联系。各学科教师要主动配合班主任,共同做好班级德育工作。

第五,加强师德师风建设。培育、宣传师德标兵、教学骨干和优秀班主任、德育工作者等先进典型,引导教师争做"四有"好教师。

6.协同育人

协同育人要求学校积极争取家庭、社会共同参与和支持学校德育工作,引导家长注重家庭、注重家教、注重家风,营造积极向上的良好社会氛围。

学校要加强家庭教育指导。要建立健全家庭教育工作机制,统筹家长委员会、家长学校、家长会、家访、家长开放日、家长接待日等各种家校沟通渠道,丰富学校指导服务内容,及时了解、沟通和反馈学生思想状况和行为表现,认真听取家长对学校的意见和建议,促进家长了解学校办学理念、教育教学改进措施,帮助家长提高家教水平。

学校要构建社会共育机制。要主动联系本地宣传、综治、公安、司法、民政、文化、共青团、妇联、关工委等部门、组织,注重发挥党政机关和企事业单位领导干部、专家学者以及老干部、老战士、老专家、老教师、老模范的作用,建立多方联动机制,搭建社会育人平台,实现社会资源共享共建,净化学生成长环境,助力广大中小学生健康成长。

二、学校德育方法

学校德育效果的实现,在很大程度上与德育方法的选择与利用密切相关,因此德育方法是德育实施的重要内容。

(一)德育方法界说

德育方法有广义和狭义之分。德育方法既包括教育者为完成德育任务、实现德育目标所采取的各种方式的总和,同时也包括受教育者为了提高自己的思想道德素质所采取的各种方式的总和,或者说德育方法一是指教育者教的方法,一是指受教育者自我教育的方法。狭义的德育方法仅指前者。本章仅探讨狭义的德育方法。

(二)德育方法的分类

德育方法可以从不同的维度进行分类。根据概括程度,德育方法可分为三种层次,一是方法论意义上的方法,二是多种德育方式组合意义上的方法,三是单一德育方式意义上的方法。

由于现代德育对象思想的复杂性及现实社会价值的多元性,我们在具体的德育活动中很少只用到一种德育方式,因此我们把后两种层次意义上的德育方法统称为操作意义上的德育方法。操作意义上的德育方法又可以从德育途径、德育手段、德育目标等不同维度进行分类,如从内容上可以分为提高心理健康素质的咨询法、提高法治素质的案例分析法、提高道德素质的"两难道德讨论法"、提高思想素质的疏导方法、提高政治素质的"讲授法";从途径上可以分为"三育人"途径中的讲授、讨论、疏导、奖惩、评价、示范法,"活动育人"途径中的参观、访问、调查、社会服务法,"环境育人"途径中的陶冶法,"师生平等参与"途径中的"对话"、咨询法;从手段上可以分为以语言说理为主、以形象感染为主的方法;从目标上可以分为提高认知的讲授、讨论法,陶冶情感的熏陶法,锻炼意志、坚定信念的方法,训练行为的实际锻炼法。

(三)我国中小学德育常用的方法

我们主要以德育途径为主要维度,结合内容、手段、目标等维度介绍当前我国中小学德育的基本方法,具体包括如下方法。

1.讲授法

讲授法主要是指德育课程和非德育课程教师借助各种文字和音像材料,以及黑板、多媒体、语言等媒介手段在课程教学中向学生传递政治、道德、法治、心理健康知识及表达思想道德情感和价值观念,以提高学生认知、陶冶学生情感为主的教育方法。

讲授法主要包括讲述、讲解和讲演等形式。"'讲述'主要是描述客观事实,呈现知识、材料和观点,主要解决的是'是什么'的问题。'讲解'是进一步分析、论证和说明问题,主要解决'为什么'的问题。'讲演'则是综合运用讲述、讲解等方法,采取演说或报告的形式,完整、深入地论证或说明某一问题。"①

讲授法的优点在于能在最短的时间内向学生呈现、介绍大量而系统的政治、道德、法治、心理健康信息,帮助学生快速掌握有关知识、明白相应道理、转变思想观念;也能使教师较好地发挥主导作用,对政治、道德、法治、心理健康信息进行选择、加工,保证德育的方向性。但是如果运用不当,讲授法将不利于教师针对性地开展教学活动和及时了解学生对某个问题的理解程度,也不利于调动学生的积极性、主动性和能动性。因此,教师在运用讲授法时既要扬长避短,又要与其他方法有机结合。

讲授法的基本环节包括:

(1)精心设计。讲授法是以教师的"讲"和学生的"听"为基本方式进行的,教师在教学中处于相对支配地位,对教学效果起着主导作用,因此教师对讲授的具体内容、材料、方式及材料的呈现方式等都要事先精心设计。

第一,确定重点和难点。教师在讲授前要根据课程标准,以及学生对所要学习的内容可能存在的认知、情感、行为"误区"和"盲区",确定讲授的重点和难点。比如在对学生进行爱国主义教育时,可以通过座谈、个别调查或自我分析等方式了解学生对什么是爱国主义、爱国主义有哪些基本要求、为什么要爱国、如何爱国等内容可能存在的模糊认识(如"爱国主义"中的"国"是指祖国还是国家?爱国是否一定要爱社会主义制度?到外国定居是否不爱国?)确定教学的重点和难点。

第二,选择具体材料。讲授内容不等于教材内容,因此在设计讲授内容时,教师还要善于围绕重点和难点,结合学生的思想实际、生活世界、思维特点及我国和世界发展状况等因素选择具体的教学材料。比如在对学生进行爱国主义教育时,要结合新中国成立七十多年来我国在政治、经济、文化、社会发展取得的成绩及国际影响力、国际地位的提升等选择材料。

第三,设计讲授方式。讲授法包括讲述、讲解、演讲等方式,但究竟是用讲述、讲解、演讲还是其组合方式,要根据教学目标、教学内容、学生的思维特点等具体情况进行选择。比如对于以培养爱国主义认知为主的内容宜用讲述或讲解的方式,以培养爱国情感为主的内容宜用演讲的方式;对小学生进行道德规范、法治规范教育宜用讲述的方式,对初中生和高中生进行道德规范、法治规范教育则宜用讲解或演讲的方式。

第四,创设问题或问题情境。讲授法虽然以教师的"讲"为主,但并不等于是教师的"独白",需要调动学生的积极性、主动性才能取得良好效果。因此教师要善于通过直接设问、案例设问、情境设问等方式不断将学生引入"无知"或"困惑"中,激发学生探寻"答案"或"解决问题"的强烈动机。比如在对学生进行法律常识教育时,可以直接问学生公民享有哪些权利,也可以通过某教师侵犯学生权利的案例来问学生是否知道该教师侵犯

---

① 檀传宝.德育原理[M].北京:北京师范大学出版社,2007:238.

了学生的哪些权利,或创设一个情境来了解学生对权利的认知情况,进而激发学生的学习热情。

第五,设计材料的呈现方式和顺序。大量研究表明,不同年龄阶段、不同思维特点的人对信息的呈现方式的喜欢程度不同,且以不同形式出现的同一信息能引起的关注度也不同。一般而言,能同时激发人的视觉、听觉的声音、画面、文字交融的或具体详尽的信息引起的关注度和持久度较高;只能看或只能听的信息或抽象概括的信息引起的关注度和持久度较低,且能引起的关注度和持久度与年龄大小、思维发展成熟度的高低成反比。因此教师要结合中小学生以形象思维为主、注意力集中时间不长等特点,尽可能通过直观形象的方式(如视频)传递信息。同时,教师还要根据学生的思维特点、材料的逻辑性等确定材料呈现的顺序,一般按照是什么、为什么、怎么做的顺序呈现材料。为了调动学生的积极性、激发学生的学习兴趣,也可以在讲授之前先呈现案例。

(2)精心讲授。讲授法主要是通过"语言"来呈现的,因此教师的语言表达能力是影响讲授效果和德育效能的一个重要因素。教学语言表达最起码的要求是清晰、准确、简洁、有逻辑、语速适中、语调等随内容变化而变化;较高的要求是生动形象、幽默风趣、抑扬顿挫、耐人寻味、声情并茂有感染力。

(3)适时调整或补充。运用讲授法时,教师虽然对所讲内容的重点、难点等进行了预先估计,讲授时间也进行了预先分配,但是再详细的计划也不可能预见学生可能出现的所有情况,因此在讲授过程中要根据学生的反应及时调整讲授内容的详略程度及时间分配情况,课后还要通过布置作业等方式了解学生对所讲授内容的掌握情况并及时变更或增加相关内容。

2.讨论或辩论法

讨论或辩论法有广义和狭义之分。这里的讨论或辩论法主要是指德育课程教师、非德育课程教师、班主任专门组织的,指导学生以班级或小组为单位,围绕政治、道德、法治、心理健康中的某一理论观点、现实问题或学生的某种行为表现,通过讨论或辩论等方式各抒己见、澄清思想、达成共识、生成新的认知,以提高学生认知能力或改变其态度和行为方式的方法。

讨论或辩论法对学生的知识积累、思维能力、共情能力等要求较高,宜在小学高年级、初中和高中阶段运用。这种方法有利于调动学生的参与热情、活跃学生思维、发展认知能力,帮助学生在全方位思考、理性思考的基础上明辨是非、形成正确的观念、态度及选择正确的行为;有利于教师了解学生的真实情况(因为学生在讨论或辩论时容易把隐藏在自己内心深处的真实想法呈现出来),增强教育的针对性;有利于学生养成探求真理、修正错误的正确态度。但是如果组织得不好,则容易使讨论、辩论流于形式,使讨或辩论成为浪费时间的"代名词"或者教师"偷懒"、掩饰水平不足"打发"时间的"合法借口"。因此运用讨论或辩论法时要精心组织,并遵循以下基本程序:

(1)精心准备和设计,确定讨论或辩论的主题。讨论或辩论的目的是帮助学生澄清可能存在的、难以通过教师单方面讲授就能完全解决的困惑,或者是为了较好地提升学生的认知能力,或者是为了纠正学生存在的某种不良现象,因此讨论或辩论的主题不能想当然,而要在讨论或辩论前精心选择。

首先,要善于通过调查、座谈、观察等方式了解学生在政治、道德、法治、心理健康方面存在的观念和行为问题。

其次,要根据学生存在的问题的严重度与广泛度、教学目标与重难点、不同阶段学生的需要与学生的思维特点、知识水平、认知能力等确定讨论或辩论的主题。

讨论或辩论的主题要有可能性、挑战性或普遍性,通常选择学生有多种认知可能,且这些认知之间存在冲突或矛盾的问题,因为不同的学生有不同的观点,这些观点之间甚至是冲突的;也可以选择学生中存在的某些学生自身还没有认识到的不良现象进行讨论或辩论,比如,歧视身体残疾、成绩差或者在品德方面暂时有缺陷的学生的现象就可以作为讨论或辩论的主题。同时,还要考虑讨论或辩论的"价值性",即学生能否提出有启发性的观点或者生成有意义的新观点。比如,让小学生讨论抵制日货或韩货是否爱国"价值"就不会太大,因为小学生的知识积累、思维水平等决定了他们不可能提出多少有启发性的观点。

再次,指导学生围绕讨论或辩论的主题收集整理资料、做好思辨准备。对于重要的或难度较大的主题,一般要求学生事先做好"功课",以增强讨论或辩论的有效性。

最后,预想学生可能出现的错误或不当观点并思考和引导学生的对策。

(2)及时指导。当学生在讨论或辩论过程中偏离主题或者"原地打转"提不出新观点时,教师要及时提醒、引导或启发,帮助学生重新回到正题或者从新的角度思考问题,以实现预设的目标。

(3)及时总结。讨论或辩论的重心不在于表面形式上的热闹、"花哨"或学生"参与度"的高低,而在于学生对于讨论或辩论的问题是否有了更全面、更深刻、更正确的认识,因而教师对于学生在讨论或辩论中提出来的不当观点不能视而不见,否则学生会越辩越论越糊涂。因此,教师在讨论或辩论结束后要及时总结,针对学生讨论或辩论中存在的认知问题,发表自己的见解;同时鼓励学生对暂时没有弄清楚或未达成共识的问题可以继续通过板报、班报等形式展开讨论或辩论,以培养学生坚持真理、修正错误的良好品德。

科尔伯格等人提出的"道德两难故事法""问题讨论法"和"苏格拉底法"对我们今天有效运用讨论或辩论法具有重要启示。

3.陶冶法

陶冶法是指各科教师、班主任及少先队、学生会、班委会、团支部等有目的地与学生共同营造一定的德育氛围,进而对学生的思想、情感、行为产生潜移默化影响的方法。陶冶法的最大特点在于"润物细无声",学生置身其中,在不知不觉中受到熏陶和感染,因而对学生的影响深远。

陶冶法主要包括人格感化、环境熏陶等形式。

(1)人格感化。人格感化就是教育者以自己高尚的人格及对学生真挚的爱感化学生,使学生的心灵受到触动、境界得到提升。一般来说,教师情操越高尚,对学生越关爱,其人格威望就越高,对学生人格感化的力量就越大。这要求教师在校内外都能为人师表、以身作则、有正义感、善良、有爱心,尤其要全方位关心全体学生、尊重学生、公平公正地对待学生、热爱学生、敢于维护学生的合法权益,让学生直接体会教师人格的力量、沐浴在爱的阳光中,从而效仿教师的言行,提升自己的思想境界。

(2)环境熏陶。环境熏陶是指教师营造或与学生共同营造良好的人际环境、文化环境和物质环境,对学生的思想、情感、行为产生良好影响的方法。比如通过构建和谐的师生关系、生生关系,形成良好的校风、班风,整洁、优雅的校园设施等帮助学生形成宽容、体谅、尊重、平等、关爱、正直、严谨、求真、务实、求善、求美等思想和情感。

4.自我教育指导法

自我教育指导法是指各学科教师、班主任及少先队、学生会、班委会、团支部等在教学或日常教育、管理中指导学生通过自我学习、自我反思、自我管理等方式来不断提高自己的认知水平和思想境界的方法。人的政治、道德、法治、心理健康等素质的提高取决于两种力量,一种是外在的教育,一种是自我教育,且外在教育只能通过自我教育才能起作用,正如苏霍姆林斯基所说"只有能够激发学生去进行自我教育的教育,才是真正的教育"[1]。因此指导学生自我教育是一种非常重要的德育方法。

(1)指导学生自觉学习。教师可以根据教育目的及内容的需要建议学生课余阅读有关书目或观看《今日说法》《道德观察》《感动中国》等节目,或者撰写读书笔记或心得体会、适当组织交流活动等方式帮助学生进行自我教育。

(2)指导学生自我反思。教师可以通过指导学生通过写日记、静思等方式反思自己一天学到的知识,一天接触到、了解到的人和事对自己的思想、情感的影响以及反思自己一天的行为表现是否有不当之处,并总结原因,提出努力的方向等方式帮助学生进行自我教育。

(3)指导学生自我管理。教师可以通过指导学生对自己的学习、生活等自我安排、自

---

[1] [苏]B.A.苏霍姆林斯基.给教师的建议(修订版 全一册)[M].杜殿坤,编译.北京:教育科学出版社,1984.341.

我检查、自我监督等方式帮助学生进行自我教育。

5.疏导法

疏导法是指班主任及少先队、学生会、班委会、团支部等通过日常工作,对学生集体或个别学生在思想方面出现的不良动向通过平等对话进行及时而深入细致地疏通和引导,进而转变学生思想、改变学生行为的方法。这种方法也可称为谈话法。疏导法中的"疏"就是"疏通隔阂,广开言路,展开教育主体与客体的平等对话,让教育对象在教育主体面前敞开心扉,把自己的意见、看法、要求充分表达出来,将不满情绪释放出来";"导"就是"开启和引导,是在'疏'的基础上和过程之中,循循善诱,开启思想,引导教育对象从正确的立场观念和角度去认识和分析问题,进而转变错误认识、提高思想觉悟。疏导教育法是'疏'与'导'高度结合与统一的显性教育方式"[①]。

疏导法针对学生具体的思想和行为问题深入细致地展开,具有很强的针对性,是建立在沟通的基础之上,容易让学生接受。但是如果疏导时简单粗暴或流于形式或不痛不痒地念几句"经",不仅达不到期望的效果,反而会使学生产生逆反心理。因此运用疏导法时要做到:

(1)精心准备。在疏导前,准确了解学生思想方面存在的问题及原因,分清问题的性质,预设疏导措施。

(2)善用技巧。善于营造平等、和谐的氛围,鼓励学生敞开心扉;善于换位思考,既肯定、关心学生的合理要求和需要,又要指出学生可能存在的思想和行为问题;尊重和相信学生的自我反省和自我控制能力,鼓励学生自我反思和选择。

6.评价法

评价法是指班主任及少先队、学生会、班委会、团支部等通过日常工作,客观评价学生的思想、行为表现,并通过肯定、表扬、奖励或否定、批评、惩罚等方式进行及时反馈,以鼓励学生正确的思想和行为、纠正和预防学生错误的思想行为,促进学生法治、道德、思想、政治素质正向发展的方法。评价法主要包括对学生日常行为的奖惩、对学生综合表现的评定与评比等形式。

(1)对学生日常行为的奖惩。奖励是对学生正确思想或行为的肯定性评价,是一种正强化,包括一般的赞许、表扬,也包括专门形式的奖赏。赞许是对良好品行的好评,表示赞同或肯定,可以口头说"对""好"来表示,也可用目光、点头、微笑、手势等来表示;表扬是对学生优良的品行进行较为正式的评价,有口头和书面两种形式;奖赏是对学生较为突出的优良品行,以颁发奖状、奖品、奖金或授予荣誉称号的方式进行奖励。惩罚是对学生不良或错误行为的否定评价,是一种负强化,包括一般的批评,也包括较严重的处分。

[①] 罗洪铁,董娅.思想政治教育原理与方法基础理论研究[M].北京:人民出版社,2005:427.

奖励法的优点在于可以使学生明确认识到自己的思想、行为的正确性,并且产生愉悦感、满足感,从而促使其保持良好思想、行为动机、愿望和信心。但奖励不当,如过于频繁的奖励或容易得到的没有"分量"的奖励或不公平公正的奖励不但不会使学生产生愉悦感,还会形成一种不良的舆论氛围。因此运用奖励法时,奖励的目的要明确,是为了鼓励某种良好的思想或言行;奖励要公正合理,奖励应该奖励的人和事;被奖励的思想、行为应得到大多数学生的认同及集体舆论的支持;要根据学生的年龄特点、个别差异,采用不同的方式,对低年级的学生、"学困生"的奖励可以适当多一些,对于容易骄傲自满的学生可以适当少奖励一些。

惩罚法的优点在于可以使学生明确认识自己思想、行为中的缺点和错误,并在情感上产生内疚感、羞愧感,从而改正自己的不良想法和行为。但是惩罚不当,比如将惩罚当作目的,或者当众羞辱、侮辱学生人格,就会适得其反。在运用惩罚法时,要有正确的指导思想,惩罚只是手段,其目的是教育学生,促进学生的成长进步,在惩罚学生的同时要帮助学生认识到所犯错误的性质、危害及原因,并与学生一起探讨改正的办法;对学生惩罚时要注意场合,既要通过惩罚学生教育其他学生,也要尽可能不过多伤害被惩罚学生的自尊,尽可能避免当众惩罚;惩罚方式要得当,不能采取体罚和变相体罚或讽刺挖苦、嘲笑等侮辱学生人格或经济制裁等违法违德的方式,也要尽量少用处分的方式,处分过多往往会使受处分的学生无动于衷,相反取消一个学生期盼已久的奖励,效果可能更好;惩罚要公正合理,要根据学生所犯错误的性质、情节及其对错误的认识、态度来决定惩罚的轻重;被惩罚的人和事要能得到大多数学生的认同及集体舆论的支持;惩罚要适度,要符合学生的年龄及身心特点,不能过重或过轻;要多给犯错的学生"将功补过"的机会,鼓励学生通过自己的努力弥补或减轻其言行产生的不良影响。

(2)对学生综合表现的评定。对学生综合表现的评定又称为操行评定,指班主任在全面搜集同学、其他教师意见及自己平时的观察、了解的基础上对学生在一定时期(通常是一学期或一学年)的政治、道德、法治、心理健康表现状况做出评价,并写出书面评语,填入学生手册,发给学生,通知家长的方法。这种方法的优点在于能帮助学生和家长了解自己或子女在学校中的总体状况,激发学生求上进、不服输的思想。但是如果运用不当,评语大而空或千篇一律或报忧不报喜、报喜不报忧,则会影响学生对自己的正确认识。因此对学生的操行评定,应用全面、发展的观点,实事求是,以肯定评定为主,否定评定为辅。操行评语宜反映学生特点,忌千人一面、一般化;评语应是教师倾注师爱的一种方式,形式上宜用第二人称。

(3)对学生综合表现的评比。对学生综合表现的评比是对学生的综合行为表现做比较评价,以表彰先进,鼓励后进的方法。评比可在同学间进行,也可在集体间进行;评比内容可以是单项性的(如社会公德、纪律表现等),也可以是全面性的(如评选"三好学生"

"优秀干部""先进集体"等)。这种方法适合青少年学生求上进、不服输等的特点,有利于激发学生在行为表现方面形成你追我赶、争当先进的好风气;有利于学生法治、道德、思想、政治素质的形成。但是如果目的不明确,措施不当,只追求表面轰轰烈烈,不求实际效果,也会造成华而不实的形式主义倾向,甚至造成弄虚作假的恶果。因此,运用评比法时,要让学生明确评比的目的,引导学生不能为"争当先进"而采取互相贬损或者对其他同学"行贿"(如向同学送礼、请客吃饭等)行为,是要从"善意"出发,评选出符合条件的先进;评比条件要具体明确,并广为宣传,人人皆知;评选过程要公开透明,要充分发扬民主,广泛征求学生、教师的意见;评比后要及时宣传、表彰好人好事,并定期检查督促。

7.活动法

活动法即"活动育人"途径中的方法既包括校内活动育人中的模拟活动(如模拟法庭、模拟市场等)、文体活动、纪念或庆祝活动、主题演讲或辩论、集体劳动等方法,又包括校外活动育人中的参观、访问、调查与实际锻炼等方法。在此重点介绍校外活动中的方法。

(1)参观、访问、调查法。参观、访问、调查法是指少先队、学生会、班委会、团支部、班主任和各学科教师等组织学生接触社会实际,运用具体生动的事实进行说理和感染,以帮助学生直接获得有关政治、道德、法治、心理健康等方面的直接经验和情感体验,形成正确的认识和情感表达的方法。参观一般是指看实物,听解说。如观看工人们的生产流程或参观祖国的名胜古迹、博物馆、展览馆等。参观有时也可与访问、调查法一起进行。访问是指拜访一些典型人物,如道德模范、感动中国人物、劳动模范、战斗英雄、老前辈、科学家等。调查则是有目的有计划地获取一些足以说明问题的第一手材料,如去工厂、农村、城镇、街道了解新中国成立以来取得的伟大成就等。参观、访问、调查法直观性强,感染力和说服力大,可以用亲耳所见的真人真事弥补抽象说理和间接情感陶冶的不足。但是如果组织得不好,既费时费事又费钱,还不能对学生起到应有的教育作用。因此运用参观、访问、调查法时要遵循基本程序:

首先,事前要周密计划,充分准备。根据德育的具体任务选好参观、访问、调查对象,确定参观、访问、调查重点,并事先同有关单位或个人联系,提出参观、访问、调查的目的,提供学生的思想品德。

其次,要在学生中做好动员工作。在动员中帮助学生明确参观、访问、调查的目的、意义、程序及相关要求。

再次,在参观过程中给学生具体指导。要指导学生围绕参观、访问、调查目的,认真地看、问、听、思、记,以帮助学生学到实际的知识或获得丰富的资料。

最后,参观后要引导学生做好总结,通过组织座谈、汇报会以及写日记、作文、心得体会、调查报告等方式,进一步深化学生的认识和思想情感。

(2)实际锻炼法。实际锻炼法是指通过各种实际活动(如为孤儿院、养老院打扫卫生或表演节目等),在行为实践中提高认知、陶冶情感、培养良好意志、坚定信念、养成行为习惯、增加能力、提升精神境界的方法。这种方法的优点在于寓教于学生的学习或探索之中,能调动学生参加锻炼的自觉性、积极性和主动性,培养学生知行结合、言行一致的良好品德提升其独立活动和自我教育的能力。但是如果运用不当,对学生的"限制""干预"太多或者方法不当或者不加指导,就很难取得实效,反而降低德育的"严肃性"。因此在运用实践锻炼法时要遵循基本的要求:

第一,向学生提出明确、具体而合理的锻炼任务。锻炼活动的发起往往是从特定的锻炼任务开始的,因此在锻炼中,教师提出的任务越具体、越明确、越合理,就越有助于增进整个锻炼过程的效能,实现预期的德育目的。

第二,加强对锻炼活动的全程指导。教师是整个锻炼活动的组织者和协调者,教师必须参与到锻炼活动的各个环节中,给学生以及时的指导和帮助。在锻炼开始时,教师应该注意激发学生参与锻炼的动机和愿望;在锻炼中,教师要善于发现学生在锻炼中存在的问题,和学生一起探讨解决的办法,并及时予以精神上的鼓励和必要的物质帮助,以培养学生的坚强意志;在锻炼结束后,教师要鼓励学生反思锻炼后的体会和体验,升华其既有的思想道德观念和情感,发展其良好行为和能力。

(3)言行示范法。言行示范法是指教师、管理人员、服务人员在与学生面对面的交往中,以自己的良好言行对学生的思想、行为产生影响。由于言行示范是直接呈现在学生面前的,具有较强的可信性和可模仿性,因此对学生的影响非常直观、形象。比如教师在课堂教学中不经意地捡起学生随手扔在地上的垃圾就可能引起学生的直接效仿;学校管理人员或服务人员在与学生的交往中,表现出尊重、平等、热情、耐心等言行,学生学到的也会是尊重、平等、热情、耐心,相反,在与学生的交往中表现出居高临下、冷漠、不耐烦,学生学到的也会是冷漠、没耐心,正如斯宾塞所说"野蛮产生野蛮,仁爱产生仁爱"。因此,无论是教师还是管理人员、服务人员都要注意自己的言行。

问题思考

1."只有不会教的老师,没有教不会的学生。"请你结合实际谈谈你对此的认识。

2.分析当前我国中小学德育途径实施中存在的主要问题并提出解决措施。

3.选择或设计一个"道德两难故事或问题"并进行分组讨论。

4.阅读下列案例,设计改变李想"淘气"行为的策略。

李想是一个父母抛弃的孩子,3个月大时被一位年近六旬的孤寡老人收留。李想和这位老人住在两间破败的土房里,生活极度贫困,周围几百米也没有人家。李想上课经常不太听讲,但考试成绩总在班级前面。李想是一个名副其实的"淘气包",特别爱作弄人:当老师激情高昂地讲课时,他却在课堂上扯女生的头发,让女生痛得尖叫起来;要上体育课了,他在上课前把篮球的气全部放掉了,让同学们无法玩向往已久的篮球;班主任监考时,他将墨水洒在班主任的白色T恤上。班主任天天当着同学的面教育他,天天放学后把他留在办公室,但半学期过了,他依然"调皮"。[1]

拓展阅读

1.上善若水。水善利万物而不争,处众人之所恶,故几于道。居,善地;心,善渊;与,善仁;言,善信;政,善治;事,善能;动,善时。夫唯不争,故无尤。

——老子《道德经》

2.教育学艺有这样一种特点,几乎人人都把它看作是一件习知易解的事;另外一些人甚至把它看作是一件易如反掌的事,但是一个人越以为它是一件易懂易干的事,他就越显得在理论上或实践上对它是陌生的人。几乎人人都承认教育要求有耐心;有些人认为教育需要天赋的才能和本领,也就是技巧;虽然我们的许多教育上的摸索也可能使大家相信除了耐心、天赋才能和技巧之外,还需要有专门的知识,可是只有极少数的人相信这一点。

——[俄]乌申斯基《人是教育的对象》

---

[1] 易连云.走进心灵的教育:班主任工作优秀案例选编[M].重庆:重庆出版社,2009:9-11.

📖 教育名言

大道废,有仁义。智慧出,有大伪。六亲不和,有孝慈。国家昏乱,有忠臣。

——老子《道德经》

第九章
学校德育管理

◎ 内容提要

学校德育管理是确保学校德育有效性的关键环节,具有政治方向性、人文协同性和组织开放性的特点,对学校德育起着重要的支撑作用。学校德育管理是为了实现一定德育目标任务,运用科学管理思想,结合学校德育的特点策划德育管理模式,通过一定的途径、方法和手段积极实施的教育实践活动。

💡 问题导入

1.学校德育是一项有计划、有组织、有目标的教育实践活动,如何保障学校德育开展的成效?

2.在学校德育中,如何进行有效的德育管理?

第 一 节
学校德育管理概述

学校德育管理是为了实现一定的德育目标任务,结合学校德育的特点,运用科学管理思想进行行动策划,并通过一定的途径、方法和手段积极实施的过程。它是确保学校德育有效性的关键环节,具有政治方向性、人文协同性和组织开放性的特点。在学校德育中,德育管理发挥着重要的支撑作用。为了更好地理解学校德育管理,我们需要了解以下几个基本问题:何谓学校德育管理?它具有哪些特点?在学校德育中,德育管理发挥哪些功能?学校德育管理有哪些构成要素?

一、学校德育管理的含义与特点

(一)管理的基本含义

由于人们研究管理问题的出发点不同,所坚持的立场、观点与采用的方法不同,以及研究者的文化背景、管理实践经历不同,因而会对管理产生不同的看法,提出不同的见解,主要有管理职能论、管理职能说、管理决策论、管理目的论、管理人本论、管理模式论、管理系统论、管理绩效论等。尽管人们关于管理存在不同的认识,但是大多数都反映了管理的一些共通属性,即管理通常是一种人的活动过程,这一活动过程围绕既定目标展开,其进行要事先策划,组织实施,并采取一定的方法或技术手段,以保障预期目标的顺利达成。因此,我们可以认为,管理是为了实现一定目标任务而进行的行动策划,以及通过一定途径、采取一定方法和手段进行积极实施的过程。

(二)学校德育管理的含义

目前,关于学校德育管理的含义,不同的学者有不同的界定,主要有以下几种观点。德育管理是"协调实施德育的组织与组织、组织与德育工作者之间的关系,保持德育组织的良好机能状态和德育工作者良好的精神状态,以提高德育效率"[1]。德育管理是"学校领导者组织、指导教育者有目的、有计划地对受教育者在思想品德上施加影响的活动"[2]。现代学校德育管理是"现代学校组织系统中的管理者根据现代社会需要,在现代管理思想的指导下,运用现代管理科学方法,对德育工作进行决策、计划、组织、控制和评价,充

---

[1] 胡守棻.德育原理[M].北京:北京师范大学出版社,1989:239.
[2] 张念宏.中国教育百科全书[M].北京:海洋出版社,1991:303.

分利用各种德育资源(人、财、物和信息等),不断增强学校德育系统功能,以达成最佳德育和德育管理目标的活动过程"[1]。

以上对学校德育管理的界定反映了管理的基本特征,同时也体现了其自身的特殊要求。概言之,学校德育管理是为了实现一定德育目标任务,运用科学管理思想,结合学校德育的特点而进行的行动策划,并通过一定的途径、方法和手段积极实施的过程。

(三)学校德育管理的特点

学校德育管理是一般管理的具体体现。相对于其他管理活动而言,学校德育管理体现了以下特征。

1.政治方向性

学校德育管理源于学校德育的内在要求,学校德育的政治方向性规定了学校德育管理必须坚持正确的政治方向。我国的学校是社会主义性质的学校,坚持社会主义办学方向,坚持德育的首要地位,为社会主义事业培养有理想、有道德、有文化、有纪律的建设者和接班人是学校的根本任务。因此,学校德育工作必须毫不动摇地坚持这个根本方向,学校德育管理同样要确保这一政治方向不动摇。学校德育管理的政治方向性特点,主要体现在确立德育指导思想、制订德育计划、确定德育目标、选择德育内容、评价德育效果等方面。当前,坚持学校德育管理的政治方向性,就是要坚持社会主义意识形态在学校德育工作中的指导地位,用马克思列宁主义、毛泽东思想、邓小平理论、"三个代表"重要思想、科学发展观、习近平新时代中国特色社会主义思想指导学校德育、教育学生,在学校德育管理实践中坚持党的领导,保证党的路线、方针、政策得到贯彻落实,坚持对学生进行深入持久的爱国主义、集体主义和社会主义教育。

2.人文协同性

管理的协同性指的是调节和改造各种管理对象之间的关系,使它们能相互适应,按照事物自身固有的规律性,在整体上处于最佳的功能状态。这是任何管理都具有的特点。学校德育管理不可能通过某一个组织或某一个人来单独进行,必须协同学校各级管理组织和社会各方面的力量共同来完成。学校参与德育管理的党、政、工、团、教职员工、班集体等,各级组织与个人按其分工不同而各自具有不同的德育管理职责;同时,党和国家提出的德育方针、政策和有关要求是学校德育管理不可忽视的重要内容;家庭力量也是德育管理的重要方面。因此,学校德育管理是学校内部各组织、个体间的协同,同时也是学校、社会、家庭紧密配合的协同,这体现了德育管理的重要特点。

学校德育管理的协同性还有自己的独到之处,即人文性。具体表现为:对象主要是

---

[1] 班华.现代德育论[M].合肥:安徽人民出版社,2005:252.

人及其组织,手段主要靠党和国家的政策、决议,人文力量主要靠教育、激励、约束、评价等思想、理论、规律、情感等,效果主要表现为增强德育工作者的积极性以及德育的有序性和有效性,并最终表现为学生思想道德素质的提高上,是人文的物质产品。

3.组织开放性

学校德育管理的组织结构具有开放性的特点。虽然学校内部的德育管理组织是德育管理组织的主体,但是作为整体的德育管理组织已超出了校园的范围。党和政府是德育管理的最高组织者,教育行政部门、群团组织等同样承担着德育组织管理责任。从静态的德育管理组织构成看,德育管理组织具有开放性。从德育管理组织活动范围看,也已超越了学校的界限,作为动态的组织性同样是开放的。家庭德育、社区德育、网络德育以及其他媒体的德育作用都是德育管理组织活动的重要组成部分。正是德育管理的组织开放性的特点,决定了德育管理要注重科学合理地配置校内外一切德育资源,调动一切积极因素,壮大德育力量,形成德育合力,增强德育管理的有效性。

二、学校德育管理的功能

学校德育管理对保证学校德育工作的顺利进行起着至关重要的作用。同时,德育是学校各育之首,对其他各育具有先导、开路和保证作用,德育管理的加强对全校的管理工作具有极大的促进作用。下面着重从管理的角度探讨学校德育管理的主要功能。

(一)德育方向的控制功能

德育方向的控制功能与德育管理的方向性特征具有内在的一致性。该功能是学校德育工作的方向性保障,也是学校德育的性质要求。这一功能的具体发挥主要通过两个途径:一是作为德育管理的最高层次,党和国家通过制定法规、提出意见来明确德育方向和大政方针;二是学校通过德育管理使之贯彻到具体的德育实践中。从组织领导的角度而言,德育管理对于保证德育方向具有最直接、最有效的作用。我们不仅要认识到德育管理的这一功能,更要重视并善于发挥德育管理对德育方向的控制和保证作用。

(二)德育因素的整合功能

德育因素的整合功能是指学校德育管理通过计划、组织、协调、指挥等职能,把校内外所有可调动的德育因素科学、合理地组织起来,按照统一的目标和计划相互协调地发挥作用,这个作用可以大于各个部分功能之和。目前我们所倡导的全员育人、全方位育人、全过程育人以及教书育人、服务育人、管理育人、环境育人等德育思路和格局,需要靠德育管理来实现。特别是在德育环境、德育对象发生某些变化时,对德育全局性的调整只能靠管理形成统一意志、统一行动,使德育的整体优势得到充分发挥。

(三)德育效果的保障功能

学校德育管理的重要目标在于提升德育工作质量,有效实现育人目标。学校德育管理通过制定相应的政策、制度,对广大德育工作者予以引导,并通过教育、关怀和尊重调动他们开展德育工作的积极性和创造性,激发全体教职员工德育工作的责任感和主动精神,以增强德育工作的实效;学校德育管理通过紧紧围绕德育目标和德育质量标准,实施一系列保证和提高德育质量的管理举措,并通过科学、合理地发挥德育各要素的作用,达到预期目的。事实也是如此,是否强化德育管理,对德育的质量的确带来了不同结果。在同样的环境、人员、学校等条件下,加强德育管理,德育的质量就有保障;反之,德育质量就失去了控制。因此,我们要重视并充分发挥德育管理对于提高德育质量的有效作用。

三、学校德育管理的构成要素

德育管理的构成要素是指在德育管理过程中,对德育管理行为及其效果产生影响的因素。构成德育管理的过程,首先,要有德育管理主体,即说明由谁来进行德育管理的问题;其次,要有德育管理客体,即说明德育管理的对象或管理的问题;再次,要有德育管理目的,即说明为何进行德育管理的问题;最后,要有德育管理环境,即在什么样的客观环境和条件下进行管理的问题。因此,德育管理作为动态过程,是这四个要素决定其行为的发生,它们也是德育管理的构成要素。

(一)德育管理目的

德育管理目的是德育管理主体努力的方向,是德育管理活动要达成的效果,贯穿于德育管理活动全过程,渗透于各项具体德育活动之中,也是衡量德育管理活动是否合理、有效的标志和尺度。所有的德育管理活动都围绕着德育管理目的进行。德育管理目的在德育管理活动中处于核心地位。其主要表现在以下两个方面:一方面,德育管理目的是建立德育管理组织系统的前提。德育管理目的决定德育管理目标,有了目标才能为选择和运用人、财、物等资源提供依据和标准,才能把分散的力量组成一个有机系统。德育管理目标为组织与成员的考核提供了主要依据,这些依据反过来使各部门和每个人有了正确的工作方向与准绳,根据目标来进行自我控制、自我引导,使整个德育组织自动地运转起来。另一方面,德育管理目的是德育管理活动的出发点和归宿。一切德育管理活动都从属于德育管理目的,服从和服务于德育管理目的,各项德育管理工作都是为了实现德育管理目的而有组织有意识地展开的。德育管理目的指导着各项德育工作的方向和各种德育资源的配置;决定着德育管理活动的方针、任务与内容;决定着德育工作的领导体制、组织结构以及各项德育管理制度;激励着德育组织体系内各组成部分和人员自觉地发挥潜能;决定着德育管理人员的选用、德育管理方法的选用和德育管理艺术技巧的运用。

(二)德育管理主体

德育管理主体包括德育管理组织和管理者。德育管理主体在德育管理要素中起主导作用。德育管理主体的一个作用表现为对德育管理客体的领导、组织、控制和协调,使德育管理客体能够按照德育管理主体的要求和目标进行,德育管理客体成绩的好坏,在很大程度上取决于德育管理主体的领导水平及素质。德育管理主体的另一个作用表现为对组织环境的掌握和适应,利用环境使德育管理工作顺利进行。

德育管理组织有广义和狭义两种界定。广义的德育管理组织,是指在学校中承担学生政治理论教育、行为规范管理和道德品质培养的职能机构;狭义的德育管理组织,是指根据管理科学的基本原理和学校德育本身的特点、要求,对德育进行有目的、有计划的有效协调与控制的专门管理机构。狭义的德育管理组织区别于学校内部仅具有某些德育功能但不以德育管理为主的其他管理组织。德育管理组织是学校拟定德育规划、实施德育方案、实现德育目标的必不可少的机构,是学校实施德育管理的前提,是管理者各尽所能、分工协作的基础,是发挥德育整体效能的保证。

德育管理者是德育管理活动的主体,即实施德育管理行为的人。在学校德育管理组织和管理活动中,管理者处于主导地位,起主导作用。无论是德育管理目标的确定、德育计划的制订和执行,还是德育内容、方法和途径的选择,管理者都起着领导和组织的作用。

德育管理组织和管理者相互依存,并相辅相成地各自发挥作用。一方面,任何德育管理组织,无论它的具体职责是什么,都必须有管理者、管理对象和管理活动,没有这"三要素",就不能称其为管理组织;另一方面,管理者要实施管理活动,又必须通过一定形式的管理组织才能实现。可以说,管理者是管理组织中起主导作用的角色,是管理活动的组织者和领导者,是管理组织意志的体现者和利益代表者。

(三)德育管理客体

德育管理客体是德育管理的特定对象。学校德育管理的客体,包括一切德育资源,如德育人力资源、德育课程资源、德育活动资源、德育财力资源、德育时空资源、德育信息资源等。德育管理客体是根据德育管理主体的指令,按照德育管理主体的意图,为达成德育目标服务的各级德育工作者。德育管理客体的作用表现为对德育管理主体制定目标的主动性、创造性实施。同时,德育管理客体影响德育管理主体的行为。德育管理主体从德育管理客体那里收集到信息,然后再决定下一步行动。德育管理客体的复杂性导致德育管理行为的复杂性。德育管理行为的复杂性决定了德育管理工作应该因人而异,采用权变原则。不会变通、强求一致的德育管理方式可能会导致德育管理的失败。在德育管理要素中,德育管理主体和德育管理客体的划分并非绝对,在一定的条件下是可以转化的。在德育管理过程中,德育工作者不仅是德育管理的主体,也是德育管理的客体。在一定的时间、场合下相对于一定的对象,一个人是德育管理主体;而在另一个条件和场合下,他又可能变成了德育管理客体。德育管理组织中没有绝对的德育管理主体,也没有绝对的德育管理客体,只能根据一定的条件相对而言。

(四)德育管理环境

德育管理活动除了表现为德育管理目的、德育管理主体和德育管理客体三个基本要素相互作用的过程之外,还处在一个客观环境之中,与外界发生着信息输出和输入的交流。德育管理环境包括自然环境和社会环境,大到国际政治、经济形势,小到学校、班集体的环境变化,都对德育管理活动产生影响。德育管理是一个动态过程,是一个对环境的动态适应和改造过程。德育管理环境间接地影响着德育管理行为。环境制约德育管理系统构成形式。德育管理系统的特点、结构和功能是由德育管理目的决定的。但是,环境的影响也不可忽视,甚至有时环境对德育管理系统的形式、结构和功能起着决定性的作用。环境是人们活动的必要条件,人的一切活动都不能脱离这个条件,人们在组织中从事任何活动,要想取得成功,都必须因地制宜。也就是说,建立什么样的德育管理系统、从事什么样的德育管理活动,实现什么样的德育管理目标,都必须从客观实际情况出发,以现实条件为依据。

环境因素对德育管理至关重要。有利的环境条件能够促进德育管理工作的完善、德育管理功能的充分发挥、德育管理效率的提高,从而加速德育管理目标的实现;不利的环境条件则会阻碍德育管理活动的运行,延缓德育管理过程,甚至使德育管理活动完全中止。环境为组织的存在和发展提供了机会与可能,同时,环境的变化也会给组织带来威胁。在某些时候,环境因素的突然变化会导致组织发生重大变化,甚至质的变化。从一定意义上说,组织系统对环境变化的适应能力如何,关系到该系统的生存、稳定和发展,关系到组织目标能否实现。只有对环境有及时的认识、理解及反应能力和适应能力较强的组织,才能取得长远发展,才能取得成功。德育管理者要获得成功,要实现预期的德育管理目标,就不能不重视对德育管理环境的研究。

第二节
学校德育管理基本模式

在学校德育管理过程中，如何进行管理，是学校德育管理面临的现实问题。针对学校德育实际，以及现有的德育管理实践经验基础，我们选取了在学校德育管理模式中较常见的学校德育目标管理、学校德育常规管理、学校德育制度管理和学校网络德育管理四种基本模式。学校德育管理模式，是学校德育管理目标、任务以及具体管理方法、技巧的有机系统。学校德育管理模式是开展学校德育的策略保证，有助于学校德育的有效推进。

一、学校德育目标管理模式

目标管理是以重视成果为出发点，以层层制定和组织实施目标为手段，动员所有组织成员共同实现组织目标的管理方式。简单地说，就是围绕着管理的目标所进行的管理。

目标管理这一理论最早是由美国著名管理学家彼得·德鲁克于1954年在《管理的实践》一书中提出来的。德鲁克提出了"目标管理和自我控制"的主张。他认为，一个组织的目的和任务，必须转化为目标，如果一个领域没有特定的目标，那么这个领域必然会被忽视。他还认为，一个组织中的各级管理人员只有通过目标的形式对各级进行领导和管理，并以目标来衡量每个人的贡献大小，才能保证该组织总目标的实现；如果没有一定的目标来指引每个人的工作，则组织的规模越大，人员越多，发生冲突和浪费的可能性也就越大。

目标管理理论是管理理论发展中的一大进展。目标管理理论本身也是发展的，迄今为止它大致经历了三个发展阶段：第一阶段是20世纪50年代末到20世纪60年代初，目标管理以绩效评估为中心，即以工作的具体成果作为评估标准，从而使管理和控制都重视具体的量化标准，使人们明确自己在工作中应向什么方向努力，应达到什么水平，以此来刺激人们的主动性和积极性。第二阶段是20世纪60年代，目标管理以目标结合为中心，即不仅强调总体目标和各部门目标，还要求有个人目标，使目标形成体系。通过建立和协调目标体系，使组织的成员参与管理等，以实现总体目标。第三阶段是20世纪70年代，目标管理以长期规划或战略规划为中心。它不仅是为了完成短期内任务，而且是着眼于战略决策即长期发展目标的实现。目标管理理论提出后，在美国及其他一些国家（如日本）的企业中得到应用，并取得了很大效果，后来还被广泛应用于其他部门（包括教育部）。

(一)目标管理的依据和原则

目标是目标管理的核心,确定目标是实施目标管理的首要且至关重要的步骤。只有制定出符合本单位实际情况,又有利于长远发展的目标,才能使目标管理取得好成效。

1.确定目标的依据

(1)依据上级要求。从根本上说,党的基本路线和方针政策反映了我国基本国情和全国人民根本利益,是每个单位确定目标的根本依据。对于学校来说,"上级要求"就是指上级教育行政部门的目标及其下达的任务和指令性计划。因此对学校领导来说,确定目标首先要"吃透"上级精神和贯彻执行上级指令。随着计划经济体制转换为社会主义市场经济体制,对于许多企业来说,由于被推向了市场,"上级"已不再下达指令性计划,或指令性计划已大幅度减少,制定目标不能再以"上级要求"为主要依据。但对于学校来说,由于教育工作的特殊性,对于基础教育,特别是其中的义务教育部分,应该主要是政府的责任和行为,而不能简单地把中小学校"推向市场",因而"上级要求"仍是学校制定目标的重要依据。

(2)适应社会需求。在社会主义市场经济条件下,对于企业来说,制定目标主要依据社会需求,社会需求又集中表现为市场需求,这就是所谓的"市场导向"。对于学校来说,社会需求也是一个重要依据,是更深层次的要求,与"上级要求"是不矛盾的。但这个社会需求不能简单地等同于市场需求。基础教育的主要任务是提高人的素质,包括身体素质、思想道德素质、科学文化素质、心理素质等。因此社会对人的素质的要求就是社会对基础教育的主要需求。目标是指向未来的。社会需求是一定时期的需求,是包括社会未来发展的需求,因此制定目标时必须预测未来发展的趋势,以对未来情况的预测为依据,这个依据是社会需求依据的一部分。

(3)针对本组织的主客观条件。目标的制定必须立足于现实基础,并充分考虑本组织的主客观条件。这是辩证唯物主义的基本道理,也是确保目标可行性的关键。只有立足于现实基础的目标,才具有可行性。从学校来说,主观条件,主要是学校教职工各方面的素质、能力及各级管理水平等。客观条件包括学校的物质条件,如校舍、各方面的设备、地理位置等;经济条件,如办学经费及其来源,已有的和可能达到的财力,教职工的待遇,学生家庭的经济状况等;社区环境及社会支持情况,已达到的办学水平,主要指已有的经验和传统的标准,学生既有的品德、知识、身体等方面的状况等。主客观条件都是相对而言的,又都是一分为二的。因此必须进行实事求是地分析,具有清醒客观的自我认识和比较准确的定位。

2.确定目标的原则

一个好的目标体系,应基本符合下列原则。

(1)全面考虑与突出重点原则。全面,是指目标能体现本组织的基本任务,反映本组织的全面工作,使所属的部门和个人都有明确的目标。但目标不能也不必把全部工作事无巨细地都列入,必须突出重点,把握关键,提纲挈领,着力于解决主要和重要的问题。

(2)目标的整合一致原则。使组织内部上中下每个部门、每个层次、每个人的目标都得到整合,既要保证组织的总体目标,也要重视每个人的个人目标,并确保它们之间保持基本方向的一致性。这样才能真正激发和调动每个人实现组织总体目标的主动性和积极性。如果个人和组织离心离德、各自为政、相互内耗,必将导致整个组织工作的失败。

(3)先进性和可行性相结合原则。目标应具有先进性,这样可激发成员向上的积极性,感到"有奔头"。否则就难有动员和激励作用,也无助于提高人们的能力。但又要有切实可行性使人们经过努力能够达到。如果目标设定得过高而无法实现,将会使人们丧失信心和积极性。

(4)定量化和具体化原则。目标要做到努力有方向,检查有依据,考核有标准。为此,目标应该明确、具体,并尽可能用定量的指标描述。对于难以量化的目标,也应尽可能地具体化,制定出衡量的标准,便于实施、操作和考核。只有使目标明确、具体,才能保证目标管理的有效。

(二)学校德育目标体系

根据2004年《中共中央 国务院关于进一步加强和改进未成年人思想道德建设的若干意见》《中共中央 国务院关于进一步加强和改进大学生思想政治教育的意见》,2005年,教育部拟定了《关于整体规划大中小学德育体系的意见》,提出了当前我国学校德育的基本目标体系。

1.中小学德育目标体系

中小学德育目标是针对中小学生身心成长的特点,把学生培养成为热爱祖国,具有社会公德、法治意识、文明行为习惯的遵纪守法的合格公民。在此基础上,进一步引导学生树立中国特色社会主义理想信念和正确的世界观、人生观、价值观,养成高尚的思想品质和道德情操,把学生培育成为有理想、有道德、有文化、有纪律,德智体美全面发展的中国特色社会主义事业合格建设者和可靠接班人。

(1)小学阶段德育目标是教育帮助学生初步培养起爱祖国、爱人民、爱劳动、爱科学、爱社会主义的情感;树立基本的是非观念、法律意识和集体意识;初步养成孝敬父母、团结同学、讲究卫生、勤俭节约、遵守纪律、文明礼貌的良好行为习惯;逐步培养起良好的意志品格和乐观向上的性格。

(2)初中阶段德育目标是教育帮助中学生初步形成为建设中国特色社会主义而努力

学习的理想,树立民族自尊心、自信心、自豪感;逐步形成公民意识、法律意识、科学意识以及诚实正直、积极进取、自立自强、坚毅勇敢等心理品质,养成良好的社会公德和遵纪守法的行为习惯。

(3)高中阶段德育目标是教育帮助中学生形成为建设中国特色社会主义而努力学习的理想,树立民族自尊心、自信心、自豪感、责任感;具有爱国之心,报国之志;形成公民意识和法治观念,养成良好的社会公德和遵纪守法的行为习惯,以及健康文明的生活方式和科学的思想方法;引导学生树立正确的世界观、人生观和价值观;逐步形成诚实正直、自立自强、开拓进取、坚毅勇敢等品质,具有一定的道德评价能力、自我教育能力。在此基础上,不断提高学生的社会主义思想觉悟,为他们将来能够成长为共产主义者奠定基础。

(4)中等职业学校德育目标是使学生热爱祖国,拥护党的领导和党的基本路线方针政策,树立坚持走中国特色社会主义道路的理想信念,具有为人民服务、奉献社会的使命感和责任感;逐步树立正确的世界观、人生观、价值观,养成科学的思想方法;自觉遵纪守法,依法维护自身权益,具有良好的道德品质和心理素质;热爱专业,勤奋学习,勇于创造,大胆实践,具有良好的职业习惯和安全意识、质量意识、效率意识、环境意识,树立爱岗敬业精神和正确的职业精神。

2.大学德育目标

大学德育目标是教育引导大学生确立在中国共产党领导下走中国特色社会主义道路、实现中华民族伟大复兴的共同理想和坚定信念,牢固树立爱国主义思想和全心全意为人民服务思想,自觉遵守法律法规和社会道德规范,加强自身道德修养,具备良好的心理素质和艰苦奋斗、开拓进取的精神,促进大学生思想政治素质、科学文化素质和身心健康素质全面协调发展。同时,积极引导大学生中的先进分子树立共产主义远大理想,确立马克思主义坚定信念。

德育目标是德育工作的出发点和归宿,各地、各校可以根据德育总体目标和学段目标,密切联系本地实际、本校实际和学生实际,结合德育工作认真探索总结,逐步形成小学阶段以养成教育为主,初中阶段以公民教育为主,高中阶段以理想前途教育为主,大学阶段以理想信念、职业道德、开拓创新精神教育为主的目标体系。同时,积极探索同一目标在不同年级的具体要求。

(三)学校德育目标管理的实施

学校德育目标管理的实施同样要经过三个阶段,即计划阶段、执行阶段和总结阶段,及其各个具体环节。

1.计划阶段

(1)论证决策。德育目标应由国家教育行政领导部门即教育部论证、确定和颁布。如2005年教育部拟定《关于整体规划大中小学德育体系的意见》,确立的各级各类学校的德育目标。

(2)协商分解。把目标分解到各部门、各工作人员,让各部门、各工作人员都确定自己的工作目标、工作计划,经上下协商和横向协调后确定目标责任。

(3)定责授权。部门职责和岗位职责(岗位责任制)紧密结合,而确定部门职责和岗位职责的同时必须授予部门相关岗位人员以相应的权力。权力的划分与授权紧密相关,且与德育工作的领导体制密不可分。目前,德育工作的领导体制一般是"校长—德育处(教导处)—(年级组)班主任"三级体制。有些规模较大的学校设有年级组,但一般年级组只起协调作用,不列为一个层次(也有列为一个层次的)。有些规模较小的学校(如班级很少的初级中学)也有试行"校长—班主任"二级体制的。定责授权就是要把各层次的责任和权力划分清楚。

2.执行阶段

(1)咨询指导。对德育工作部门和工作人员提出的人、财、物、技术、信息等的要求,在工作计划范围内的应尽量予以满足和支持,属于临时动议的应在可能范围内予以支持,确实办不到也应解释清楚,而不是简单地拒绝。对下属在工作中遇到的困难和问题应与下属共同分析、探讨,帮助出主意、想办法,在一般情况下应只处于"咨询""指导"的地位,而不应越俎代庖,越权处置,如确有必要直接出面处置的如对学生中的偶发事件,班主任处理不下来,德育主任甚至校长必须"亲自出面"时,也应事先与直接负此责任的人员研究商量好方案。如果下属处理不当,需要纠正,一般也应让下属自己去纠正,上级有义务维护下级的工作威信,通过咨询指导的方式去提高下属的工作能力。

(2)检查控制。这项工作的重点是反馈与检查,要通过多种方式如了解、询问、听课、巡视、座谈、听取汇报、问卷调查、报表等获得信息反馈,以大体上掌握实施目标过程中的工作进度、工作状况等。检查一般是常规性的、计划内的,如周检查、月检查、期中检查、检查评比之类。在反馈和检查中,如发现出色工作、好的经验,及较大的问题或偏离目标的情况,则应做进一步深入调查研究,以总结和推广经验,解决问题,纠正偏向。在一般正常情况下,对检查的结果应正式地予以公布或讲评,使检查真正成为工作的一个推动力,而不至于"走过场"。在控制方面,各级人员都应着力于"关键控制"。"关键"在哪里?这要视情况而定。如在春季,学校决定由各班自行组织春游活动,在这种安排下,主要工作责任落到了班主任身上,校长或德育主任的"关键控制"可能就在于安全这一点,也就是要着力于保证师生在春游活动中的安全,避免发生伤亡事故。又如,在期中、期末考试中,杜绝作弊可能是德育工作在考试这件事上的"关键控制"。大小活动都有其"关键"之处,能否抓住和控制好"关键"是领导艺术、管理水平的一个表现。

(3)调节平衡。从横向上说,协调的重点是各途径的活动,使各途径在发挥各自特点的活动中致力于目标的实现。从纵向上说,则要协调好全校性德育活动中各途径、各班级的活动。

3.总结阶段

(1)考评成果。考核目标达到程度分两个方面,一方面是学生的品德状况,即德育目标达到程度;另一方面是德育工作的状况,即德育工作目标达到的程度。对此,在提出目标时就应制定相应的考核指标体系。目前各地方、各学校所制定、所使用的考核指标体系不尽相同,各学校可选择现成的德育目标考核指标体系量表或根据本校情况自行制定一种。除了量化考核评估外,还有非量化的考核评估,对于非量化的考核评估,更要注意实事求是和客观公正。考核评估结果既是这一个德育周期的总结,又是下一个德育周期的准备,在整个目标管理的运作中要注意连续性和前后衔接。

(2)实施奖惩。奖惩办法最好在确定目标时就同时确定下来,尽可能做到制度化,有相对稳定性。在考核评估后再去研究奖惩办法,或奖惩办法一学年一变、一学期一变,会降低奖惩的作用。奖惩兑现是这项工作的关键。

(3)总结经验。德育有其自身的规律。总结经验教训就是为了掌握规律,使德育工作逐步从经验型上升为理论型,从依靠行政布置到依靠科学指导,实现科学化系统化,减少盲目性与随意性。搞好这项工作对于提高德育工作水平,提高目标管理水平是至关重要的。不少学校的管理者不重视这一点,不少在第一线工作的德育工作人员把它当作一种"例行公事"而不认真去做,这是一些学校、一些教师的工作水平不高的原因之一,实行目标管理必须抓好这一点。

二、学校德育常规管理模式

学校的德育管理水平和成效往往体现在常规管理中。常规管理要求规范化,虽然各地各校的"校情"千差万别,但毕竟是共同点多于差别点,学校工作又具有周期性,因而能建立常规或规范。德育的常规管理大致有以下几种。

(一)按时序的常规管理

学校工作,一学年、一学期是周而复始的,因而管理者可按时序对一学年、一学期的德育工作做出总的常规安排。

(二)不同年级的常规管理

年级不同,学生的年龄特点不同,学生面临的任务及学生在思想上所引起的反应也不同,因而德育的内容和侧重点不同,常规管理工作也不同。例如,对起始年级的学生来说,他们刚来到新的环境,对学校的情况和各种要求还不了解。因此,对他们进行入校常规教育和训练是非常必要的。中间年级是承先启后的年级,是容易被忽视的年级,也是容易出问题和发生分化的年级,如初二是从少年到青年初期、从队到团的过渡时期,是功课繁重又没有升学压力,容易松懈的时期,因而必须进行离队建团、青春期等常规的教育;毕业年级(初三、高三)面临升学与就业、就业与待业问题,思想容易波动,一些自己感到"升学无望、就业无门"的学生更容易出问题,因而升学就业的教育和指导、毕业鉴定等都是常规性的工作。在多年实践、总结的基础上,各学校一般都能形成不同年级的一套常规管理办法。

(三)各种德育活动的常规管理

德育主要通过课程和活动来实施,其中德育课程和德育活动是德育的重要组成部分。德育课程主要是德育课有课时、教材、考核等,有较大的刚性;德育活动则有较大的弹性,因此使德育活动规范化,加强对德育活动的常规管理十分重要。德育活动大致包括下列几类。

1. 仪式活动

仪式活动包括升降国旗、奏唱国歌、开学典礼、毕业典礼、结业式、离队入团入党仪式、节日纪念活动仪式、表彰授奖仪式、某些重大活动,如运动会、科技节、艺术节等的开幕闭幕式等。这些仪式活动是按国家或教育领导部门组织规定和德育需要而举行的。

2. 会议活动

会议活动包括校会、年级会、班会、团队会等。校会一般一月一次,年级会2—4周一次,班会每月一次。

3. 节日、纪念日活动

节日、纪念日活动全国性的节日、纪念日有元旦、春节、三八妇女节、五一劳动节、五四青年节、六一儿童节、七一建党节、八一建军节、教师节、十一国庆节、"一二·九"纪念日等,一般都应安排德育性活动。春节和八一建军节正值假期,活动安排可列入假期活动安排中。校庆、清明节等特殊节日是否安排德育性活动可根据社会情势、上级指示及本地本校情况决定。

4. 文娱体育性活动

文娱体育性活动如组织观看电影、电视、录像、戏剧,组织联欢、春游、秋游、文艺演出或比赛、体育表演或比赛等。要掌握好这类活动的正确方向,增强德育作用,并把德育与美育、体育等结合起来,使一项活动起到综合性的教育效果。

5. 社会实践性活动

社会实践性活动如组织学生访问英雄模范、革命前辈、杰出人物等,参观博物馆、纪念馆、展览馆等,参观访问工厂农村、商店等,参加社会上的活动,参加义务性公益性的劳动或服务,参加军训,"青年志愿者活动",等等。上述德育活动大多是常规性的,有的活动开始是非常规性的,搞过几次取得了经验,就可以成为常规性的。常规性活动按一定的周期进行,其具体内容有重复的,也有变动的。要使常规性活动常搞常新。

对德育活动的常规管理特别要注意以下几点:(1)全校性活动必须有明确的目的和主题,要适合青少年的特点,注意活动的方向性、多样性和趣味性,要讲求实效;(2)单项性活动要形成规范;(3)专题性活动要有较详细的计划。

如文化路小学某年上半年德育活动安排(见表9-1)如下。

表9-1 文化路小学某年上半年德育活动安排表

月份	周次	内容
三月	一	收心教育 学雷锋活动倡议
	二	读雷锋的故事书 写读后感 办手抄报
	三	学唱雷锋歌曲 召开主题班队会
	四	假期作业展览 评选三月份校园之星
四月	一	清明祭英烈讲英雄故事 入队仪式
	二	办一期以"祭英烈"为主题的手抄报
	三	责任心教育 召开主题班队会
	四	爱鸟周活动中高年级征文 低年级简笔画
五月	一	读书节 自信心教育
	二	读科技书写读后感 "母亲节"感恩教育
	三	读书方法交流
	四	评选本月校园之星 发表评星后感言
六月	一	庆六一书画展 入队仪式
	二	"六月的畅想"主题队会
	三	主题队会观摩
	四	评选本月校园之星 发表评星后感言
七月	一	"七一"党的基础知识宣传 主题升旗仪式

续表

月份	周次	内容
七月	二	暑假活动安排
	三	社会实践
	四	社会实践
备注	常规教育贯穿于每周的工作中,每月进行一次班主任业务理论培训,每月开展一次家长学校活动——致家长一封信,每月至少进行一次公益性劳动,每月进行一次安全知识讲座、一次法律法规知识讲座		

三、学校德育制度管理模式

制度是人类生活中的重要范畴,是对人的行为进行约束、调节、指导的重要力量。制度管理是科学管理的重要组成部分。德育制度管理,就是建立健全各项学校规章制度,使学校各机构、各方面的德育工作都有章可循,都能按制度办理,以协调、制约学校全体成员的活动,从而建立起有条不紊的德育工作秩序,提高德育管理的效能。简单地说,德育制度管理就是通过规章制度对德育工作进行管理。学校德育制度管理有利于建立正常秩序和使各项工作顺序开展,有利于培养师生员工的优良品质,有利于形成遵纪守法的社会风气。

(一)学校德育制度管理的基本原则

合理的规章制度,是德育管理者的是非标准和行为准则,它对德育管理者养成良好的纪律和行为规范有着重大作用。要使制度发挥作用,制定德育管理制度时应该坚持以下几条原则。

1.符合国家的教育方针、政策的精神,符合德育管理的原则

国家的宪法和法律,党和政府的法规、方针政策,是全国各行各业都要遵守的,学校也不例外。各级教育行政部门对某一时间、某项工作的条例、决定、要求等是其所属学校必须遵照执行的。这些都是学校制定规章制度的重要依据。学校领导者应当经常学习、深刻领会有关的法律法规、政策、决定等的精神,并在此基础上制定或修订学校的规章制度。只有这样,学校制定的规章制度才能符合党和国家或上级的有关精神,而不至于与党和国家或上级的要求相悖,才能成为社会规章制度体系中的一个有机组成部分。

2.从本地区、本校的实际出发、因校制宜原则

学校的规章制度是在一个学校内部贯彻执行的,因此在制定时还必须考虑到本校的实际情况。在制定规章制度时不仅要看到共同性,还要看到差别性。从主观方面看,各

校师生员工的思想道德素质、行为习惯、工作状况等是有差别的;从客观方面看,各校的人力、物力、财力条件,所处社区环境条件,家庭状况等也是有差别的。只有充分考虑到这些实际情况,才能使规章制度恰如其分,才是学校所需要的,因而是能执行的,不仅能得到师生员工的支持,而且能得到社区和家长的欢迎和支持。

3. 制定规章制度要广泛征求意见,代表师生员工的利益

规章制度是要大家去遵守、执行的。因此在制定时要让教职工参加酝酿、讨论,有时还应吸取学生的意见。这样既可避免制度有不切合实际的主观性、片面性,又可以提高师生员工遵守、执行规章制度的自觉性。规章制度一旦制定,就要使执行规章制度成为群众的自觉行为,发挥它的最大效益。

4. 相对稳定原则

稳定的规章制度,才能充分发挥它规范师生员工行为的功能,才能使学校有稳定的秩序。因为人们行为习惯的养成,需要在执行规章制度的过程中通过一定时间的教育和训练来实现。如果朝令夕改,师生员工就会感到无所适从,规章制度就会失去其严肃性,必然造成秩序混乱。但这种稳定也是相对的。当客观情况发生变化后,师生员工对规章制度会有新的认识和新的建议。此时对某些规章制度做一些修改,也是必要的。

另外,规章制度制定时文字要简明扼要,内容要全面明了。而且,一经公布,要坚决执行。

(二)学校德育制度管理的实施

建立一套行之有效的德育日常工作制度体系是使学校德育管理工作趋向规范化的重要措施,如果不能付诸实践那只能是一纸空文,为此,实施现代学校德育管理制度十分必要。德育制度管理的施行,也就是贯彻执行有关德育的规章制度,用这些规章制度来规范师生员工的行为,用这些规章制度来推行德育工作,处理其中的问题。如果不贯彻执行有关的规章制度,规章制度就失去了实际意义,那么德育制度管理就不存在了。规章制度本身也不会自动地发生作用。

目前有许多德育管理工作先进学校的经验是值得学习和借鉴的。他们在实施学校德育管理制度时,常常抓住三个环节:一是宣传。宣传制定制度的意义,形成共识,使广大师生员工在学习中加深理解,在学习中明确责任,并能积极参与制度管理活动。二是执行。执行的过程也是实践的过程,在实践中,不断完善制度,使其更具针对性、实效性。在实践中学校高层管理者要带头遵守,率先做好管理人。教导处要起导向作用,抓好典型,带动一般教职员工的行动。三是兑现。兑现就是按照规章办事,一丝不苟。兑现是实施德育管理环节中最重要的环节,一项制度在实施过程中不能做到这一点,那制度只

能是挂在墙上给人看的,只是一纸空文。因此,学校在实施执行制度的过程中一定要注意这一点。

四、学校网络德育管理模式

经济的全球化及教育的信息化、网络化发展趋势,对21世纪的人才培养提出了更新更高的要求,特别是学校的德育工作,更是上升到突出的位置。传统的德育工作面对网络的冲击显得十分软弱无力。应对挑战,改进德育工作,要利用现代教育资源,借助信息技术课程以及网络活动等力量,采取有效措施,强化德育功能,全面占领现代德育工作阵地。因此,学校网络德育管理模式要充分挖掘网络功能,努力增强德育的时效性,是学校德育管理工作中新的着力点。

(一)学校网络德育载体的特性

网络载体作为现代信息社会的物质文化和精神文化的新家园,以它强大的覆盖性和超级的兼容性,越来越被社会生活所依赖,学校德育与网络的契合,给学校德育载体带来了新的革命性的变化,表现出明显的特性。

1.丰富快捷的承载性

互联网不受版面和播出时段的限制,其信息容量是无限的;网络信息滚动播出,源源不断,永不枯竭,并且还会随着交流而呈现出内容倍增现象。网络不仅容纳巨大,其所传播的信息浩如烟海、包罗万象,几乎涵盖人类活动的所有方面,而且可以越过千山万水,同时覆盖当时遍布全球的用户。这就给学校德育提供了丰富的信息资源,同时也有利于扩大学校德育的覆盖面。

2.对象的选择和可控性

网络作为载体是开放的,所承载的信息庞杂多样,既有大量进步、健康、有益的信息,也有不少反动、迷信、黄色的内容,还能为学校德育提供现代化平台,拓展教育的空间和渠道。学校德育的对象——学生,思想活跃、想象力创造力丰富,世界观、人生观、价值观、道德观、政治观处于不稳定状态,极易受到网络负面信息的影响和诱惑。他们在接受网络载体影响时,也极易按照个人趣向的选择,为学校德育实现其目标而实施主动控制。学校德育的载体运用的一个重要任务就是要引导学生以马克思主义的思想意识,从网络载体中获取信息、处理信息、分辨信息、选择信息和开发利用信息。

3.隐秘渗透性

网络作为现代社会渗透到世界每个角落的公共信息平台,为每个使用者所利用和再创造,人们通过网络可以毫无顾忌地开展信息的交换和利用,打破了国家地域、时间空间、民族宗教、意识形态、文化体系等阻隔屏障,各种思想文化、学说理论通过网络载体得以无限延伸渗透,西方国家也把网络载体作为平台,借助网络载体信息的丰富表现形式,潜移默化地施加影响和渗透。

4. 互动共享性

网络载体是多维交互的,所承载的信息不能像具有物质形态的物品那样被个人占有而排他,而是为人们无限制地"重复取用",具有万能的共享特性。网络载体可以实现互动式的教育网络设计,使参与者在整个教育过程中以一种交互方式呈现教育信息,在网络载体上不仅接受也在表达。

5. 虚拟协同性

通过网络载体高度畅通的交流渠道,结合参与网络学习的群体,营造虚拟的学习场景集合。在网络环境下的教育,通过网络载体实现协同工作,使学习信息全方位地呈现和交融,受教育者不仅可以通过利用丰富的网络学习资源获取知识,也可以通过别人的学习过程获得知识。

6. 个性化的开放性

网络的优越表现形式,为大学生张扬个性提供了便利和舞台,越来越成为他们表现个性的重要方式。教育者可以利用网络载体充分发挥自己的个性,受教育者也可以利用网络载体进行开发式、探索型学习,发展自己的个性,最终使教与学双方实现共赢。网络载体实现的在线教学打破了教学的地域、时空限制,为学生的自主学习提供了方便快捷的学习资源和开放环境。

(二)学校网络德育管理的原则

学校德育管理网络载体的运用就是要针对学生的网络文化特点,在对传统教育载体运用继承和创新的基础上,以网络技术为平台,综合运用社会学、教育学、心理学、美学、伦理学、管理学、系统论、方法论等学科的知识和方法,系统构建适应对象广泛、各种载体互补、应用效果明显、保障机制有力的网络载体运用体系。学校德育管理网络载体的运用必须坚持以下原则。

1. 适合性原则

学校德育工作的实质是人的工作,人的个体实际和层次性决定了德育工作方法的差异性。同时由于教育内容的差异性,决定了其实现形式的差异性。这就要求德育工作要根据不同内容、不同对象群体,选择不同方法,使网络德育管理工作方法体系能够在一定程度上满足不同个体和具体情境的需要,达到方法与对象和环境的高度匹配。

2. 开放性原则

任何一个方法体系都不能永恒地解决一切问题。新形势变化万千,新问题层出不穷。这一事实就要求网络德育管理工作方法体系是一个开放的体系,使每个德育工作者都能积极参与其中,以与时俱进的精神状态,大胆创新,不断充实和完善这个体系。只有这样,才能以积极的心态应对学校德育工作,把握学校网络德育管理工作的特点和规律,积极推进学校网络德育管理工作。

3. 监督与引导相结合的原则

学校网络德育工作的媒介是网络。各种信息泥沙俱下,成为学校网络德育工作新环境的特点之一。监督和引导成为学校网络德育工作的两个重要方面。应加强对网络的有效监督,运用多种手段,抵制网络"黑客"和各种有害信息侵害,保证网络信息的健康、正确,符合社会主义文化原则。"引导"是指加强正面信息的宣传,坚持用社会主义核心价值体系占领学校网络文化阵地,帮助广大师生坚定对马克思主义的信仰,坚定对社会主义的信念,增强对改革开放和现代化建设的信心,增强对党和政府的信任。构建网络德育管理工作的方法体系时就要加强监督与引导的作用,这也是学校网络德育管理工作方法体系的新特点。

4. 坚持教育与服务相结合的原则

学校网络德育工作的新特点之一就是受教育者的网上学习具有自主选择性,接受与否,最终要由受教育者自己来取舍。显然传统的说教在网络媒介上就有一定的欠缺。因此学校网络德育工作,必须使教育与服务相结合,寓教育于服务之中。

5. "线上"与"线下"相结合的原则

网络具有互动性,学校德育工作者只有主动地走进网络世界,积极参与线上活动,才能及时准确地了解学生的真实思想,并有针对性地做好工作。但网上功夫在网下。虚拟空间的问题归根结底是现实世界的折射。我们的学校德育工作有着优良的传统,积累了很多好经验、好方法,在现实生活中更有着丰富的教育资源,因此在构建学校网络德育管理工作体系时,应该注重形成线上线下联动、全时空关注、全过程覆盖的学校德育新格局。

(三)学校网络德育管理的基本策略

1. 增强教育者的信息素养

网络环境正在引发教育、教学过程基本要素的重组或置换,促使教育者和受教育者交流传递信息方式的改变,从而使得教育者的角色从传统向现代转变。信息素养是在各种信息交叉渗透,技术高度发展的社会中,人们所应具备的处理实际信息的技能和对信息进行筛选、鉴别和利用信息进行创新活动的能力。网络环境下教育者的信息素养主要包括:信息意识、信息能力、信息道德等。

(1)教育者必须具备敏锐的信息意识

教育者的信息意识是指教育者对信息的敏感度、捕捉、分析、判断和吸收信息的自觉程度。教育者信息意识的广度和敏锐度,关系到教育者的德育工作水平和创造型人才的培养水准。处在网络环境下的教育者,如果信息意识差,认识信息、利用信息的能力就差,而且由于信息的交叉渗透,信息的分散性,势必造成信息吸收的困难。网络环境要求教育者善于将网络上新的知识信息与德育工作的知识信息有机结合起来,不断以新的知识信息开阔受教育者的视野,启迪受教育者的思维。因此,信息意识是教育者信息素养的重要内容之一。

(2)教育者必须具备较强的信息能力

网络环境下,教育者除具备敏锐的信息意识外,还应具备较强的信息能力,信息能力主要包括信息获取能力、信息处理能力和信息传递能力。信息获取能力是指搜索信息的能力,它包括了解网络环境、开发数据库并从网络上获取德育工作信息的能力;信息处理能力是指操纵联网终端阅读、提取、吸收、存贮信息的能力;信息传递能力是不言而喻的,作为教育者,既需要吸收信息,也需要把信息传递给受教育者,用于德育工作。教育者的信息能力如何,是衡量未来教育者是否合格的最重要的准则之一。国外研究成果表明:网络环境下,在个人智力因素基本相同时,教育者的教学效果、科研能力取决于他所具备的信息能力,信息能力越强,获取新知识的能力就越强,教学效果也就越好,科研成果就越多。

(3)教育者必须具有崇高的信息道德

信息道德是指整个信息活动中的道德,是调节信息创造者、信息服务者、信息使用者之间相互联系的行为规范的总和。其内容包括:教育者的信息交流与传递目标应和社会整体目标协调一致;承担相应的社会责任和义务;遵循信息法律法规,抵制各种各样的违法、迷信、反动信息;尊重知识产权;尊重个人隐私;等等。网络的开通,使人类突破了信息交流与传递的时间空间限制,任何人在任何地方都可以利用终端与世界上另一个角落的其他任何人交谈、对话或是传递文本的图像信息。教育者都有可能接触各种思潮。因而,作为传播人类文明的教育者,具备崇高的信息道德与否,直接关系到"以什么样的思想教育受教育者,以什么样的知识教给受教育者"这样一个立场问题。

2.健全学校德育信息网,建立网上德育新阵地

学校德育信息网应充当"把关人"的角色,尽可能把一些流入学校的消极信息过滤,发挥"天平"的作用,对一些难以过滤的消极信息进行平衡。同时,还可用网络上"论坛"

"交友""电子信箱""科教馆""心理咨询""热线服务"等形式,对受教育者进行思想教育。因为网络不仅给教育者、受教育者带来大量国内外各领域的最新消息,提供广泛迅速的科技知识方面的交流和咨询,也成为他们交友谈心、宣泄情感的一个重要场所。这个场所既能隐藏身份又能平等交流,他们在这里袒露心声、倾诉苦乐,他们在这里探讨人生、吸取经验、领悟哲理,也使教育者有机会接触受教育者的内心,了解受教育者的真实思想,懂得受教育者观察和思考问题的特点,掌握受教育者的注视焦点和讲话的心理动态。

3.制作生动直观的多媒体德育软件,直接在互联网上展开竞争

在学校进行德育管理过程中,一方面要坚持和强化对受教育者的社会主义意识形态教育,中华民族优秀传统美德和优秀文化教育;另一方面要努力实现教育方式的现代化、多媒体化。要深入研究学校德育的特殊规律,组织专家制作一批思想性、教育性强,趣味性好,适应性广的信息资源用于学校德育管理,这才能充分发挥多媒体技术图文并茂、声相交融的特点,把思想教育由"平面"引向"立体",从"单色"引向"多色",使学校德育更加生动活泼。

4.以互联网为工具,改革学校德育方式

传统的学校德育,较多使用摆事实、讲道理的教育方法,教育者通过课堂宣讲、个别谈心、座谈讨论等面对面的方式,对受教育者晓之以理、动之以情,从而促使其提高认识、解决问题、启发自觉。这些方式的针对性强,反馈及时,有一定的优越性。然而,在计算机高度普及的网络化时代,学校德育方式却面临一些新情况。其一,面对面的教育方式受到时间、地点、场合的限制。课堂宣讲、个别谈心等并非任何时间、任何地点都可以进行。选择合适的时间、地点、场合直接影响到教育的效果,往往让教育者煞费苦心。其二,情境性。教育者精心准备的教育内容,一次只能对特定人数的对象发挥作用。在许多情况下,它持续发挥效果的时间相对较短,容易产生"剧场效应"。听众在现场受到周围气氛的感染,当场教育的效果较好。但听众一旦脱离该特定的环境氛围,教育对人的感染作用便迅速下降。如果要持续保持教育效果,必然要多次重复进行教育。这样的组织成本偏高。在上网人群中,尤其是大学生,他们非常习惯通过网络来获取信息,学习自己需要的知识。上网查询信息具有便利性。任何时间、任何地点,只要有一台电脑,就可以方便地获取大量的信息,不受场合的限制。此外,一般而言,网络信息是共享的,具有无损使用的特点。一个人从网络上获取、下载特定信息后,原有信息并不消失,不影响其他人的继续利用。而且,通过计算机网络,变更修改信息非常便利,不需要重启炉体。因此,学校德育除了继续发挥面对面的教育方式的优点之外,还需要开发新型的、多样化的网络教育方式。

问题思考

1. 结合自己对学校德育管理的实际考察,谈谈学校德育管理的具体途径有哪些。

2. 在班级德育管理中,班主任应承担哪些德育管理任务?

3. 根据自己的实际与观察,分析当前网络德育管理存在的基本问题。

4. "一位德高望重的长者,在寺院的高墙边发现一把座椅,他知道有人借此越墙到寺外。长者搬走椅子,凭感觉在这儿等候。午夜,外出的小和尚爬上墙,再跳到'椅子'上,他觉得'椅子'不似先前硬,软软的甚至有点弹性。落地后小和尚定睛一看,才知道椅子已经变成了长老,原来他跳在长老的身上,长老是用脊梁来承接他的。小和尚仓皇离去。这以后一段日子里他诚惶诚恐等待长老的发落。但长老并没有这样做,压根儿没提及这'天知地知你知我知'的事。小和尚从长老的宽容中得以反省,他收住了心再没有去翻墙。通过刻苦修炼成为寺院里的佼佼者,若干年后成为这儿的长老。"读完这段这个小故事,请谈谈你的理解和想法。

拓展阅读

1. 不尚贤,使民不争;不贵难得之货,使民不为盗;不见可欲,使民心不乱。是以圣人之治,虚其心,实其腹,弱其志,强其骨。常使民无知无欲,使夫知者不敢为也。为无为,则无不治。

——老子《道德经》

2. "学校没有纪律便如磨坊没有水",这是很对的。因为如果你从磨坊取去了水,磨坊便会停止,同样,如果你给学校去掉了纪律,你便算是去掉了它的发动和力量。

——[捷]夸美纽斯《大教学论》

3. 天下皆知美之为美,斯恶已;皆知善之为善,斯不善矣。故有无之相生,难易之相成,长短之相形,高下之相倾,声音之相和,前后之相随。是以圣人处无为之事,行不言之教。万物作而不辞,生而不有,为而不恃,功成不居。夫唯不居,是以不去。

——老子《道德经》

教育名言

人类感知和直接经验是科学的根本源泉,而现代科学在飞速发展的同时正在使自己离这个本源渐行渐远。它让人们认识到在大力弘扬科学精神的同时也要看到科学的局限性,在尊重客观事实的同时也不能摒弃主观感受,在采用科学方法的同时不能忘记直接经验是观察、探索、论证乃至测量的前提条件。

——[美]亚当·弗兰克,马塞洛·格雷斯,[加]埃文·汤普《何为科学》

第十章 学校德育评价

内容提要

在学校德育活动中,学校德育评价是确保学校德育实效的基本手段,也是德育开发与创新的重要依据。它渗透到学校德育的各个环节,并在学校德育的价值判断和学校德育发展上具有基础性作用,因此,我们在本章有必要明确学校德育评价的内涵、掌握德育评价的主要原则与方法以及了解国外学校德育评价资源等,以资学校德育的实施。

问题导入

1. 如何适应社会道德层次的需求,通过科学定位学校德育评价内涵,让德育评价更加贴近真实生活?

2. 以目前教师为主体的德育评价如何跟进德育工作的需要,从而明确学校德育评价的目的与意义?

3. 怎样有效地把握德育评价的主要原则、方法与程序,使德育评价有章可循?

第一节
学校德育评价概述

一、学校德育评价的内涵

狭义的学校德育评价,是指评价者根据一定的教育价值观或德育目标,运用测量或评鉴的科学手段和方法,对受教育者潜在的和外显的综合素质如思想品德、世界观、气质、性格的差异及其行为进行评价的活动。广义的学校德育评价,是指依据一定的标准、程序和技术手段对被评价者的思想教育、道德教育、心理健康教育、法治教育的过程及其结果进行评述和估量。可见,学校德育评价是一个特殊、有目的、有原则、综合性、多元性的活动,其中包含一系列步骤和方法,用一定的评价理念对德育过程进行评定,进而做出选择和价值判断。学校德育评价的基本内涵表现为以下六个方面。

(一)德育评价的最终目的是促进发展

2020年10月,中共中央、国务院印发了《深化新时代教育评价改革总体方案》,指出"坚决克服重智育轻德育、重分数轻素质等片面办学行为""坚持以德为先""坚持把立德树人成效作为根本标准"。现代学校德育评价淡化了原有的甄别与选拔功能(即指对受教育者品德素质状况优劣、水平高低进行鉴别并以此作为表扬的客观依据),更加注重受教育者道德品质的培养和发展,尊重受教育者的人格,关注受教育者在自我体验、自我情感、自我理解与价值观等方面表现出来的基本能力。因此,现代学校德育目标一是要促进受教育者树立社会主义核心价值观,二是要培养受教育者的能力,三是要促进受教育者德性的发展。教育者要识别受教育者在原有水平与能力上的提高和进步的独特性,进而在更大程度上促进受教育者"成人"的发展。德育评价的目的不仅仅要用可视化的数据解读受教育者的德育状况,而且要以数量方式收集、分析、表述受教育者的价值观念,追求受教育者的全面发展,调适受教育者的心理状况,规范受教育者的行为。

(二)德育评价方式方法多元化

2020年10月,中共中央、国务院印发的《深化新时代教育评价改革总体方案》,指出教育评价事关教育发展方向,要全面贯彻党的教育方针,坚持社会主义办学方向,落实立德树人根本任务,遵循教育规律,针对不同主体、不同学段、不同类型的教育特点,改进结果评价,强化过程评价,探索增值评价,健全综合评价。"四个评价"的提出,为学校德育评价方法指明了方向。现代学校德育评价采用融合性评价、开放性评价、增值性评价等多元评价方法,以更好地推进德育过程,更好地促进受教育者的道德、心理、思想政治和行为规范等各方面的发展,全面地评价受教育者和德育工作的效果。融合性评价是以定性为基础的定量与定性相结合的评价方式。德育评价应该始终坚持定性评价为主要方式,同时形成定性与定量互补融合。在保障指标可靠、数据可靠、模型可靠的基础上,进行一定程度的定量评价,但我们必须始终保持对定量评价的有限清醒认识,对深藏于人的内心世界的深层次认知、情感、态度以及价值观等,始终要采取定性评价的方式来展开全面的考察和评价。开放型评价是充分利用"互联网+"技术,采取线上线下相结合的方式,通过线下的日常观察、访谈和调查问卷,以及线上的图片、文字、视频和音频等方式,对受教育者的日常道德表现、思想观念、政治意识、行为规范和心理调适等方面记录学生的道德表现、思想观念和心理特征等,展示其道德的发展。从遵循受教育者的成长规律、尊重受教育者的主体地位的基本立场出发,以德育能够对受教育者的成长和发展产生积极影响为基本假设,在动态中监测受教育者思想和行为进步的幅度大小,用价值增量来代替等级排名。在评价的内容上更加注重评价的完整性,不仅包括受教育者的知识水平、学习动机、学习能力等学业表现,还包括受教育者的道德素质、身体素质、心理素质、情感态度等综合素养的表现,体现人的全面发展。具体的评价方法如关键事件法、角色扮演法、成长记录袋、学习日记、情景测验、生涯规划报等,追求评价的真实性、激励性、实效性和可操作性。

(三)德育评价主体多元化

现代学校德育评价从单向转为多向,增强评价主体间的互动。长期以来,由于学校德育评价主体的单一性,评价结果往往受到一定的限制,难以全面反映受教育者的德育状况。为了打破这一局面,《国家中长期教育改革和发展规划纲要(2010-2020年)》明确提出:"开展由政府、学校、家长及社会各方面参与的教育质量评价活动。"这一政策的出台,标志着学校德育评价正在向多元化方向迈进。受教育者是学校的主人,强调受教育者成为评价主体中的一员,建立受教育者群体和个体、教育者、家长、社区和专职评价机构等共同参与、交互作用的科学的评价制度,引导受教育者及时有效地进行反思和检讨,培养受教育者在品德习得过程和品德实践过程中的自我教育,激活受教育者的多重角色意识,以多渠道的反馈信息促进受教育者人格的健全发展,发现和发展受教育者的潜能,帮助受教育者树立信心,促进受教育者积极主动地发展。受教育者在评价中学会相互学习、互相启发、取长补短,积累明辨是非和判断优劣的能力,从而在平等、多元、互动的评价过程中使受教育者思想、道德、心理和行为等方面得到全面发展。

(四)德育评价内容多元化

一个人可能在一夜之间暴富,但不可能在一夜之间具有丰富高尚的道德品质,比如,谦逊有礼,风度翩翩,品味高尚,谈吐幽默风趣。因此,受教育者思想品德评价中的情感、态度、价值观、兴趣、动机、理想状况与学生的学业目标须臾不可分;学校德育工作评价既要重视效果评价,也要重视过程评价,即德育工作采取什么样的具体措施,才能达到把受教育者培养成什么样的人的综合评价。以学校德育目标和《新时代公民道德建设实施纲要》为依据,学校德育评价内容和评价目标从德育过程来说主要包括以下几个方面:课堂内容(德育的现代理念、社会主义核心价值观、道德判断等)、日常管理(即时沟通、定期交流、适时评价等)、德育艺术(语言幽默活泼、注重发展、重视个体差异等)和德育效果(学生思想与行为的进步、潜力的空间等)。从德育内涵来说主要包括政治素质、思想素质、道德素质、法纪素质和心理素质五个方面的评价。其中政治素质方面的评价是指对受教育者的基本政治立场、观点、态度和行为的价值判断,是德育评价的一个重要的方面,关系到学校培养什么人、怎样培养人、为谁培养人,关系到21世纪中国的面貌。思想素质方面的评价是指对受教育者世界观、人生观、价值观等思想观念的价值判断,是诸多德育评价要素中最本质的因素,关系到引导受教育者为谁活、怎样活的严肃课题。道德素质方面的评价是指对受教育者的道德认知、道德情感、道德意识、道德信念、道德行为等方面的价值判断,是规范道德教育,促进受教育者道德品质健康发展的重要手段。法纪素质方面的评价是指对受教育者的社会主义民主、社会主义法律制度、社会主义组织纪律等基本知识的认识和态度,以及坚持民主、遵守和维护法律的行为品质的价值判断。心理素质方面的评价是指对受教育者的心理状态、心理品质、心理能力、心理特征所进行的价值判断。心理素质的外在表现综合体现为心理健康状况。新时期德育评价在延续对学生的道德认知、道德行为培育、心理素质提升的基础上,更应该着重评价其思想意识水平和政治认同理念。

(五)德育评价标准合理化

做好学校德育评价工作的必要条件就是确定一个切实可行的品德评价标准。现代学校德育评价标准在追求客观严密、实用可调的基础上,更要符合受教育者的个性特点。评价标准在手段和技法上要及时吸收各学科的研究成果和国内外同类标准的可取之处,使之反映时代的气息,保持评价标准的先进性、客观性和科学性。当然,德育评价的标准并不是一个固定的结论,而是一个能够清晰反映受教育者思想、价值观和行为表现等的工具。这些标准不仅是受教育者成长的见证,更是他们继续前进的起点。在进行德育评价时,要高度重视受教育者的德育情感,确保德育评价能够真正反映他们的内心世界,并为他们的成长提供有益指导。在信息化时代背景下,学校德育评价充分利用信息技术实现了德育评价标准合理化,主要表现在以下几个方面:(1)数据驱动的决策制定,通过收集和分析大量受教育者的德育数据,可以更准确地了解德育评价标准的适用性和有效性。基于数据的分析可以帮助我们发现标准中存在的问题和不足,为德育评价标准的改进提供科学依据。(2)个性化德育评价,利用信息技术更好地关注受教育者的个体差异,制定个性化的德育评价标准。通过对受教育者的个人信息、行为特征和德育状况进行深度分析,可以为每个受教育者制定符合其特点的评价标准,提高评价的针对性和有效性。(3)动态调整德育评价标准,利用信息技术实时监测受教育者的德育表现,并根据监测结果动态调整评价标准。这种动态调整确保评价标准与受教育者的发展需求保持一致,提高了评价的有效性和合理性。

(六)德育评价过程与结果并重

德育效果评价就是依据特定的德育目标,对德育过程及其结果进行评述和估价,对道德教育在德育主体身心发生的效应及引起的德育主体道德方面的改进和进步做出价值判断……德育效果评价的核心是对德育主体道德品质形成和变化状况的评价。[1]新时期的学校德育强调的是德育评价的过程化,着眼于受教育者的"未来发展"和德育工作的循序渐进,将形成性评价与终结性评价有机结合起来,重在受教育者的发展评价,这是一个漫长的、渐进的、曲折的动态过程。

二、学校德育评价的目的

所谓目的,就是行动想达到的目标或希望获得的结果。学校德育评价活动,也有明确的目的。学校德育评价不是训练高级工匠,而是培养具有独立自我意识的受教育者,是在塑造一种精雕细琢的人文品质,这样培养出来的受教育者通常很有能力,有很强的竞争性,但是这种能力和竞争性不是学校德育评价等级或分数的目的,而是成功的德育评价的副产品。学校德育评价的目的,从根本上讲,就是育人,引导受教育者向善,培养受教育者德性成长,旨在促进受教育者精神成长。学校德育评价的目的具体表现在以下六个方面。

(一)激发学习的兴趣

受教育者是德育评价的核心对象,培养受教育者的自我反省和自我批评意识与能力尤为关键。养成发现问题的习惯,学习自然会生发乐趣。"从促进学习的目的出发进行评

---

[1] 黄富峰.德育思维论[M].北京:人民出版社,2006:202.

价,重要的是要让学生了解自己的学习达到了何种程度,尤其是进步实态,使他们从中受到激励更加努力学习。同时,也要使他们了解自己在学习上存在的主要问题,以便有针对性地采取措施加以改进。"①

(二)完善教学的目的

德育评价的使命是健全受教育者人格。为此,需要不断地改善教学活动,最大限度地提高德育效果。为了达到这一目的,教育者应利用德育评价来改善教学质量。因而,德育评价的意义在于完善教学而不是区分受教育者的优劣和简单地判断答案标准与否,与此同时,更重要的是强调学生思想素质的形成性过程,注重发展功能。

(三)强化引导的方向

受教育者的可塑性强,德育评价重在引导。德育评价从"管理"到"引导"的转变,能激发受教育者挑战自我、矫正自我、超越自我的精神。具体表现为个体能够正确地认识和评价自身的情绪、动机、欲望、个性、意志、爱好、理想以及世界观,并在正确的自我意识和自我评价的基础上形成自尊、自律和自制的能力。现代学校德育评价不应该把鉴定功能放在第一位,而应该把导向功能放在重要位置。

(四)充实研究的内容

德育评价内容要以受教育者的人的全面发展为评价对象,例如,学习能力评价、道德情感评价、政治意识、价值观念等。在动态评价中,扬长避短,把握德育评价的实态,调整德育计划。因而,一次德育评价是下一次德育的起点、向导和动力。

(五)落实立德树人根本任务

德育评价是落实立德树人根本任务的需要,是思政育人成效体现的重要举措。德育评价可以结合教学与育人的需求,根据受教育者不同阶段身心特点科学设计各级各类德育目标要求,引导受教育者树立良好的思想道德、心理素质和行为习惯,增强"四个自信",立志听党话、跟党走,立志扎根人民、奉献国家。在德育过程中,通过德育评价探讨和解决"培养什么人、怎样培养人、为谁培养人"这一根本问题,引导受教育者坚持以德为本,德育为先,积极把正确的世界观、人生观、价值观灌输给受教育者,注重受教育者道德品质、思想观念、政治意识的培养,及时通过德育评价来检验育人成效。

---

① 单志艳.如何进行教育评价[M].北京:华语教学出版社,2007:5.

(六)促进受教育者全面发展

在审视德育评价时,我们应关注两个主要方面。一方面,德育评价致力于培养受教育者具备高尚的德行素养,包括思想素质、政治素质、道德素质、法律素质和心理素质。另一方面,德育评价也致力于塑造具备特定素质的社会角色,如培养高素质专门人才和拔尖创新人才,以满足社会发展的需求。然而,不论德育评价的目的是培养德性还是塑造角色,其最终目标都是实现人的全面发展。德性的培养为个体提供了内在的道德准则和行为规范,塑造角色则是使个体具备适应社会需求的能力和素质。这两个方面相互补充,共同促进人的内在与外在的全面发展,从而使人能够在社会中发挥更大的价值。

三、学校德育评价指标体系与设计

德育评价指标是根据评价目的将德育评价主要内容划分为评价指标,从而构建德育评价指标体系,制定评价标准。学校德育评价指标必须围绕受教育者、关照受教育者、服务受教育者,不断提高受教育者思想水平、政治觉悟、道德品质、文化素质,让受教育者成为德才兼备、全面发展的人才。要坚持把立德树人作为根本任务,将五育并举纳入学校德育评价指标设计和建构过程。科学合理的评价标准关系到评价的标准性和准确性,直接影响德育评价活动及其进展。传统德育评价指标体系中"为评价而评价"的现象较为严重,陷入了固化与技术缺位两方面的困境。在网络时代背景下,受教育者个体的道德发展过程会受到成长经历、心智发展水平、教育环境等因素的影响,利用技术手段厘清受教育者道德发展、思想观念和心理状况等各方面,根据各方面的特点进行相应的指标划分,才能实现对受教育者的客观评价。

(一)确立德育评价指标体系的要求

1.紧扣德育目标,关注受教育者的阶段性变化

过去的德育评估、鉴定方法都与德育目标脱节,重知识轻实践、重认知轻行为,受教育者品德评定往往由受教育者凭经验、印象给出,导致引导受教育者个性发展的教育目标陷于空泛。现在的德育评价要注重知行合一,既要重视课堂德育教学目标,也要重视实践德育、体验德育和感悟德育的目标;不仅要看受教育者做的是什么,还要看受教育者做的方式方法。与此同时在构建德育评价指标体系时,必须结合新时期的德育目标,关注受教育者的阶段性变化,实现德育评价指标的科学性和合理性。

2.涉及德育全部领域,体现德育的全面性和综合性

过去学校要么偏重"道德"的鉴定,要么偏重"学业成绩"的鉴定,往往只注重从某一

方面来评价受教育者的优异,这就必定会出现一些平均的类别,把"个体"划入这些类别。这样做经济上的好处在于节约了对"个性"加以"判断"的成本,弊端在于漠视了"个性",而个性抹杀的后果绝非经济成本核算可以弥补的。现代德育评价则应避免偏重某一方面的评定,尽量使德育目标整体实现。无论道德感受、作风态度、行为实践、个体差异、适应理解、精神面貌,乃至德育氛围都应该全面加以评定,并在此基础上,进行综合性的评价解释。这种评价的综合性,则远远超过静态的终结性德育考核鉴定的方法。

3.突破传统评价方式,实现量化评价与质性评价相结合

德育评价不能只关注受教育者的道德素质,也要关注受教育者的政治素质、心理素质和行为习惯。我们需要突破传统的量化德育评价方式,引进质性德育评价的理念和方式。量化评价是通过数量形式来描述受教育者思想品德素质的特征;质性评价是对受教育者的本质属性进行鉴别与确定。量化评价通常注重量的方面,而质性评价通常注重质的方面。量化评价是质性评价的基础,质性评价是量化评价的出发点和结果。量化评价只能作为阐明质性评价的客观基础,质性评价也只能作为量化评价的前提和归宿。量化评价与质性评价相结合的实质就是通过使学校德育管理的丰富经验与数学方法相结合,使测评标准和计量方法有机统一起来,提高德育测评在质与量之间的一致性。德育测评的数量化实际上就是把个体稳定的行为特征和倾向空间,与某一向量空间建立相关关系,使定性评价中无法综合处理的行为特征信息可以得到规范统一的数字处理,使测评者对不同个体品德的心理感觉差异反映于数量差异之上,进而综合反映个体品德的差异与水平。[①]倘若过分强调量化评价,教育者以独断分数或等级的方式对受教育者做出评价,可能培养出顺从听话的"乖受教育者",但难以培养有独立意识的受教育者。中共中央、国务院发布的《关于加强和改进新形势下高校思想政治工作的意见》提出,要"研究制定内容全面、指标合理、方法科学的评价体系,坚持定性分析和定量分析相结合"。[②]因此,在学校德育评价指标体系的构建中,既重德育量化评价,又重德育质性评价,把两者有机结合起来,实现以定性为基础,定性定量相结合的融合评价。

4.从德育"管理"到德育"引导",彰显德育指标体系的教育性

评价本身是一个重要手段,通过德育评价,管理者可以了解德育工作的实际情况,以便进一步调整德育的各种因素,控制德育的进程和质量。当"意识形态化"的德育思维方式占据主导地位时,最危险的倾向是"幸福"被庸俗化为"享乐",其实质是试图让学生"以今天的痛苦换取明天的幸福"的一切注定失败的管理。在失败之后,除了辛辛苦苦、轰轰烈烈,部分学生未必能享受到成功的喜悦和满足感。因而,这种评价模式忽视了德育潜

---

① 肖鸣政.品德测评的理论与方法[M].福州:福建教育出版社,1995:49.
② 中共中央党史和文献研究室.十八大以来重要文献选编(下)[M].北京:中央文献出版社,2018:490.

移默化的引导作用。例如,受教育者的集体荣誉感被掩饰,学习的精神面貌不佳等。传统以思想政治管理为主的评价方式,使受教育者综合素质形成的动力也单单以政治为动力,虚无缥缈。因而,学校尽可能模糊教育活动与评价活动之间的界线,引导动力多元化,使德育评价同时成为一种无痕教育。用冰冷的分数来考查受教育者的道德发展的水平、思想状况和行为习惯,实际上抹杀了德育评价内涵的丰富性,德育指标体系的构建要从评价对象出发,回归德育本体,彰显教育性。

(二)设计德育评价指标系统

受教育者群体是社会进步与发展的未来军。德育的前提是了解受教育者,了解受教育者的前提是尊重学生。作为独立的个体,受教育者有着独立的权利、人格、能力水平和主观体验;作为德育评价者,评价应贯穿于学校的一切德育活动中,而不是为评价而评价。首先,要促进学生明确树立"知识转化为智慧"的价值观,学习待人接物,珍重生命并习以成性;其次,真诚地引导学生在求知的道路上,以各自独有的生命体验去碰撞面前的文字,激活生命的力量,唤醒道德的生命,最终内化为智慧。如此体验,当然需要一种精神,一种脚踏实地的精神,只有这样才能终身受益。

总之,重视而不是抹平、尊重而不是扼杀受教育者的个性倾向差异与个性心理特征差异,是现代德育评价内容的原则。学校德育评价应不断寻找最适合受教育者个人创造性和个性才能的道路,发展和激发受教育者的潜能,让受教育者感受学习的快乐、体验成功的喜悦,不断获得学习成就感,从而证明自身的价值。这样,凭借内在的学习动力,坚定的信心和顽强的毅力等积极心态,受教育者就有条件发挥出惊人的创造力,创造辉煌的业绩。这是学校德育评价指标设计的出发点和推动力。

1.德育评价指标

德育评价指标也叫评价要素,是指能反映评价对象的表现,具备深度与广度的一系列质量检测点,实质上是核心价值观的具体化。实施德育评价,必须将评价内容转化为若干既可测试又便于量化考核评价的要素。通常将德育评价指标分为受教育者道德品质和公民素养两大模块。

(1)道德品质指标的构成。道德品质是我国社会主义道德原则和行为规范在受教育者个体行为中所反映出的稳定倾向和特征。在评价受教育者道德品质时,主要考察其爱祖国、爱人民、爱劳动、爱社会主义;遵纪守法、诚实守信、维护公德、关心集体等方面的内容。

(2)公民素养指标的构成。公民素养是学生在家庭、学校和社会教育的影响下,在社会实践中通过自我教育、自我反思、自我完善,逐渐形成的待人、处世的态度和基本的行为准则,在评价受教育者公民素养时,主要考察其自信、自尊、自强、自律、勤奋,对个人行为负责,积极参加公益活动,具有社会责任感,保护环境等方面的内容。

2.指标权重的确定

所谓指标权重,即评价指标在评价体系中的重要性或评价指标在总分中所应占的比重。其数量表示即为权数。首先必须把德育评价目标分解为一个多级指标,评价指标A、B、C、D、E两两比较,在同一层次上根据管理学家斯塔的相对重要性等级表(见表10-1)列出比较矩阵(见表10-2),然后按公式计算出各指标的相对优先权重。

$$w_i = \frac{1}{n}\sum_{j=1}^{n}\frac{a_{ij}}{\sum_{i=1}^{n}a_{ij}}$$

式中:w_i 是该项典型指标(目标)的权重;

n——标准体系中指标的个数;

i——行号;

j——列号;

a_{ij}——相对重要性等级。

表10-1 斯塔相对重要性等级表

相对重要性	定义	说明
1	同等重要	两者对所属测评目标贡献相等
3	略为重要	据经验一个比另一个测评结果稍重要
5	基本重要或高度重要	据经验一个比另一个测评结果更为重要
7	确实重要	一个比另一个测评结果更为重要,其优势已为实践证明
9	绝对重要	明显重要可以断言为最高
2、4、6、8	以上两相邻程度中间值	需要折中时采用

表10-2 评价指标权重确定一览表

指标	权重					
	A	B	C	D	E	w_i
A	1	$\frac{1}{2}$	$\frac{1}{3}$	$\frac{1}{3}$	$\frac{1}{2}$	0.08
B	2	1	$\frac{1}{4}$	$\frac{1}{4}$	2	0.11
C	3	4	1	1	7	0.35

续表

指标	权重					w_i
	A	B	C	D	E	
D	3	4	1	1	7	0.35
E	5	$\frac{1}{2}$	$\frac{1}{7}$	$\frac{1}{2}$	1	0.11
$\sum_{j=1}^{n} a_{ij}$	14	10	2.7	2.7	17.5	

在表10-2中权重分配的具体方法是，A与B相比，若认为B比A稍微重要时，则在B行A列交叉处给B记2，在A行B列交叉处给A记$\frac{1}{2}$；若A与D相比较，认为D比A略为重要，则在D行A列交叉处给D记3，在A行D列交叉处给A记$\frac{1}{3}$，以此类推，直到全部比较完为止，可得到表10-2中A，B，C，D，E五行五列交叉处的全部数据。第六行与第六列的数据计算方法是，首先按列求和，得到表中从第一列开始分别为14，10，2.7，2.7，17.5，然后按公式 $w_i = \frac{1}{n} \sum_{j=1}^{n} \frac{a_{ij}}{\sum_{i=1}^{n} a_{ij}}$ 求出各指标的权重。

$$w_1 = \frac{1}{5}(\frac{1}{14} + \frac{0.5}{10} + \frac{0.33}{2.7} + \frac{0.33}{2.7} + \frac{0.5}{17.5}) = 0.08$$

$$w_2 = \frac{1}{5}(\frac{2}{14} + \frac{1}{10} + \frac{0.25}{2.7} + \frac{0.25}{2.7} + \frac{2}{17.5}) = 0.11$$

同样还可得到 $w_3 = 0.35$，$w_4 = 0.35$，$w_5 = 0.11$，且 $\sum_{j=1}^{n} w = 1$

这样，得到A，B，C，D，E五个指标的权重分别为0.08，0.11，0.35，0.35，0.11。

第 二 节
学校德育评价的主要原则与方法

学校德育评价的内涵、目的与指标设计确定之后,人们必然会去思考采用何种评价原则与方法进行德育测评。德育评价方法是人们为了对德育活动进行价值判断和促进其发展所采取的手段和程序。它是人们在评价过程中逐渐形成和发展的。在德育评价过程中,人们研究开发了多样化的德育评价方法。在探讨评价方法之前,我们首先要明了学校德育评价的主要原则。

一、学校德育评价的主要原则

学校德育评价的主要原则是指在进行现代德育评价活动中的主要行为规范,是良好的评价应满足的主要条件,是带有普遍意义的客观规律的反映。在这些原则中,有的是在评价实践历程中不断总结和发展起来的,并在长期德育评价中证明了是比较成熟的主要行为法则;有的则是以多学科为基础,在融合哲学、心理学、教育学、行为科学等相关学科原理的基础上综合提炼出来的。掌握这些主要原则对德育评价的顺利进行,具有重要的指导意义。

20世纪70年代,西方的科学精神普遍沦为科学主义,"信仰""意义""个性"统统被"科学"取代了。正如维特根斯坦所说:"凡可说的,皆无意义。凡有意义的,皆不得不以荒唐的语言传递其意义。"可是,我们怎可因个性在中国短期内的沉默,就否认它的真实存在?仅仅因为在不过两百年西方话语的霸权时代它的相对沉默,就剥夺它存在的权利呢?传统的学校德育坚持"我评你听、我讲你懂",使受教育者被动接受德育评价,极大地降低了德育评价的效果。因而,现代学校德育评价原则总体上应重视受教育者对"我"的关注,"我是谁?""我的愿望是什么?""我快乐吗?"等。新时期,结合《深化新时代教育评价改革总体方案》等文件,根据受教育者发展的具体特点,在构建学校德育评价维度、指标体系时,学校德育评价的主要原则可归纳为以下几个方面。

(一)综合性原则

心理学认为,个性是指个人具有的各种比较重要的和稳定的心理特征的总和。现代学校德育评价功能与德育的目标是一致的,既要以现代德育目标为基准,又要以受教育者的纵向发展水平为个体参照。我们既不应以"道德"的名义鼓吹道德,更不应以"道德"

的名义批判那些根本不能从道德的角度给予批判的知识。受教育者的需要、动机、兴趣、爱好、信念、理想、世界观、气质、人格差异、能力差异等个体差异与道德品质都是学校德育评价中须臾不可离的标准。在学校德育评价中,力求对评价对象做出全面且辩证的评价,应努力避免评价过程中出现"晕轮效应"、"首因效应"、定式偏差等评价的主观偏见现象。

(二)终身化原则

学校德育的终身化原则必须遵循人的理性所形成的认知规律,它需要经过无数次从感受、体验、应用到分析、综合判断、评价、反思等循环往复的过程,才能逐步实现。学校德育评价需持之以恒地重视受教育者个人的特性,使其具有人文情怀,即让一个受教育者既可以自然发展,又能够丰富知识,终身学习。德育评价可以说是"再"德育过程的开始,德育评价最重大的价值在于培养、激发受教育者自主学习,不断反思自我,不断完善自我,就像学无止境一样,德育和德育评价都是一个终身的过程。

(三)多元化原则

让受教育者认识自己,评价自己,开展自我教育与自我批评,重视受教育者自己的独立思考,是对受教育者权利和人格情感的充分尊重和负责,因为"他人"无法体悟"我"所体悟,这在很大程度上提高了德育评价的信度和效度。例如,美国道德心理学家劳伦斯·科尔伯格的研究原则是一种道德上进退两难的抉择,其中最有名的是一个"应不应该为救一个垂死的病妇而偷药"的假设故事。在课堂教学中,教师可向学生提出类似的问题:

在病情恶化疼痛难忍的情况下,医生该不该向病人实施安乐死,为什么?在母亲病危之际,儿子应不应该上前线支援,为什么?

这种课堂讨论的一个基本价值原则,在于它为受教育者提供了积极参与决策的机会,利用道德的两难问题把学生引入道德原则讨论,使每一个受教育者都能成为道德教育过程的主体,从而充分强化他们在德育评价中的主体作用。当代德育评价不仅仅要把被评价者作为被接受检查的客体,更为重要的是要把他们看作参与评价的主体,采取各种途径和方法,使之积极参与评价过程,鼓励他们民主参与,主动进行反思。同时,坚持多元化原则,不以一个统一的标准、统一的角度来评价受教育者,以受教育者的自评为主,辅之以小组互评、家长社区等评价方式,使评价逐步成为教育者、受教育者、家长、社会等共同参与的交互过程,这也是德育过程逐步民主化、人性化、科学化发展的体现。

(四)动态化原则

动态诊断式评价是通过德育评价,找出受教育者素质构成及发展上的问题及不足。过去在德育目标上存在的主要弊端,是目的和目标不分,用目的取代目标,只有高度,没有深度。学校德育评价要改变统一目标教育带来的"假、大、空"现象,就必须从受教育者的思想、心理、文化、能力等方面的实际问题出发,把德育评价的目标看作是各个阶段的问题诊断和综合素质的发展,即将一元化的德育评价目标分成若干个结构和指标要素,对各年龄阶段和教育阶段确定不同层次的具体目标和德育的起点,依次选择相应的诊断方法和途径,再把各阶段各层次的德育目标和措施整体衔接起来,并逐步提高。这种有针对性的动态教育,才能促进个体充分发挥评价的诊断功能和发展功能。

(五)时代性原则

学校德育评价深植于文化和传统的同时,必须紧跟时代步伐,响应国家发展的呼唤,即在保持优良传统的同时,不断创新,使德育评价不断与时俱进,满足新时代中国特色社会主义对人才德行和品格的期待,为实现中华民族伟大复兴提供坚实的人才保障。在新时代的广阔背景下,受教育者的行为深受时代的影响,表现出鲜明的时代特征。时代的多元性为受教育者的成长开辟了无数的可能性,同时也推动了学校德育评价的时代性变革。这种变革不仅反映了社会的进步,更体现了教育对个体成长的深度关怀。因此,学校德育评价应紧密结合时代背景,深入了解受教育者的行为习惯,以及这些习惯背后的深层次原因。通过这种方式,我们才能更准确地把握时代对于人才德行和品格的需求,从而制定出更加科学、合理的德育评价策略。

(六)引导性原则

学校德育评价的目的不仅仅是一种判断、甄别和选拔,也具有引导的作用。学校德育评价不只是对受教育者曾经和当下进行评价,还要考虑受教育者的未来,使他们能够胜不骄、败不馁,知不足而奋进,从中找到努力的方向,在个人的品德修养、生活习惯、学习能力、规则意识、心理状况、政治素养等方面更加健康地发展。评价对过去起到检测作用,对未来起着引导作用,对受教育者存在的失误多一份"静待花开"的耐心,对受教育者的闪光点给予一些"未来可期"的赞赏,从而使受教育者产生积极进取的心态。学校德育评价的主要目的是检验受教育者德育思想的现状,包括他们的精神面貌、思想状态、心理活动、行为思想等方面的内容,通过考核成果对其进行个性化的指导和引领,帮助受教育者树立正确的世界观、人生观、价值观。

二、学校德育评价的主要方法

学校德育评价的方法,不同的标准有不同的划分。

按评价主体划分,有自我评价、他人评价、小组评价、上级评价、同级评价与下级评价。

按评价结果划分,有分数评价、评语评价、等级评价以及符号评价。

按评价手段划分,有定性评价与定量评价以及包括模糊综合评价在内的中性评价。

按评价作用划分,有诊断性评价、形成性评价、终结性评价。

按评价范围划分,有宏观性评价、中观性评价、微观性评价。

按评价形式划分,有书面评价和口头评价。

学校德育评价方法多种多样,但较为实用与新型的评价方法,有德育日常评价、档案袋德育评价、教育者自编测验德育评价德育投射法以及"第二课堂成绩单"评价等。下面对其逐一进行剖析,并举例论证。

(一)德育日常评价

2020年,中共中央、国务院印发的《深化新时代教育评价改革总体方案》指出,要完善德育评价,客观记录学生品行日常表现和突出表现,特别是践行社会主义核心价值观情况,将其作为学生综合素质评价的重要内容。德育评价不应强调德育评价本身,而应注重培养和提高受教育者在日常生活中所需要的胜任环境的能力。传统的德育评价内容是总结性的:寥寥几句话就能概括受教育者一个学期所取得的成绩和存在的缺点或者不足,然后提出一个诊断性意见。这种总结性评价,最大的弊端在于,它是用一种静态的视角来评价受教育者的,它看不到受教育者在学校之外的表现和发展;看不到受教育者本身所具备的潜力,以及这种潜力对受教育者今后的发展所起到的积极作用。

日常评价是指对受教育者日常学习与思想素质的记录,包括作业记录、课堂表现记录、测验成绩、品德行为等。作业记录除记录家庭作业的成绩(多用等级)或评语外,还可以定期收集几份受教育者特别满意的作业样品,并让受教育者在学习小组内说明选择这份作业的理由、是如何完成的等,这样可以使受教育者对好的学习方法和学习态度进行反思和交流。课堂表现记录主要是教师对学生完成课堂教学活动的评价记录,如在问答、朗读、辩论、会话等活动中获得的奖励,以期培养受教育者学习的浓厚兴趣,保持参与学习的欲望,促进其不断进步。

日常评价是经常使用的评价方式之一,从受教育者长远发展来看,教育者应注意日常评价。因而,日常评价更应保护受教育者的自尊,使受教育者愿意接受、乐于接受,这种评价应是激励性的评价。日常评价有以下几个重要方面。

1. 评价内容要明确

德育评价的内容不能过于笼统甚至不可捉摸,应内容明确、有根有据,防止语言苍白乏力或只表扬不批评。这就要求评价者充分掌握受教育者自身的发展状况和受教育者在班级或更广范围内所处位置等,如"你真是一个聪明的孩子,比爱迪生还聪明。"类似这种评价只会让受教育者自鸣得意,自我感觉良好,从而不思进取,使激励性评价在受教育者心中贬值。一味地表扬不利于受教育者的健康成长。激励不等于表扬,恰如其分的表扬只是激励的一种方式,恰当的充满关怀的批评、满怀希望的鼓励也是激励。

2. 评价要真诚

诚意、真挚的激励最能打动人心。心理学家莫勒比恩有一个公式值得借鉴:感情表露=7%的言辞+38%的声音+55%的面部表情。例如,在英国学校的德育评价中,评价者认为,受教育者说话的内容并不重要,重要的是观察受教育者说话时的气质和风度。

受教育者的心是最敏锐和单纯的,教育者在日常教学或生活中,对受教育者的一个微笑、一个眼神、一个赞许都是评价。每次评价之前,教育者要有明确的评价目的、评价内容,并体现出百分之百的真诚,把自己良好的评价动机很真诚地表达出来。教育者亲切、真诚、自然的表情,像一缕花香、一股清泉沁人心脾,不仅有利于消除受教育者的紧张心理和对立情绪,而且会使受教育者感到教育者对他的关怀与爱护,从内心萌发和增强对教育者的尊敬和信赖;面部表情是人内心情绪的晴雨表,教育者要学会控制和运用面部表情来评价受教育者,同时又要善于察言观色以获得受教育者的反馈信息。受教育者也可以从教育者的神态、表情等看出赞美、激励是真心实意,还是虚情假意。

如果受教育者在思想与学业中取得了进展,教育者由衷地说:"这才是我心目中的×××!"类似的评价一定会让受教育者心潮澎湃,激动不已。一句评语往往真的能改变受教育者的一生,成为他们生命中最为关键的一个转折点,因为真诚且带有激励的语言,最有力量,也最有温度。

3. 评价要适时、适度

心理学研究发现,物质奖励可以激发受教育者的学习兴趣和动机。课堂上不少教育者采用了物质奖励的办法,促使受教育者以饱满的情绪投入学习。这本来是无可争议的,但是现在出现了用得太多的情况。如一节课里,教育者不停地给受教育者的平时成绩加分,使受教育者们几乎是为了加分而表现出学习的踊跃性。动物行为学家凯洛格做了一个精致的实验。

他把一群猴子关在笼子里,在猴子不容易拿到的地方挂了一串香蕉。随即,这群猴子发现了,一拥而上。最机敏的一只猴子把另一只猴子推倒,迅速爬到它的头上,抓着香蕉就吃。接下来,所有的猴子均效法单足而立,围站在香蕉下,伺机爬上其他猴子后背。

猴子们也渐渐将"爬上去"这个手段当成了目的本身,而忘却了去够香蕉。

受教育者把加分当成了手段,而不是目的,他们关心的是怎么得到奖励,而教育者关心的仍然是受教育者的纪律和学习的结果。这正是教育者采用物质奖励的现实依据。但是,积极的学习动机和态度,不只是来自外部,更主要的是来自内部——学习成就感和荣誉感。康德说过:每一个人都是目的。因为每一个人都有他自己的人格价值、道德价值。倘若滥用外部奖励,不仅不能促进学习,反而可能削弱内在动机的作用。因此,在教学过程中应注意创设问题的情境,激发受教育者浓厚的学习兴趣和学习动机。问题可以由教育者提出,但是让受教育者自己发现问题并提出问题更有意义。教育者还要及时反馈学习信息,使受教育者感受学习的快乐,体验成功的喜悦,从而获得内部奖励,与此同时,适当给予必要的外部奖励。这样做,受教育者的自主学习能力才能落到实处,才有利于形成爱学习的态度和价值观,德育评价促进受教育者成长的目的才能得以实现。

另外,受教育者作为成长中的人,他们是在不断地犯错误中反省、成长、发展的。受教育者有受教育者的认识,他们是按照自己的生活经验和思维逻辑去认识世界的。我们为什么要按成年人的经验和逻辑去对待受教育者呢?受教育者求知的好奇心和求知的焦虑感是与生俱来的与对现实的反映,面对受教育者们的"错误",我们应该如何对待?在日常评价中,教育者应采用适当的方式对受教育者进行批评教育,但是,教育者的一些辱骂和挖苦的语言行为也应被明确禁止。教育者、家长应用欣赏的目光、激励的语言对待受教育者的挫折和错误,帮助他们分析出错的原因,并教给他们应该如何做的思路。

错误对学习是有价值的。有些错误对当前的成长大局无碍,与其当时纠正,不如随着受教育者认识的提高,让受教育者自己去纠正。所以,日常评价中的批评也要适时、适度,要保护受教育者的好奇心、求知欲和学习兴趣。

(二)档案袋德育评价法

1.档案袋德育评价概述

档案袋评价是以档案袋的方式评价受教育者最真实的表现,是一部活生生的成长史,是当前国外教育评价中应用十分广泛的一种方法,也可称之为"学生成长记录袋评价""学生档案评价""学生卷宗评价"等。从历史渊源来看,它最早应用于学生评价,其目的不在于对受教育者做出肯定或否定的结论,而在于通过给受教育者提供了一个学习机会,促进受教育者的成长。随着新一轮课程改革的实施和评价体系的进一步改革,档案袋评价将逐渐被教师所认同及采用。

受教育者的档案袋是指记录每一个受教育者在学习过程中的成就,取得的进步以及反映学习成果的一连串信息的汇集,即每一个受教育者具有代表性的学习成果(作业、作品)、反思报告、评价结果以及相关记录和资料的收集。档案袋作为一种评价手段引入学校德育,汇集了受教育者整个成长和学习历程,呈现出受教育者的辛勤耕耘与收获。作为一种评价形式,它可以督促受教育者自觉检查他们所完成的作业,在自主选出比较有成就自豪感的作品的过程中,认识并反思他们的学习方法和学习成果,培养他们的学习积极性和自信心。

受教育者的档案袋评价一方面能够记录受教育者成长过程中的成功与挫折,让受教育者养成自我判断与反省成长和发展的学习习惯,使受教育者成为选择评价内容的一个决策者甚至主要决策者,从而也就拥有了评判自己的机会;另一方面档案袋也为教师、家长和社会提供了丰富多样的评价材料,使评价主体能够更开放地、多层面地、综合地评价每一个学生的人格特质。需要注意的是。

(1)档案袋不只是堆砌材料的容器,也不是累计的记录分数、等级和学生不能接近的秘密信息文件夹。它系统、有组织地收集相关证据,以解释、检查及监控受教育者在某一特定学科领域中知识、技能与人格的发展。它是一个开放的、共享的、可到达的存放学生作品与记录进步的地方。

(2)档案袋不仅仅是受教育者一年中的作业收集,还应包括选择过程中的受教育者参与、选择的说明和指南、评分的标准,以及受教育者对作品的自我反省,集中反映受教育者德育目标达成的过程,同时也是一个积极思考、赋予价值和评价教与学的过程。

(3)档案袋内容的制作过程不是受教育者单方面的原始资料库,也不是"作业收容所",而是受教育者与教育者、受教育者与受教育者、受教育者与家长、受教育者与他人活动过程的结晶和丰富多样的成果的积累,涵盖了一项任务从起始阶段到完成阶段的整个跨度。不是一个一年一次、课堂之外的、为其他的人需要的评估结果,而是一个连续的带有指导的评估过程。教育者让受教育者更多地参与评价内容和评价标准的制定,在评价资料的收集中发挥更积极的作用,通过"协商"和批判的角度达成评价结论,并提出下一步发展目标。

2.档案袋类型

档案袋作为学校德育评价的工具和教师设计德育的基础,其主要目的是反映受教育者人格的发展水平以及反省与改进状态,由教育者与受教育者讨论互动建成,并争取家长的支持和帮助。自从它应用于学校德育评价以来,其形式发生了很多变化,应用目的也有所拓展。目前,以不同的功能为标准,档案袋演变出五种不同的类型:理想型、文件型、展示型、课堂型和评价型。(见表10-3)

表10-3 档案袋德育评价法的五种类型

类型	内容	目的
理想型	作品产生过程的说明，系列作品展示，以及受教育者记忆、理解、应用、分析、综合判断力和评价自己作品能力的独立反思和批评	塑造受教育者的人文情怀，尊重人格和道德规范。通过一定时间的努力，提高学习质量，帮助受教育者成为有独立意识的德育评价者
文件型	除了受教育者作品外，还包括由教育者完成的检查表、教育者所做的课堂观察记录，以及表现性测试的结果和相关轶事的系统性、持续性记录	以受教育者的综合作品、量化和定性评价的方式，提供一种系统的记录。它不强调受教育者的反省，重点在于反映受教育者的努力、进步和成就
展示型	主要是由受教育者选择出来的自己最好或最喜爱的作品集	向家长和其他感兴趣的人展示
课堂型	由三个部分组成：(1)依据课程目标对所有受教育者表现的总结；(2)教育者给每个受教育者的详细评语；(3)教育者本年度的课程和教学计划及修订说明	一种总结性的文件，用于向家长、管理者及他人交流、报告教育者对受教育者综合判断的情况
评价型	它要根据预定的标准，对受教育者的作品进行标准化评价。主要由教育者、管理者等建立受教育者作品集	用于向教育者、管理者或政府机构作标准化报告

实际上，档案袋的分类方法还有很多。以材料选取为标准将档案袋分为最佳成果型档案袋、精选型档案袋、过程型档案袋和混合型档案袋。依据档案袋的内容将档案袋分为个人档案袋、学业档案袋和职业档案袋。依据评价的目的将档案袋分为成长型记录袋、过程型成长记录袋、评估型记录袋。根据材料的性质和服务指向可以将档案袋分为学科类记录袋和纪律类档案袋。

3. 电子档案袋德育评价概述

电子档案袋评价(E-Portfolio)源于传统的档案袋评价，却又不拘泥于此，它借助现代网络信息技术，为教育者带来全新的评价视角。这种评价方式不仅关注教育的过程，更深入每个受教育者学习的细微之处，真正做到了对学习过程的真实评价。它的诞生，本质上反映了在全球化知识经济背景下，教学与学习模式的深度转型。电子档案袋评价内涵主要表现在以下几个方面：

(1)从评价手段来看，电子档案袋评价是一种过程的评价。它不仅仅关注学习的结果，更重视学习的过程，以及学习者在学习过程中的成长与变化。这种评价方式真实地记录了学习者的学习作品、心得、资料和反思，让受教育者能更好地了解自己的进步与不足。

(2)电子档案袋评价的作用重大。它不仅仅是一个简单的记录工具，更是一个促进受教育者个性发展的平台。每位受教育者都能看到自己的进步，个性差异得到充分肯定,从而增强学习的自信心和积极性。同时,评价主体也实现了多元化,不再局限于教育者,受教育者自身、同伴等都可以成为评价的主体。

(3)电子档案袋评价对象广泛。它不仅仅局限于课堂学习,还伴随着受教育者的整个成长过程。这使得学习不再是一个阶段性的任务,而是一个持续不断、终身的过程。

(4)电子档案袋评价的及时性明显。受教育者在学习一段时间后可以及时回顾、反思和调整自己的学习策略。同时,同伴间的互评也是促进学习的有效方式,他们可以相互学习、取长补短,提高自己的学习水平。在整个学习过程中,教育者作为引导者和组织者,也可以通过多种方式对受教育者进行评价,从而更好地指导他们的学习。

尽管电子档案袋具有多元化的功能并可广泛应用于各种场景,但教育者对其学习和测评功能尤为关注。电子档案袋的核心功能包括:一是详细记录和整理学习过程、反思其学习成果;二是持续监控和追踪受教育者的经历、进度及发展状况;三是全面展示个人的能力、技能和取得的成就;四是与其他人分享知识、观点、反馈以及学习经历、进度和发展情况;五是为受教育者提供有效的学习支持,并为其搭建与其志同道合者共同的学习平台;六是针对学习过程进行测评与评估,尤其是由受教育者本人或他人对学习进度和成就进行的评估或测评。

总之,档案袋评价是师生"理解—实践—反省—发展"的过程,强调教育者通过识别受教育者的优势能力,为受教育者提供发挥优势能力的机会。教育者应站在受教育者人格全面发展的角度来评价他们,把评价定位在激励受教育者的优势能力上,即让每一个受教育者从优势能力迁移到弱势能力中去,从而促使受教育者弱势能力得到尽可能发展,这样才能让每一个受教育者都体验到学习的成就感,培养学习的兴趣。同时,档案袋评价也是一面镜子,在评价过程中,通过各种活动的反馈信息使受教育者发现自身的不足,并寻找改进评价的方案。档案袋评价聚焦学习过程中材料的丰富性、行为的真实性和实践性,及其付出的努力。这一评价方式不仅见证了受教育者自我超越、化蝶蜕变的过程,而且是受教育者实现"累积表现"到"自我品德"构建的重要途径,也是以受教育者为主体、家长、学校和教育者协同育人的过程。

(三)教育者自编测验德育评价

所谓教育者自编测验,是由教育者根据具体的德育目标、教材内容和测验目的,为特定教学服务的。教育者自编的测验,通常用于测量和评价学生的思想状况和思想态度。编制测验时,应该注意以下几个方面:

1.测验应与教学目标密切相关

自编测验最重要的原则是不能脱离德育目标和内容。教育者首先应明确测验的信息用于做什么评价,例如:是为了诊断学习问题还是选拔优秀受教育者,不同测验对试题的难度、取样范围、目的和特点等要求不同。

诊断性测验、形成性测验是针对思想道德规范知识的学习,要求测验的内容与最近的德育内容相关,往往试题取样范围较窄,难度较低,测验目的是教学开始后进行预测摸底和改正受教育者的品德现状。总结性测验试题涉及的道德知识和综合素养的范围超过前者,取样范围较宽,综合性较强,测验目的是教学结束后的鉴定。但这两类试题都没有很好的区分度,主要强调与德育目标要求一致。而选拔性测验则较好地强调了受教育者的区分度,能有益地协助教育者评价受教育者的个性差异性。如果要判断常常迟到的学生的问题是什么,诊断性测验是最好的选择,而要评定受教育者的一般能力和综合水平,就应该考虑用预测性测验。

在选择了测验的方式后,还需根据要测量的学习结果,来选择适宜的题目类型。在具体进行编制时,不管教育者采用哪一类型的题目,例如,主观题和客观题、选择性反应题与构造性反应题等,在编写前都可参考下列建议。

(1)题目的引导语句要清楚明确,让受教育者能读懂题意。

(2)不要照搬教材中的表达语句,应本土化,有所变通。

(3)及时编写测验题目,并留出充足的时间进行预测、调适、修改不恰当的题目。

(4)不要故意设置极好或极差的选项,要让受教育者能轻易地选择优势答案。

2.注意测验的信度和效度,在解释结果时应慎重

信度是指可靠性或一致性程度。测验的信度,是指测验结果的可靠性或一致性程度,即同一个德育测验,相继施测于同一组受教育者,间隔特定的时间,两次测量结果的一致性程度。教育者可以通过增加题目量,减少区分度小的题目,控制在中等水平,界定好题目使之与德育目标紧密联系等方法,来提高测验的信度。不过即使测验的信度较高,也还有很多因素会影响到受教育者的得分。例如,受教育者个体差异性、考试技巧、考试焦虑、考试时间等。因而,德育评价结果不仅仅要考察其信度,还要考察其效度。

效度是指正确性程度。测验的效度,是指测验结果对所测素质反映的吻合程度。系统误差,测验本身的因素,受教育者的兴趣爱好、动机以及是否愿意合作等,都会影响测验的效度。有效度一定有信度,有信度则不一定有效度。"效度高的测验其信度一定高。这是因为某测量工具,如果它对某事物的测量结果是有效的,那么,测量的结果一定会真实地反映事物的某种属性或特征,因此必然是可靠的。"[1]因而,教育者在评价测验结果时要格外慎重。

---

[1] 王景英.教育评价学[M].长春:东北师范大学出版社,2005:100.

3.测验应能促进受教育者的思想道德素质的发展

不论是成就测验,还是心理测验,教育者都应把测验功能与学习功能结合起来。教育者可以利用测验引导受教育者树立中国特色社会主义理想信念和正确的世界观、人生观、价值观。教育者对德育活动内容、过程、实现目标程度等测验后,应尽快把价值评价信息反馈给受教育者,纠正受教育者的认识误区,指导他们走向正确的思考方式。教育者要参照测验获得的信息,确定受教育者理解了哪些内容,是否付诸实践,还有哪些内容需要解释,从而制订出德育的中长期计划和进度,使学校德育评价逐步规范化、系统化、科学化,从而将德育评价渗透到学校德育的各个环节。

(四)德育投射法

投射法,也称投射测试,心理学的观点指出,投射法是指个人把自己的个性或人格,下意识的反应于外界环境或他人的一种心理作用。

从测验的特征维度上看,德育投射测验有以下一些显著特点:第一,测验目的多是伪装的,受教育者不知道测试的真正目的,也不知道对自己的反应会做何种心理学解释,他们所意识到的是对图形、画面、故事、文字或句子等刺激媒介的反应,实际上他们的反应行为却无意识地把内心的一些隐蔽东西显现了出来,减少了受教育者伪装自己道德动机的可能性;第二,在测验的刺激上,投射测验选用的是模棱两可的刺激,如罗夏克的墨迹测验(他把墨水洒在白纸上,然后对折起来,使纸上的图沿一条对折线形成对称的墨迹图。这些图是无意义和无法解释的。他把这些图形呈现给被测评者,让他们根据图形自由想象,然后口头报告)等没有明确的结构和固定意义内容;第三,受教育者可以完全自由回答,不做任何限制,在无拘束的情境中,建立起自己的想象世界;第四,结果的整体性,测试关注的是对受教育者的总体评估,而不是针对单个特质的测量,学生的任何反应都可能影响德育评价结论。

测试中的媒介,可以是一些没有规则的线条;也可以是一些无序的图片;也可以是一些只有头没有尾的句子;还可以是一个故事的开头,让受教育者来编一个包括过去、现在和未来发展的故事;等等。因为这一画面是模糊的,所以一个人的表述只能是来自他的想象。不同的回答和反应,可以探测不同人的个性。

(五)"第二课堂成绩单"评价

"第二课堂成绩单"是高校共青团改革的核心举措之一,它为受教育者的德育评价提供了全新的视角和考量依据。这一创新性评价方式,不仅突破了传统学校德育评价的限制,更着重于全面记录受教育者在学术探索过程中的多元经历。相较于传统的评价方式,"第二课堂成绩单"更强调"记录—反馈"机制,旨在帮助受教育者进行深度的自我认知,了解自身的优势与不足。"第二课堂成绩单"评价以受教育者为中心,充分体现了新时代的德育理念,致力于培养德、智、体、美、劳全面发展的社会主义建设者和接班人。它以立德树人为根本任务,以服务受教育者的成长与发展为核心目标。在实施过程中,不仅注重品德的培养,更强调政治素养和思想境界的提升。

"第二课堂成绩单"以思想引领为主线,引导受教育者树立正确的政治方向,发挥价值观的导向作用。它详细记录了受教育者在思想成长方面的学分获得情况,将理想信念、政治素质、道德品质、能力素质等育人成果显性化,为德育评价提供客观依据。

此外,"第二课堂成绩单"制度的设计充分遵循受教育者的成长规律,以满足人才培养需求。课程目标的设定与受教育者的实际需求紧密结合,旨在强化学校德育的实效性。在第二课堂实践中,我们着重开展思想成长类活动,与课堂教学形成互补,共同促进受教育者的全面发展。

三、学校德育评价的基本程序

(一)确定德育评价目的

在学校德育评价实施过程中,目的具有特殊的地位。因不同的评价目的,评价方式、评价方法,甚至评价标准都可能大相径庭。因此,在学校德育评价的实施中首先要确定评价目的。德育评价目的要与德育目的保持一致。目的总体设计是根据受教育者的类别,在总体结构上对评价指标体系进行设计,以便使指标体系能全面、真实、综合地反映受教育者的整体情况。关键在于解决整个评价指标体系的逻辑结构,调整各个部分之间的相互关系,使评价体系的逻辑结构合理,与评价目的一致。

具体地讲,学校德育评价有以下两个方面的评价目的,一方面,评价获得的信息,可以使教育者和受教育者找到教与学的优势和问题,促使教育者和受教育者进一步扬长避短,弥补缺失,促进德育的改革和完善;另一方面,也可以使教育者对照评价标准不断通过自我评价来反思自己的德育活动,促使教育者不断调整教学观念,提高和发展自身素质,努力改善德育质量。

(二)编制评价指标体系

"评价指标就是根据评价的目标,由评价指标的设计者分解出来的,能够反映评价对象某方面本质特征的具体化、行为化的主要因素,它是对评价对象进行价值判断的依据。"①编制评价指标是在目的确定的基础上,对整个指标体系中的各大结构,例如素质结构、能力结构、智能结构等,进行具体的细化设计,使每一结构能够反映受教育者的某项功能。教育者可通过座谈会和收集资料等方式,了解受教育者思想与行为的最新动态,最大限度地发掘该教育阶段应该具备的主要要素指标,并对指标的内涵进行准确说明,形成一个内容比较全面的指标体系。同时,还必须从有关学科的意义上进行理论指导,使之具有精简性、严密性和原则性。

(三)收集和获取评价信息

在确定评价的目的与编制评价指标体系的基础上,对各类受教育者评价指标体系雏形进行调查论证或请专家进行评判,相互沟通,收集周期性的信息资料,使指标体系结构更加准确、完善,更具实用性和操作性。在收集和获取信息时要格外注意信息的真实性,在获取信息的时候要注意方式方法。

(四)汇集整理和评级评分

对评价信息汇集整理,要让评价人员对评价标准有统一的理解,以减少评价过程中的人为误差。评价结果处理主要是评定等级与评定分数的转换。需要注意的是,在客观题的测验中,如何校正学生的猜测因素对测评结果的影响,怎样正确评价学生的真实状况。尤其是每个选项都具有同样的吸引力时,学生凭猜测选择正确答案的机会是$\frac{1}{n}$(n是每题中选项的数目)。

常用的猜测修正公式为:$S=R-\frac{W}{n-1}$,其中,S是正确分数,R为受教育者答对的题目数,W为受教育者答错的题目数,n为选项数目。例如:当$n=2$,则$S=R-\frac{W}{2-1}$;若为三选一的选择题,则$S=R-\frac{W}{3-1}$。

(五)分析和再评价评价结果

评价结果出来后,必须同评价标准体系相匹配,进行分析再评价。其评价内容有两个:"一是在原评价报告反馈前进行的再评价,主要目的是检查原评价方案准备、实施和评价报告编写中是否有错误,如果有就需要及时改进,以提高评价工作的质量;二是在原评价报告反馈后进行的再评价,主要目的是证实评价结论是否被与评价有关人员接受,同时观察与评价有关人员根据评价结论改进工作的效果,为以后开展教育评价活动提供

---

① 黄光扬.教育测量与评价[M].上海:华东师范大学出版社,2002:127.

有益经验。"①在保证评价量表信度和效度的基础上,评价后,应着重对评价指标进行调整、修订,或增减或合并,使结构和指标更加合理。

上述五道程序循序渐进,环环相扣,并各具特有的功能。确定德育评价目的是基础环节,编制评价指标体系是关键环节,收集和获取评价信息使评价要素更具合理性与实用性,汇集整理和评级评分是对标准的运用,分析和再评价评价结果是实践检验。

---

① 吴钢.现代教育评价教程[M].北京:北京大学出版社,2008:196.

第 三 节
国外学校德育评价模式介绍

由于各个国家社会制度的不同,学校德育评价目标的不同,特别是道德观和价值观的不同,对学校德育评价的内容和方法也会不一样。韩国、日本学校德育评价的特色在于其东西方文化融合的德育目标评价。美国学校德育评价的特色是其政治制度与传统文化价值观等因素的综合反映,德育评价与公民评价联系在一起。面对经济全球化,社会信息网络化,谋求德育评价的发展与完善需要从发达国家借鉴融合的角度,用马克思主义的立场、观点,批判地吸收和借鉴一些国家学校德育评价的成功经验。

一、韩国受教育者道德实践能力的评估

一个幸福的童年,会给受教育者一生都留下美好的记忆。受教育者的道德实践和经历对社会的认识可能比从书本上学到的道德知识和规范更重要。因为如果有些书本知识没有学到,学生还可以通过后来的努力来弥补。然而,受教育者的品德和性格却很难再改变。受教育者孩童时没有的实践和经历,却永远不会再有。韩国将传统伦理道德以放射性的内容结构作为德育的主要部分,重视多样化的评估方法。韩国中小学把德育评价目标确定为培养受教育者成为健康的人、自主的人、有创造能力的人、有道德的人。例如,中小学校很强调道德实践能力的评价,开设了纺织品技术课和食品技术课。纺织品技术课上,学习针线活,包括使用缝纫机、手工缝纫和裁剪等;食品技术课上,学做饭等。这些看似与德育评价毫不相关,但在具体操作中却可以评价受教育者的耐心、互助品质等。

韩国有关学者还对德育评价的方法进行了一些改良。根据现代学校德育评价的思想,首先制定出统一的评价目标,例如自主性、纪律性、诚实性、勤勉性、创造性、包容性、情绪自控性等包含忠、孝、仁、义的评价目标;然后针对以上评价目标,根据评价对象的年级,在所提供的观察场景中选择2—3种进行实地观察评价。可供选择的观察场景有以下四个方面。

(1)各科课堂教学方面。师生互动、提问、引导、辩论、分歧、矛盾解决等多方面进行系统评价。

(2)学校考试场景。复习、入场、考试、等候结果等内容。

(3)学校课外活动方面。组会、清扫、环境美化、游戏、旅游等活动中所出现的各种场景。

(4)学校大型集会活动方面。开学典礼、运动会、纪念日、外出参观、节日庆典等活动中所出现的各种场景。

紧接着,针对所选定的每个评价目标与实地观察场面,分上、中、下三个等级制定具体的评价标准。另外,在评价时,要有计划地去实地采集资料,以获得的第一手资料为主,综合整理,防止先入为主。学校德育评价后还必须个别进行针对性指导、相互交流、与家长沟通等相应的教育措施。

二、日本受教育者"自我"道德判断力的评估

日本学校德育评价理念注重培养基础的道德品质,把尊重人的精神和对生命的敬畏体现在家庭、学校和社会的具体生活之中,提倡怀有感恩之心、尊重传统和文化、热爱祖国和家乡,倡导个性的同时,遵守社会公德。日本的桥本重治认为:"评价是与教育的目标和价值有明确关系的概念,是按照教育目标和价值观对受教育者的学习成果及计划的效果等进行测量的过程,因此,'评价'概念的重点在于以教育目标为标准的价值判断。"[1]

日本受教育者德育评价注重在各类教材的学习中同时评价受教育者的道德判断力和选择自觉性,以此培养为富有个性的文化、致力于民主社会和国家的发展、主动为国际社会的和平做出贡献的具有自主性的青年。例如,把受教育者语言的实感和尊重的态度联系起来考察、培养受教育者正确的个性观(自由自律、尽职尽责)等,将道德教育与特定的情境结合起来,实现学校德育评价效果的最大化。日本家长很少过问受教育者在学校的情况,希望受教育者自己能够慢慢建立起责任感,能够有能力把自己的思想和学习管好。

在日本中小学德育评价中,最富有特色的一个相对独立的部分,就是"特别活动课程",除此之外还增设了"综合学习时间课程"。"特别活动课程"的目的、内容形式等类似我国的第二课堂或课外活动。而"综合学习时间课程"通过在综合学习的过程中设置三次自我评价来完成,第一次评价是在受教育者完成课题构思时进行,从而达到对研究活动预测的目的。第二次评价是围绕课程目的,对今后的研究活动进行预测。第三次评价是"最终发表"后的"自我评价"。它们具有较强的德育评价功能,是学校德育评价的深化和有力补充。

"特别活动课程"的目的主要是:(1)培养发展受教育者丰富的个性和社会性。日本德育评价中的个性,不仅指个人的个性,也指家庭、学校、企业、国家以及时代的个性。(2)培养自主的、实践的态度和热情。(3)发展自我理解和自我实践能力。(4)养成自主的、自制的能力和态度。(5)发展理想的人与人之间的关系,使学校和班级生活气氛明朗、轻

---

[1] 刘本固.教育评价的理论与实践[M].杭州:浙江教育出版社,2000:53.

松活泼。(6)提高学习的积极性。"特别活动课程"的内容主要包括学生活动(如班级活动、学生会活动、各种协会活动、俱乐部活动);学校传统活动(如仪式、文艺节、运动会、远足旅行、参观活动等);班级指导(如生活常识指导、学习指导、升学就业指导等)。特别活动课的课时安排一般是:小学1—3年级每周1学时,4—6年级和中学每周均为2—3学时。特别活动中的德育渗透是把德育评价内容加以具体化的重要途径,是开展德育活动的主要形式,对发展学生的个性,培养少年儿童的自我教育能力和反思能力有着独特的作用。20世纪80年代后,在普遍削减各科课程教学内容和教学课时的情况下,特别活动课的课时不但没有减少,反而增加了,由此可见,"特别活动课程"在学校德育评价中的地位和作用。

这种颇有特色的"特别活动课程"评价,采用问题情境测试的形式,以"问题1"(参考后面问题情境的内容)中的规范"自我"判断意识(客观性的道德判断力和认知),以及"问题2"的实践意识(主观性的道德态度和行动计划)作为内容组成一个测试。"问题1"因与普通的智育测试相同,故受教育者一般都能准确回答。但在"问题2"中,由于采用自我评价的测试方式,所以可能存在"自我美化"的掩饰性答案。为了检测"问题2"中受教育者的回答是否属实等问题,可在这个测试的最后设有问题回答的信度标准,根据这个标准,可以检测受教育者的行为方式方法得分与规范"自我"判断意识得分一致性的可信度,即听其言观其行。

问题情境及其测试题内容:

生活充满无穷的乐趣,但也难免有些尴尬。假如美子在假期邀请几位要好的同事在家中聚会,众人欢声笑语,突然美子的家人不知因为何事给客人以难堪,美子应该怎么办才好。

问题1:在下列选择方案中,选出你认为最适当的一个,并在前面的空格中用"■"标记。(注意:在不是你自己做的前提之下)

☐ 立即送客人出门,赔罪,并邀请下次来玩。

☐ 与家人争执,执意挽留客人。

☐ 把家人带到另一个房间,弄清事由后,向客人说明原因,让客人继续玩耍。

☐ 先对家人的行为不刻意制止,用玩笑化解你与同事的尴尬,维持愉快的气氛,事后弄清缘由。

问题2:在问题1的各种备选行为中,如果你是美子,你会选择哪一种,请用"〇"标记。

三、美国受教育者"社区道德"评价模式的探索与实践

美国中小学校的德育评价体系独具特色,主要以公民道德品性和法律意识为核心。在这个体系中,学校注重引导受教育者参与"自立校规"活动,旨在培养受教育者的自主意识和法律观念。通过这种活动,受教育者不仅能够在实践中感受到法律思想的熏陶,同时也能让学校德育评价的标准深入人心。这无疑极大地提高了德育评价的实际效果,使受教育者在无形中接受了公民道德和法律教育。

此外,美国学校还通过安排受教育者旁听当地法院的审判活动,让他们"走向法庭",以亲身经历感受公民道德和法律知识在现实生活中的应用。在这个过程中,受教育者可以根据所学知识对现实案例进行分析和商讨,并做出道德判断。这种判断不仅有助于明确道德标准,还能提高受教育者自身的综合素质。在此基础上,受教育者能够更好地理解并树立符合社会要求的价值观,为未来的发展奠定坚实基础。

总之,美国中小学校通过多元化的德育评价方式,将社区道德与公民道德、法律意识相结合,旨在培养受教育者具备良好的道德品质和法治观念。这种模式不仅使受教育者在实践中提高了自身的道德判断能力,还能让他们更好地适应社会,为构建和谐社区做出贡献。(见表10-4)在我国德育教育改革的过程中,可以借鉴美国的相关经验,为我国青少年道德教育注入新的活力。

表10-4 美国中小学校德育评价内容

评价结构	评价指标
公民道德	自律、诚信、宽容、合作、耐心、爱国主义、实践最佳自我、勇于承认错误、懂得取胜并非至高无上、谦恭礼貌、利己而不损人、待人如待己、懂得个人行为往往会影响他人或社会、在逆境中能正确调控自我、努力做好任何本职工作
法律意识	尊重一切人的财产权利、遵纪守法、尊重他人的自由权利、养成有益于身心健康的习惯、戒除不良习惯、没有过早的性体验、遵循家庭生活准则

在所有的受教育者品德规范评价标准中,受到最好评价的是由美国迈阿密大学雷欧·克里斯顿教授制定的21条品德规范准则。

(1)明确自律的重要性,把自律作为动力,去做我们认为应该做的事,即使我们不愿意。

(2)做到值得信赖。这样,当我们说要做什么或不做什么时,别人能相信我们。

(3)讲真话,尤其是在讲真话对自己不利的时候,更要这样做。

(4)一生中,在所有的问题上都要诚实,包括在工作上和与政府的关系上。

(5)独自一人时,要有勇气;当有人要我们做自己应拒绝做的事时,要顶得住压力。

(6)不要矫揉造作,弄虚作假,但要显示出自己最佳的自然状态。

(7)用不侵犯他人权利的正当方法达到个人和集体的目的。

(8)在注重道德行为的场合,大胆地表现自己。

(9)要有勇气承认错误。

(10)具有良好的体育道德,认识到,虽然求胜的愿望很重要,但赢得胜利并不是最重要的。

(11)在与他人的交往中,做到谦恭有礼,包括认真倾听别人的发言。

(12)要像自己所希望受到的对待那样对待别人,确认这项原则适用于对待所有的人,不分阶层、种族、国籍和宗教信仰。

(13)认识到没有一个人是生活在真空中的,那些看起来纯粹是属于个人范畴的行为,实际上常常会影响到自己周围的人或所处的社会。

(14)牢记我们身处逆境时的表现就是对自己的意志和是否成熟的最好考验。

(15)不论干什么工作都要干得出色。

(16)爱护他人财产——如学校财产、企业财产、国家财产、公有财产。

(17)遵守法律。与法律相抵触的行为必须是非暴力的,而且要接受法律的制裁。

(18)尊重言论自由、新闻出版自由、集会自由、宗教自由和进行正常法律活动的民主权利。认识到这个原则适用于我们所憎恨的演讲、我们所讨厌的团体和我们所鄙视的人。

(19)养成有益于身心健康的习惯,制止那些有害于达到这些目标的活动。

(20)避免产生性早熟的经历,形成与家庭生活准则相适应的对性的认识。

(21)认识到人生最重要的问题是自己将成为什么样的人,将具有的性格和道德品质。

当今世界各国学校德育评价的重要特点之一就是德育评价的社会化。所谓社会化,就是指社会各个层面都要做好德育评价工作。这是因为,一方面,对受教育者进行德育评价的主体很多,包括教育者、家长、社区、管理者等;另一方面,影响受教育者德育评价的途径繁多,包括课堂、课外活动、音乐、体育、小说、电影、展览等。学校德育评价是全校、全社会应该关注的焦点,不能只靠学校思想政治工作者和少数德育工作者去完成。因此,各国学校都在寻求形成"德育评价合力",以求取得最佳德育评价效果。

当前我国学校德育评价主要采取的是系统道德知识标准、行为规范指标、集体的影响和舆论的扬抑以及表扬和批评等方式方法,这些方式方法在相当长的一段时间内发挥了很大的作用,在今后仍有一定的价值。但这些方式方法在实际操作中具有片面性,往往忽视了学生潜在的能动作用。寓德育评价于各科教学的做法,是各国学校德育评价富有成效的重要原因。在潜移默化中,受教育者在各类学科学习与课外活动中不断地将道德原则内化为自己的道德信念,进而养成行为习惯。例如在物理课教学中,应重视物理知识在建立正确的物质观、时空观和宇宙观上的作用,重视物理本身所反映出来的崇尚实践、追求真理的精神；在地理历史教学中，可以通过渗透我国悠久的文明史、优秀的文化传统等激起学生的民族自豪感。那种比较单一的以道德哲学、思想政治品德内容的课程内容为评价标准，在当代西方各校德育评价中已经很少有了。

问题思考

1. 张扬是个转校生，到了新的集体后，经常无故迟到。有一次上课他又迟到了20分钟。为了帮助他改进，老师对他说："今天你迟到的时间明显缩短了，已经很了不起了。下次一定还能进步的。"请你分析一下老师的话是否合适，为什么？

2. 你所在的学校，德育评价通常包含哪些内容和指标，采用哪些方法，你能自己概括出来吗？

3. 校团委组织部筹建伊始，欲招聘8名组织部干事，负责联系各团支部团员发展事宜。请你以自己喜欢的方式设计一个评价方案。

拓展阅读

1. 天命之谓性，率性之谓道，修道之谓教。道也者，不可须臾离也，可离非道也。是故君子戒慎乎其所不睹，恐惧乎其所不闻。莫见乎隐，莫显乎微，故君子慎其独也。喜怒哀乐之未发，谓之中；发而皆中节，谓之和。中也者，天下之大本也；和也者，天下之达道也。致中和。天地位焉，万物育焉。仲尼曰："君子中庸，小人反中庸。君子之中庸也，君子而时中；小人之中庸也，小人而无忌惮也。"

——《礼记》

2. 当教师把每一个学生都理解为他是一个具有个人特点的、具有自己的志向、自己的智慧和性格结构的人的时候，这样的理解才能有助于教师去热爱儿童和尊重儿童。

——［苏］赞科夫《和教师的谈话》

3. "物质生活的生产方式制约着整个社会生活、政治生活和精神生活的过程。不是人们的意识决定人们的存在，相反，是人们的社会存在决定人们的意识。""我们判断一个人不能以他对自己的看法为根据，同样，我们判断这样一个变革时代也不能以它的意识为根据，相反，这个意识必须从物质生活的矛盾中，从社会生产力和生产关系之间的现存冲突中去解释。"

——马克思《政治经济学批判》

教育名言

中国哲学传统中给教育以智慧启发的方面,集中表现在认识事物之方法论的独特上,具体表现在有关如何处理人生各种不同遭遇的论述中。它更深入生动地呈现出中国哲学传统对人生的把握与关切的特质。智慧虽然与知识、经验有关,但它绝不等同于知识与经验。智慧是人在情境、事物变化的过程中,在遭遇意外、陌生乃至处于危急状态下,迅速生成的、与常规不同的解决问题的能力。智慧,注注由情境所激发,主体因善于综合把握问题的性质与关键,果断作出判断与决策而显现;它是人经历多种人生实践后经验的化成式积聚,也需要人有面对陌生情境既冷静又不退缩的精神力量。

——叶澜《中国哲学传统中的教育精神与智慧》

第十一章
传统学校德育的现代转换

内容提要

考察中西方传统学校德育的发展历史是认识其历史继承性和现实价值的重要前提。本章通过分析传统学校德育现代转型的背景,以优秀的传统学校德育资源架起传统与现代之间的桥梁,来实现对传统学校德育资源的继承与创新。

问题导入

1. 现代学校德育困境的表现有哪些?
2. 开发中国传统德育思想的基本原则是什么?
3. 中国传统道德资源中有哪些优秀的德育思想?

第一节
传统学校德育现代转型的背景

一、传统道德资源的断裂与现代道德危机

20世纪是人类对社会道德现状普遍产生忧虑的一个世纪,不论一些先发达的现代化国家,还是一些后发达的现代化国家,都面临着社会道德危机。在西方,人们对道德伦理的忧虑是启蒙运动带来的道德热情受到空前打击之后的自然摔退。同样,在20世纪的中国,人们不仅有着人类共同的道德问题,同时,还面临着在现代化和后现代化的冲击下自身民族文化的传承与发展问题。社会伦理失范、道德控制机制弱化等现象频出,使现代中国人在失落了传统价值的支撑时,陷入了精神困惑。

(一)传统道德的缺失

道德,在数千年的中国古代社会中始终占据着至关重要的位置,对中华文明产生了深刻而持久的影响。自汉代以来,儒家伦理一直主导着中国传统社会,是维系国家政治的基本道德理念体系。然而,自19世纪末开始,西方文明的东渐,使我国传统的政治秩序受到强烈冲击。五四运动批判了旧文化,开辟了文化建设的新纪元。但是旧的道德系统被破坏,新的道德系统却没有真正建立起来,没有提出关于道德的比较完整的新的理论体系。1949年新中国成立后,社会主义道德观念得到广泛宣传,成为日常道德生活的基础。但随着政治的"左"倾化日益严重,日常生活道德逐渐演变成了政治伦理与革命道德。正如有学者指出:"极'左'时期的政治伦理在反对儒家伦理中阻断了传统的道德精神与伦理资源,而自身所提出的道德观念和道德灌输的方式隐含着反个体、反伦理的因素,再加上运用政治手段推行道德的社会化,它本身不仅没有很好地解决中国社会伦理基础断裂之后的道德观念的重构,而且更加造成社会伦理的正当性资源的亏空,从而在社会自由度增大,经济意识增强,社会价值多元化过程中,存在道德虚无、道德茫然、道德沦丧的社会性难题。"[1]中国的传统道德体系在社会改革中,在政治制度对道德理论的选择中落选。现有的选择道德体系不再以传统道德为重,在通过文化传播和制度维系确定社会现有道德体系的过程中,传统道德逐渐被边缘化。道德体系的断裂,使社会道德生活缺乏传统道德精神的延续,道德虚无主义进而有了寄身

---

[1] 金生鈜.质疑建国以来的道德教育规训[J].教育理论与实践,2001(8):32.

之地。对传统道德的抛弃加剧了人们在当下文化环境中的混乱。自身道德价值观和道德行为因为难于寻求到厚重的文化和道德依托而很难保持稳定性,一直处于不断变化与动荡之中。

我们今天的道德状况不是突发性的,是在近百年的现代化进程中所累积的。更为严重的是,当社会转型、经济转轨与文化冲突交融在一起时,传统道德的困境就表现得更加突出和严峻。在中西文化的冲突下,西方民主、自由和多元文化价值的思维模式逐渐向我国意识形态领域渗透,传统单一的道德价值标准受到强烈冲击,人们的行为因失去了道德价值标准而陷入混乱,甚至真空状态。

(二)现代道德体系的破碎与失衡

从人类社会的文明史来看,一个道德状况良好而稳定的社会,总是有一个平衡的道德体系为支撑。所谓道德体系的平衡,就是社会拥有完整的道德结构和统一的价值标准。该道德体系不仅要获得国家支持,而且要得到民众的广泛认同。

长期以来,我国社会的主流道德体系是确定无疑的,而且是绝对的。在漫长的封建主义时期,儒家思想一直被视为维护统治的法宝,儒家伦理以道德的理想主义和绝对主义干预着现实生活。然而,传统的中国儒家道德在"五四"运动那场颠覆封建礼教的革命中变得支离破碎。

集体主义道德观是以新中国成立以来的计划经济为经济基础形成的道德体系。在计划经济时代,整个社会生活的高度政治化和集中化使得这一时期的道德前提是个人对计划的绝对服从和集体利益至上的意识。人们的道德观念更多带有群体性、被动性和依附性。然而,改革开放以来,市场经济使得计划经济解体,并使集体主义道德体系趋于破碎。在市场经济机制下,无论是社会结构、城乡关系、利益格局,还是人民的价值观念、生活方式、行为规范都发生了深刻变化。传统道德规范所依存的社会基础发生了深刻变化,使社会道德日趋多样化,改革开放前一统天下的道德格局受到严重冲击。

在当今中国社会,集体主义道德、个人主义道德、功利主义道德、享乐主义道德、实用主义道德等同时存在。社会道德的多元现状消解了道德的确定性,"一度曾是构造单一的社会,现在都必须承认一个以多种多样的道德直觉和道德理解为特征的世界。这种……道德多元化……使得一度曾占统治地位的、毫无疑问的价值观念成了问题"[1]。"具有实用性和多变性的经济生活对我国原有的道德理想主义与道德绝对主义发起了最有力的冲击,这种冲击是由人们的切身感受所推动的。当人们明显地感觉到贫富差距的时候,他们就必定会反思自己所恪守的道德。导致缺乏道德理想,远离道德崇高,对道德持

---

[1] [美]恩格尔哈特.生命伦理学的基础[M].范瑞平,译.长沙:湖南科学技术出版社,1996:2.

工具主义态度,社会出现道德媚俗化倾向与道德理想、道德信仰危机。"[①]

在当代中国社会中,一方面,传统的道德学说因为不符合现代的知识形态而丧失了其理论力量,尤其是其无法为现代法治社会提供价值支撑而失去了原有"道德学说"所不可或缺的信誉;另一方面,社会经济生产的现代化和社会生活的现代化对现代道德文明进行着急切的呼唤,要求在现实生活的理论抽象中建立新的道德文明。然而,在21世纪的今天,当代中国人在道德重建中面临着双重困境。一是传统的道德文明必须作为批判的对象加以超越,但是它仍然是中国社会变革和发展的基本精神动力;二是西方现代道德文明仍然是现代中国道德变革的参照,但是它自身的历史局限性已经暴露无遗。

当今世界,不论是西方先发达现代化国家,还是一些后发达现代化国家,都面临着社会道德危机的问题。因普遍、客观道德标准的丧失,人们在理论和实践上失去了对道德的明辨力,而陷入了道德多元主义和道德相对主义的困境。面对广泛的道德危机,古希腊的美德伦理逐渐成为检讨道德问题的一种方式。美德伦理复兴的代表麦金太尔认为,20世纪的道德衰落是道德理论缺乏的结果,西方道德危机就是道德权威缺乏的危机,是丢失亚里士多德德性论所致。出于对现代社会道德状况的深切忧虑和对现代政治道德基础的洞察,他反思了自启蒙运动以来西方道德传统失败的根源。在《追寻美德》一书中,他提出了重返亚里士多德美德伦理的主张,他认为至少在两个方面亚里士多德的道德理论为现代提供了道德资源,一是个人德性的优先性。亚里士多德认为"人的功能是某种生命形式,是灵魂的现实功能,每个人只有在固有的德性上才会完成得更好"[②]。所以麦金太尔认为"只有对拥有正义德性的人来说,才可能了解如何运用法则"[③]。二是整体完善的优先性。"城邦是人类生活的美德能得以真正展现的唯一政治形式"[④],亚里士多德把个人与共同体的美德统一起来,认为二者统一才是社会道德实现的真实形式,而不是抽象的规范伦理,由此麦金太尔认为,重返亚里士多德的美德伦理,追寻美德,人类才可能走出道德的困境。

二、学校德育的现代困境

改革开放以来特别是20世纪90年代以来,中国社会处于急剧转型时期,价值观念的多元化已成为一个不争的事实。在社会转型之中,人们的思想意识、行为方式、利益关系、目标追求、价值观念发生了重大变化。学校德育也因此面临着现代浪潮的冲击和中国社会转型所带来的挑战。在新的历史条件下,学校德育要适应形势的需要,就必须做

---

① 彭定光.高校德育的困境与提高德育效力的对策[J].高等教育研究,2002,23(3):87.
② [古希腊]亚里士多德.尼各马科伦理学[M].苗力田,译.北京:中国社会科学出版社,1999:35.
③ [美]麦金太尔.德性之后[M].龚群,等译.北京:中国社会科学出版社,1995:150.
④ [美]麦金太尔.德性之后[M].龚群,等译.北京:中国社会科学出版社,1995:241。

好一系列准备,否则面对社会发展的新走向,学校德育不能与其迅速适应,进行磨合,便会陷入困境之中。

(一)封闭的德育观念与开放的社会变革之间的矛盾

在开放的、多元化的社会里,自主选择将成为价值生活的必然。人们必须具有主体性,具有自主选择的能力,才能面对和适应生活的世界。在改革开放的环境之下,我国经济发展迅速,使人们的经济生活乃至社会生活发生了明显的改变,也使人们的思想观念发生了深刻的变化。然而,当前学校德育与飞速发展的社会现实存在着巨大反差,传统德育观念和快速发展的社会要求存在着巨大的差距。"大多数中小学在德育观念上与外界的合理交流、借鉴不足,甚至还处于闭塞状态,使德育观念更新、发展滞后于时代的发展,这实际上就是一种文化的自我封闭。观念的落后,意味着失去了与社会实际接轨的前提。随着错综复杂的社会改革和快速更新的科技发展,学校德育原有的知识和经验难以诠释现实、把握现实,学校所教和社会所需出现了断层,德育工作发展道德文化的使命已难以维系,渐渐与社会发展疏离。但学校仍固守阵地,没有将学校德育观重新定位、没有将新时期的德育要求重新整合,造成恶性循环,与社会难以全面接触、相融。"[1]

现行的学校德育基本上是"象牙塔"内的德育,在一定程度上与外界处于隔绝状态,并且学校德育施加于学生的知识,包括道德知识,主要是体系化、逻辑化了的知识,缺少与社会生活的真实联系,充满浓厚的理想主义色彩。所有这些与学生在社会实际的道德生活中所观察和认知的不完全一致,学生无法对社会进行全方位的了解,这进而限制了他们辨别善恶是非的能力。当他们踏入社会碰到不好的事物时,会因缺乏心理准备而产生诸多的不适应,一旦遇到不良诱惑与影响就容易产生违背道德的行为。不仅如此,随着我国社会的快速转型和全球化时代的到来,不同地区、国家和社会制度的文化、思想、信息的交流日益广泛,现代大众传媒和网络的普及又使得学生接收信息的渠道畅通无阻。网络所具有的高度的互动开放性、自主选择性、超前性和虚拟性特征,使得青少年学生的价值观和道德观表现出价值主体自由化、价值导向多元化、价值目标模糊化、价值实现手段虚拟化等特征。这必将加剧传统学校德育的封闭性与日新月异的社会变革之间的矛盾,加大教育者与受教育者思想观念上的落差,长此以往,会让学生感到困惑和迷茫,直至对学校德育产生怀疑,最终导致教育失败。

(二)理想化的德育目标与社会生活的脱节

学校德育目标的设定应遵循学生的年龄、心理特点与道德发展的客观规律,要有层次性,体现出阶段性特点。然而,长期以来,传统学校德育目标的设定不是从人的现实交

---

[1] 高向东,罗翰书.对当前中小学德育工作问题的几点思考[J].吉林教育科学,2000(6):20.

往出发来制定符合学生道德发展水平的道德目标,而是从理想主义出发,把人理想化、神圣化,认为"人皆可以为尧舜",要求人人都成为圣贤君子,体现了德育目标的理想化。理想化的德育目标虽然可以鼓舞人们的热情,树立崇高的榜样,但也因远离实际,脱离了学生对道德知识的理解和道德发展水平的实际,忽视了学生的思想状况和内在需求,使得学校所传授的道德知识难以解释和应对现实生活中不断涌现的行为失范、观念混杂、社会风气日下等社会现象,更难以解决青少年学生因学校教育与社会现实的脱离及矛盾而产生的道德困惑。当他们踏入社会时,会因发现学校德育的描述与纷繁复杂的社会环境相差甚远而产生诸多的不适应,以及精神上的焦虑和彷徨,会很自然地发觉学校德育的虚假性。道德教育应着眼于学生现有的道德水平和年龄特征有针对性地进行,才能有成效。传统德育那些纯而又纯,高而又高的理念与学生的实际存在一定的差距,在实际操作中,往往出现了"小学生进行共产主义教育、中学生进行社会主义教育,而大学生却进行做人教育"的本末倒置的现象。

随着改革开放的进一步推进,加快了我国社会生活变迁的步伐。日益丰富的商品、快速多变的时尚、大众传媒的普及、生活节奏的加快,使得人们的价值观、道德观呈现出多元化倾向,人们更加关注自身利益,关注身边的现实生活,而对高远的道德理想、道德关怀持冷漠态度。德育目标中不合实际的求美、求善成分太多,理想主义色彩太浓,"超前"意识太强,显然不适应现实社会的事实,与当今的"现实"产生脱节,出现了德育与社会、发展与变革分离,德育与受教育者的自我实践分离,德育与学生的心理发展和思想需要分离,基本的社会公德教育与高层的道德理想分离,德育与社区、家庭分离等情况,这些分离证明过于理想化的德育已经与快速变迁的社会实践严重脱节。

(三)知性化的德育内容与物化的德育对象之间的对立

当追求知识成为一种客观时尚,科学被引入生活世界后,对科学的顶礼膜拜使得人们认为,包括道德、人生在内的一切社会问题都可以通过科学加以解决。于是道德问题被高度简化为纯粹的知识问题。就学校德育来说,它的目的不再关注青少年个体的生命体验和内在精神的发展,而是强调道德知识、规范和条例的灌输,常常将道德知识的传输当成道德教育的全部。于是,学校德育也逐步演变成为对道德知识的教学与灌输,学生成为接受道德规范与条例的容器,成为一个美德袋。极具生命活力的道德活动成为盲目地对规范与守则的遵从与机械呆板的行为操练。在学校德育中,许多人总是误把规范当成道德,认为道德就是遵守规范,德育就演变成了遵守规范的教育,这就是为什么青少年在调查问卷中表现出较高水平的道德意识与觉悟,却对现实中的道德模糊乃至行为失范表现出冷漠的态度的原因。将德育混同智育当作"知识"传授,课堂讲读成为德育的主渠道,德育主要依靠德育课程的设置。智育化的德育把道德知识当作客观世界的真理,要求学生去记忆和掌握。虽然,学生对各种思想政治要求、道德规范谙熟于心,但"知其善而不为,知其恶而为之"。道德知识因失去了和学生自身生活经验的联系,成为学生眼中的异物,成为冷冰冰的教条。将道德视为外在的纲常礼仪与行为规范,把德育变为知识的灌输和琐屑的行为训练,这种教条式的学校德育,使学生受到多方面的限制和束缚,其结果是培养出一批批缺乏独立性、主动性和创造性,缺乏自主自律能力,缺乏进取精神,盲目从众和循规蹈矩的人。这也是现代德育最大的失误。

知性化的传统德育以道德知识及其学科为载体,德育内容的知识化和科学化消解了道德教育的实践性,造成了学生道德知识与道德实践的相互脱节。学生既被视为科学认知的主体,同时也被看作是科学认知的对象,其道德生命与情感往往被忽视,而其道德意识发展反而被认为具有客观规律性。无视学生的道德需要,不重视学生的道德体验、感悟与实践环节,排斥学生的道德情感、意志等非理性因素,最终只能造成德育对象的物化,学校德育也因此成为无人的教育。事实上,学生中的种种道德困惑以及所表现的非道德行为正是我们教育中存在的"非人化"的教育所致。

(四)"无人化"的德育方法与学生生命实践的背离

"无人化"的德育方法主要是指德育的方法和手段单一,德育活动中无视青少年学生生理特点和生命实践,其突出表现之一是对生命的忽视。在方法上,采取简单的注入式、灌输式,以道德理论传授代替道德人格和道德判断、道德选择能力的培养;在手段上,局限于传统的面对面谈心,常常以政治教育、法治教育来代替道德教育,以说服教育和讲道理强制性地使对方服从或相信。在这样的道德教育中,"教师的目标是不给学生的天性、学生的自主生活和自由活动留下任何东西,而是压抑学生的全部自然冲动,机械操练学生的活力使之归于完全的平静,使学生的整体处于持续而痛苦的紧张状态之中……"[1]显而易见,这种非生理化的灌输式的德育,一方面无视学生的兴趣和需要,以居高临下的教育立场,造成学生对道德规范的排斥和抗拒;另一方面也与生活本身无关。简单化、教条式的学校德育忽视了学生的主观能动性,会引起学生对教育内容与教育行为的排斥,不能将道德内容纳入学生已有的认知结构、经验系统中,对学生生活的世界不具有现实意义,对学生的生活世界也产生不了任何积极作用。而道德情感、道德信念和道德行为的形成远比一般知识传授更为复杂,"道德灌输"最多只能是灌输某些道德知识,而无法解决道德情感、道德信念和道德行为等更为深层的东西的培养问题,自然收不到良好的教育效果。这也是它难以取得教育实效的重要原因之一。

然而,当前社会主义市场经济体制为个人主体性的发展提供了广阔的空间,个人的主体性日渐突显;市场经济促进了人们自由、平等、竞争和利益观念的形成,使得个人的

---

[1] [澳]W·F·康纳尔.二十世纪世界教育史[M].孟湘砥,胡若愚,译.长沙:湖南教育出版社,1991:204.

主体意识不断加强;市场经济还促使个人的能力和个性向着个体化方向生成和发展,塑造出丰富多彩、具有不同才能与个性的个人。在这种新形势下,人的主体意识得到唤醒,对强制性教育方式也越来越反感。大家喜欢能结合他们自身实际问题,尊重他们个性的引导性和潜移默化式的教育方式。同时,人们获取信息的渠道也多样化了,尤其是信息技术的发展,使信息来源更加复杂化,价值取向更加多元化。"强制、管制"方式与人的自由选择发生了矛盾,必然给"无人化"的学校德育带来强烈的冲击。面对社会变革及学生思想道德变化的现实,学校德育的方法应有所创新,将封闭的、限制性的德育,转变为开放的、发展性的德育,在鲜活的个人生命实践的基础上实施德育,使每个学生真切地产生对德育工作的信任和依赖。

处在社会转型中的学校德育应向何处去,是每一个道德教育理论与实践工作者必须直面的问题。在我国,20世纪90年代以来,一个最突出的变化就是由计划经济转向市场经济,这使得原计划经济模式中,社会经济、政治、文化三者之间高度同质整合的关系,在很大程度上被打破,出现了多种经济成分、多种政治因素以及多种文化价值取向并存的局面,由此带来了道德资源的亏空、生活伦理秩序的混乱、道德观念一致性的丧失等现象,使得与原社会经济、政治、文化相适应的教育模式在当下失去了魅力与效力。当今和谐社会建设,使得道德建设必然成为德育教育的道义基础,而追求道德教育的内在和谐也必然成为其内在要求。那么,如何适应这样一个时代,已成为我们进行道德教育理论研究与实践探索时不得不认真思考的重要问题。

(五)大数据时代的学校德育机遇与挑战并存

随着大数据时代的到来,人类收集、存储与利用数据的能力有了很大的提升,教育更加依赖于数据来把握规律,这将对传统中定性模式的德育工作产生巨大的冲击。中国互联网络信息中心于2015年发布的《第35次中国互联网络发展状况统计报告》(以下简称《报告》)显示,"截至2014年12月,中国网民规模达6.49亿,全年共计新增网民3117万人。互联网普及率为47.9%,网民中学生群体占比最高,为23.8%"。互联网给人类社会带来了翻天覆地的变化,改变了我们的生活、工作及学习方式。随着云时代的来临,计算机网络技术的广泛运用,其背后所蕴藏的海量数据信息也逐渐走进人们的视野中,大数据时代应运而生。正如克里斯·安德森所言:"数据爆炸使得科学的研究方法都落伍了。"

传统学校德育工作中的定性、直觉与经验判断的方式,将被能够实现相关预测的大数据所取代。因此,大数据时代对传统学校德育工作中的经验式思维、说服式讲授与单一化评价等方面的挑战是显而易见的。

大数据时代,网络新媒体每时每刻都在更新数据信息,内容涵盖了社会、经济、政治和科技等方面,地域横跨美、日、英、俄等国家,使学生能够即时查阅大量信息,开阔思维拓宽视野,体味社会百态,实现和世界的零距离交流。如一个有关道德的事件发生后,短时间里,网络上便出现了与该事件相关的详细报道以及评论,学生在浏览新闻的同时,实则也是在阅读一个真实的道德案例,文字、图片甚至是视频共同呈现的案例会比传统的教师讲授更加深入人心,更有说服力。而评论中的各种观点也会给学生带来启发,帮助他们形成正确的世界观、人生观、价值观。

同时,大数据时代,不同类型的文化在网络上交汇、碰撞,网络非主流文化以其新奇另类、大胆自由的表现形式成为青少年追捧的对象。网络信息传播的开放性决定其内容的不可控性,火星文、炫富和恶搞等一系列非主流文化有强烈的视觉刺激和情感叛逆等特点,营造出的虚幻氛围使人得以释放压力,逞一时之快,但同时也让自制力较弱的青少年难以认清虚拟世界与现实世界的差距,混淆了原有的价值观念,易在道德十字路口迷失自我;一些国家则利用网络信息平台,散布不实历史,宣扬他们的民族习惯、文化理念,导致很多青少年出现盲目追捧外族文化,冷淡我们本民族的传统文化的现象。青少年的心智判断能力参差不齐,面对良莠不齐的数据信息,难以抵制诱惑,这会对他们树立积极向上的社会主义核心价值观产生消极影响。

哈佛大学社会学教授加里·金说:"这是一场革命,庞大的数据资源使得各个领域开始了量化进程,无论是学术界,商界还是政府,所有领域都将开始这种进程。"大数据时代正以势不可挡的姿态席卷社会中的各个领域,学校德育也身在其中。教师、学生在每天的工作和学习中无时无刻不在生产着各种各样的数据,当这些数据累积到一定级别,通过一定的技术分析处理,我们便可以从原本沉睡的数据中获取有价值的信息,或是总结规律,或是发现问题。学校德育的拓展在大数据时代充满机遇,同时也面临着前所未有的挑战。

三、开发中国传统德育思想的基本原则

中国传统德育思想是中华民族世代积累的关于做人、育德和培养优秀人才等的智慧结晶和经验总结。由于历史的积淀,不少中国传统德育思想不可避免地打上了深刻的历史烙印,成为过时了的东西,表现为一股巨大的保守力量,但其中包含的精华部分,往往能够超越时空的界限,成为构建社会主义新德育的资源或基础,对于巩固中国传统文化模式、加强中华民族凝聚力起着十分重要的作用。因此,在中国传统德育思想的现代化过程中,我们须坚持如下原则,赋予传统德育资源以新的生命,创造出具有民族特色和体现时代精神的社会主义新德育方式。

(一)尊重传统德育资源与发掘传统德育资源紧密相连

尊重传统德育资源主要体现在对传统德育资源的发掘整理上,其关键在于发掘出传统德育资源的当代价值。我国的传统德育资源,不仅为我们民族在文明进步中做出了不可磨灭的贡献,而且在今天的社会主义精神文明建设中仍有着不可忽略的现实价值。如,古代圣贤所提倡的"天下为公"的无私奉献精神、"自强不息"的开拓精神、"见利思义"的道德价值取向、"精忠报国"的爱国主义精神、"居安思危"的民族忧患意识、"仁者爱人"的人道主义精神、"勤俭节约"的生活方式、"崇尚自然"的朴素情怀,等等,不仅在封建社会受到政治家、思想家甚至平民百姓的重视,到了今天,仍闪烁着智慧的光芒。传统德育资源的现实价值,不仅表现在国内精神文明建设方面,还表现在它对当今人类文明进步的贡献方面。传统德育资源内容丰富,义理宏深,其发掘整理必须坚持马克思主义的批判继承的总方针,我们应有计划、有步骤、有选择地开发传统德育资源,挖掘蕴含其中的时代价值,为社会主义新德育建设服务。

(二)实现继承传统与诠释现代的共融

中国传统德育思想是传统历史文化的遗存。无论在历史上还是在今天,它都显现出一种特性,即糟粕与精华并存。只有通过对传统德育资源的发掘、整理、分析和甄别,并做出现代性诠释,而不是简单照搬照套,才能最终继承和发扬传统德育思想的精华,既源于传统又超越传统,最终实现传统与现代共融,并为现代服务。这就要求我们,首先,对甄选出的优秀传统德育思想做好现代诠释工作。发掘优秀传统德育资源中所包含的具有积极意义的东西,予以发掘提炼,并赋予其符合时代要求的新含义,使它与现实衔接起来。其次,切实找准传统德育资源与当代德育思想的结合点。传统要与现代实现有机结合,首要的条件是两者必须具有结合点。所谓"结合点",指的是被结合的双方具有的共同点、相融点。有了共同点、相融点,才能实现两者的结合。例如,中国传统德育中既强调人在终极价值意义上的自我做主,又强调人与大自然的和谐统一,具有明显的生态伦理倾向。这种道德价值观念足以值得当今时代的其他终极关怀价值系统借鉴。此外,以儒家道德伦理为核心的传统德育,强调修身为本、修己爱人、自省慎独、见得思义、见义勇为、敬业乐群、和而不同等道德规范,也对于建立高度文明的现代化社会有着重要的借鉴意义。最后,深入挖掘传统德育资源的时代价值,与时俱进。在传统德育的现代化转换过程中,须立足于中国目前特定的历史发展阶段,坚持与时代发展主题相协调、相一致的原则,将重点放在总结、提炼、发掘其中的时代价值上。如,主张道德原则与自然规律相一致,强调人与自然的和谐,从"自然无为"出发直接建构人与自然生态的伦理规范。这些道德遗产,是我们当今解决人类自酿的生态危机的重要理论资源,也是现代经济可持续发展的重要前提。

四、中国传统道德资源中的优秀德育思想

中国传统德育思想博大精深,源远流长,是中国传统道德文化的精髓与富有生命力的部分。它主要起源于先秦时,以儒家伦理道德为主体,兼收墨、道、法、佛等各家思想,经过几千年的演变、发展,逐渐形成了一整套较为完备的伦理道德教育思想体系。中国传统德育思想有其不可替代的独特价值,是当前我国道德文化建设的精神资源,也是现代学校德育的重要资源和有机组成部分。

(一)重视德育的地位,强调以德为主,德智相辅

我国传统德育文化中蕴含着许多优秀的德育思想,重视德育的地位,在历代统治者、百姓和教育家那里是一种共识。这种共识不仅没有停留于诏诰教喻、理论探索或口头训诲中,还付诸不同层面的实践中。

我国古代不论处于奴隶社会还是处于封建社会,德育一直受到历代君主的高度重视。自独立的学校教育形成以来,伦理道德教育就是学校教育的重要内容。各朝代的教育政策都把德育放在首位,以灌输伦理知识、进行道德训练为中心任务和主要内容。同样地,我国古代的历代教育家也都重视德育,他们从理论与实践的不同角度出发,论述了德育的地位和作用。

孔子是我国教育史上第一个把德育置于首要地位的教育家,他认为应该先履行道德义务,"行有余力,则以学文"是指在学会做人即达到德的要求的基础上才学习文化科学知识。所以孔子强调以德育为基础的思想是很鲜明的。曰"为政以德,譬如北辰,居其所而众星共之","为政以德",德为政本,体现在学育上,必然是"以德主教",把德育放在一切教育的首位。又说"道之以政,齐之以刑",他强调伦理教育、品行修养是第一位的,并把德育作为学校教育的基本内容。在孔子的教育思想体系中,德育是核心和本质。

其后的思孟学派继承了孔子的这一思想,更加重视德育。《大学》开篇便写道:"大学之道,在明明德,在亲民,在止于至善。"董仲舒也提出"德日起而大有功",意思是只要加强思想政治教育,就可以起大作用。从这延续下去,就形成了历代统治者都重视德育的教育传统,形成了以德主教的教育观。古代的教育家不主张孤立地进行思想道德教育,他们强调以德为主,德智相辅,思想道德教育与文化知识教育同时进行,并把思想道德教育放在文化知识教育之前。孔子在《论语》中提出"子以四教:文、行、忠、信",并在实施教学时,分"德行、言语、政事、文学"四科,思想品德修养被贯穿于各种学科中讲授。韩愈

说:"师者,所以传道授业解惑也。"即一个教育者的职责首先是"传道"(思想道德教育),而后才是"授业"(传授业务知识)和"解惑"(解决疑难问题)。王夫之提出"好学""力行""知耻"三个步骤,特别强调"知耻"是"好学"和"力行"的动力。

在古代社会里,除统治阶级和教育家们重视德育外,普通的百姓也十分重视德育。从历代诸多"家训""家规""诫子书""训子语"等中都可以发现普通百姓对德育的重视。孟母三迁其居以使其子从小学习礼仪的故事,成为脍炙人口的美谈;东汉郑玄以自己"博稽六艺",志在"念述先圣之元意,思整百家之不齐"为例,训诲儿子"敬慎威仪,以近有德";岳母刺字对岳飞进行爱国主义教育;顾炎武嗣母王氏,太平之际勉子关心百姓,国难当头诲子持志守节,鼓舞其发出"天下兴亡,匹夫有责"之雷鸣,高扬"君子之为学,以明道也,以救世也"的经世致用的旗帜。

(二)追求天人合一,人际和谐的道德理想

追求天人合一,人际和谐是中国传统德育文化和人文精神的精髓,是古人用以处理人与人、人与自然、人与社会之间的矛盾,实现人道与天道会通合一所秉承的道德理念。

最早提出"天人合一"思想的是孟子。他说:"尽其心者,知其性也。知其性,则知天矣。"意思是说,充分觉悟、发掘、扩展人的本心,就能认识自己的本性;认识了自己的本性,进而就能够把握天的本质。在孟子看来,天与人在本质上具有内在的共同性和统一性。天具有完善的本性,因而人也具有完善的本性。孟子又说:"亲亲而仁民,仁民而爱物。"意思是说,我们爱自己的亲人,进而爱周围的人、爱人类、爱自然万物。爱心的扩延,将人的精神提升到超乎寻常的人与我、物与我之分的"天人合一"的境界。中国传统道德思想一方面肯定人在天地自然中的重要地位,把"人"看作是与天地自然并存共荣的重要实体;另一方面也肯定人与天地自然存在的不可分割的统一关系,即"天人合一""天人合德"。

中国古代思想家从认识"人"与"天"之间不可分割的依存关系开始,逐步认识"天人合德",发现"人道"与"天道",即人的道德与自然规律之间存在着某种不可分割的内在联系。在人与自然的关系上,强调把天、地、人看成一个统一、平衡、和谐的整体,认为天道与人伦是一致的,强调"万物并育而不相害",人应"与天地合其德,与日月合其明,与四时合其序",万物与我为一体,把人的存在融入宇宙之中,达到"民胞物与""浑然与物同体"的理想境界。在个人与国家、群体的关系上,强调群己合一,认为人是人的个体与群体相统一的产物,个人不能离开群体,群体也不能离开个人。在群己合一的基础上,更注重群体的利益和尊严,要求人们以群体为最高价值取向,提出"公忠体国""贵和乐群""大公无私",强调个人利益服从国家利益。在处理社会人际关系上,以"和"为终极标准,要求按照"和"的目的来序定伦理。中国古代基本的人际关系即君臣、父子、夫妇、兄弟、朋友五伦,每伦都有自己特殊的规范与要求。希望做到君君、臣臣、官官、民民、内外、上下都各安本位,一团"和气",彼此都有序而统一,共同维系人际关系的和谐。

(三)以仁爱为核心内容,推己及人

"仁爱"是中国古代最重要的道德要求,"仁"的概念,古已有之。孔子提出了以"仁"为核心的道德学说体系,即"仁学"。从此,"仁"就成为最基本的、最高的道德要求,它既是最重要的道德规范,也是一切其他道德规范的根本,包含了仁、义、礼、智、孝悌、忠信、宽、惠、勇、直等道德要求。孔子对"仁"作了多方面的阐述。《论语》中"仁"就出现了109次之多。从《论语》中可以看出孔子认为"仁"在道德意义上主要有三个方面的规定性:其一,"仁者,爱人"。所谓"仁"者,就是在处理人与人之间关系时要有爱心,爱心是一切德性的始端。其二,"仁"在道德领域的另一个规定性是"孝悌","孝悌也者,其为仁之本与"。其三,"仁"指"忠恕",强调宽以待人,推己及人,"其恕乎,己所不欲,勿施于人"。之后,孟子说"仁者爱人",韩愈说"博爱之谓仁",朱熹则说仁是"爱之理,心之德",等等,都说明仁的核心精神就是爱人。所以仁与爱相连,叫仁爱。中国传统道德的核心价值理念是"仁爱精神",它内隐他人与我价值相同的人本主义思想,集中体现在"仁者爱人"、"仁政"和"泛爱万物"的道德理念中。

对于"仁者爱人",儒家主张分别亲疏远近,从最亲近的人,即父母兄弟开始,逐步推广扩大到其他;而在不同的人际关系中,对不同的人,仁爱也就有不同的内容和不同的表现,由此就有不同的道德规范。如对父母要孝,对兄长要悌,对朋友讲忠信,等等。仁爱不仅仅是对个人的最高道德要求,古人还把它当作一种施政原则和社会理想,主张把仁爱精神贯穿于施政中,实行"仁政",通过仁政教化,使人人都自觉接受仁道,躬行仁道,以达到理想的大同世界。《礼记》上载:"大道之行也,天下为公,选贤与能,讲信修睦。故人不独亲其亲,不独子其子;使老有所终,壮有所用,幼有所长,鳏寡孤独废疾者皆有所养。"仁爱精神的进一步扩展,也扩展到对自然界,对物。孟子说:"亲亲而仁民,仁民而爱物。"都是说对自然界、对物也要将其看作人类的朋友,采取爱护、爱惜的态度。这对于今天我们提倡保护自然环境、保护野生动物,也有积极意义。

在儒家文化为知识分子所设定的"修身、齐家、治国、平天下"的道德理想或者说社会理想中,贯彻始终的是人,而且是有道德修养的人。首先,将一个完满的道德之身施之于家,建立一个充满伦理温情的家庭或家族伦理秩序;其次,投身于政治,建立一个人人内怀政治伦理的完善政治秩序;最后,通过实现"治、平"的理想,从而使自己的人生境界和道德境界得到提升。

(四)躬行践履,自觉自省的道德修养方式

中国传统德育从来就有注重道德践履的传统。躬行践履,就是在道德教育中强调亲身实践、身体力行。在先秦诸子中,墨子及其门人以富有道德实践精神而著称。墨子认为,"言必信,行必果,使言行之合,犹合符节也,无言而不行也""士虽有学,而行为本焉",强调言行一致,行重于言。儒家历来倡导道德践履。孔子评价一个人是否有德行,不仅凭其言谈,更要看其行为,考察其言行是否一致,即"听其言而观其行"。朱熹也认为:"为学之实,固在践履,苟徒知而不行,诚与不学无异,然欲行而未明于理,则其践履者又未知其果为何事。"王夫之也提出道德教育必须在生活实践中进行,主张"君子之学,力行而已"。躬行践履不仅是道德修养的必经环节,也是道德品质形成的标准。

中国传统道德认为人性中具备了形成美好道德的一切要素与可能,因而"为仁由己",只要安伦尽分,反躬内求,便是道德的完成,由此形成向内探求主体性的道德精神,其集中体现在以自觉自省为特征的道德修养上。孔子认为,要想达到"仁者"的理想境界,关键在于个体的内心自觉。他把这条原则称为"为仁由己",要求人在修己求仁时表现出主动性。孟子继承并发展了孔子关于"内自省"的观点,提出了一个比较完整的道德修养理论。孟子认为,"君子所性,仁义礼智根于心""仁义礼智,非由外铄我也,我固有之也",这样,人在自身道德价值的实现上,只要发挥自我主动的存心养性的修身功夫,就可以成就理想人格。

(五)修己安人,内圣外王的德育模式

把个人的社会责任与个人道德的自我完善统一起来,主张以修身的精神而齐家、治国、平天下,实现内圣与外王的有机统一是中国传统德育思想的最高要求。

孔子最先提出"修己以敬""修己以安人""修己以安百姓"的思想,初步奠定了儒家内圣外王的理论基调。孟子继承了孔子的修己、正身、克己等思想,又提出了"修身"和"养性"等内圣方面的思想,"存其心,养其性,所以事天也。夭寿不贰,修身以俟之,所以立命也"。荀子侧重发展了隆礼贵义的外王方面,至《大学》则以孔子思想为基础,综合孟荀两家思想,着重阐述了个人道德修养与社会治乱的关系,提出了内圣外王的理论。"大学之道,在明明德,在亲民,在止于至善"的"三纲领","格物、致知、诚意、正心、修身、齐家、治国、平天下"的"八条目","壹是皆以修身为本"都反映出儒家强调的"把自我内在的反省与修养加以扩大,变成一种外在的普通的道德责任和义务"[①]的过程。通过格物致知、诚心正意的环节涵养自己的德性,培养内圣的人格;通过修身、齐家、治国、平天下,从而使

---

① 陈谷嘉,朱汉民.中国德育思想研究[M].杭州:浙江教育出版社,1998:27.

自己达到外王之学。这个模式描述了一个由内圣而外王的人格递次发展的步骤和过程,也规定了道德教育、人格造就的具体途径。整个思路就是从个体德性出发,经社会伦理,最后形成二者统一的内圣外王的价值取向与伦理精神。这种内圣外王的德育模式实际上把内在的德性、外在的伦理、现实的政治贯通一体,使内圣与外王相贯通、伦理和政治相统一,是一个内外一体、伦理和政治合一的模式。

第二节
传统学校德育的继承与创新

一、中国传统道德概念的现代解读

中国古代文化一向有崇尚道德的传统,道德始终是中国传统哲学系统中的一个核心。它既被视为一个普遍联系的信息系统,又被视为一个多层次的整体结构。考察传统道德概念的内涵,道德并非仅仅是纯粹的外在规范条例的设计,其实质上是一种涵括自然、社会与人生的多层面、多维度的动态生存方式。

(一)传统"道德"概念的历史考察

1."道""德"的出现

从词源上考据,"德"字先于"道"字出现,最早出现于殷墟甲骨文中,"道"字的首次出现则是在甲骨文之后的金文里。"道"原指人、物所行的道路,后引申为万物的本体或事物运动、变化与发展所必须遵循的普遍规律和准则。"德"和"得"意义相近,指万物循"道"而产生、发展时所遵循的特殊规律及所得的特殊性质。对"道"的认识修养而有得于己,亦被称为"德"。故而"德,得也,得事宜也"的解释,表明"道"与"德"的基本关系即"德"就是自得于"道","道德"即是因对"道"的体悟和理解而有所得。因此,要真正理解"道德",必须有待于"道"的阐明而后方能体道得道,方能有所得。所以我们姑且不因"德"字的早出现先论"德",而先来讨论"道"的概念。

中国古代的甲骨文中没有"道"的原形,"道"字作为一个相对成熟的文字首先出现于金文中。"道"字在西周时期的铜器铭文中写作 ,由表示头颅的"首"字形 和与运动相关的"行"字形 组成。有时表示脚的"止"或表示手的"又"也出现在该字中。"止"与"行"的左边部分相合,便成了偏旁"辶"的原始形式辵。这便是现代汉语中"道"字的起源。[①]从"道"的造字来看,它指的是一种动作,与走路的具体行为相关。段玉裁《说文解字注》:"首者,行所达也。"指人和物所经行的通达一定地点的道路。《说文解字》解释说:"行,人之步趋也。""止,下基也,象草木出有址,故以止为足"。止就是足,像人之足踩于土地上面。由此看来,"道"字的几个组成部分均与行走道路有关。故《说文解字》又说:" ,所行道也。从辵从首,一达谓之道。"将"道"解释为一条通达的大路。这

[①] 艾兰.水之道与德之端:中国早期思想的本喻[M].上海:上海人民出版社,2002:75-76.

是"道"字的原义。金文中"道"字的中央部分为表示头颅的👤,"首"字的下部从"目"字,因此"道"最初指人、物所行走的道路时,为了使其成为一条通达的道路,还需行路者用心判断,才能确定该走的是直通的路。"道"由此也引申为一条指导人们行为道路方向的原则。"道"的这一原始意义被一直保留下来,由人、物必行之路,进一步发展引申为人、物所必遵从的规律,必恪守的原则以至于整个社会、自然之运行秩序和规律等。

"德"字在甲骨文中的最初字形有 㣫、㣥、𢓊,从 㥁(直)、彳(行)或 亍(彳),而无"心"符。甲骨文学家对卜辞中的"德"的解释诸家不一。罗振玉说:"德,得也,故卜辞中皆借为得字,视而有所得也。"即"德"为"直"与"行"二字合一体,取直视前方而行走之义。而直视前方者,心中又常有所期待,故"德,得也"。孙冶让释为"直,正见也";商承祚认为,左边的 亍 有行走的意思,右边的 㥁 为"直"字,而直字从目、从丨,像目光凝视成一线直视之形。故 㥁 从 亍 者,意为直行而正之义;叶玉森认为,卜辞中的 𢓊 字即"循"字,同"巡",有循行、了解情况、行视的意思。如《庄子》谓古之真人"以德为循",就是直接将"德"作为"循",此"循"即"顺"也。①因此,笔者认为从"德"字字形从直、从行上判断,它的本义为直行,是指一种"具体动作",与走路或巡视道路的行为有关。金文与卜辞甲骨文中"德"字符略同,只是增加一"心"符,其字形就呈现出"德"字的前期形式 德、悳、惪。值得注意的是,"心"符是甲骨文中所没有的,这对于理解"德"的历史演变意义至关重要。《说文解字》中释"德"为:"德,升也。从彳,悳声。"又释"悳"为:"外得于人,内得于己也。"段玉裁注:"外得于人,谓惠泽使人得之也。内得于己,谓身心所自得也。"郭沫若也认为,"德"字照字面上看是从値(古直字),从心从直,意为"德"系发现于心中,正见于心,端正心思。这便是《大学》中所说"欲修其身者先正其心"之义。②带有"心"字符的"德"需要人亲自去看、亲身去体悟,所以就有了"自得于内谓之德"的说法。另外,因为"德"字的造字本义是直视而行,故而一切正直的行为即可称为有"德"。《周礼》:"敏德以为行本。"郑玄注:"德、行,内外之称。在心为德,施之为行。"③正所谓"外得于人,内得于己"。可见,行为正直称作"有德之行",而德者,即正直之行为也。上述考证,使我们看到,"德"不论在形体上,还是在造字的本义上,都表示人的一种动作、行为,均与"心"有关,即在心中确立正直的准则,加强人身心的修养与体悟,以至于"有德"。

2."道""德"分用

在先秦文献中,"道"与"德"多分开使用。"道"的最初含义是指道路,如《易经》说:"履

---

① 崔大华.儒学引论[M].北京:人民出版社,2001:8.
② 易连云.重建学校精神家园[M].北京:教育科学出版社,2003:128.
③ 何新.辨"德"[J].人文杂志,1983(4):98.

道坦坦。"意为行走的大路平坦坦。而"德"的本初意义为人的一种动作、行为,如《尚书》中说:"无若殷王受之迷乱酗于酒德哉。"随着人的自我相对独立于自然天地之外的意识逐渐加强,"道"与"德"的含义也逐渐扩大。"道"的含义从行走之路引申为轨道、法则之意,"道"为事物运动变化的规律及人的行为原则和规范。如《左传》中子产说:"天道远,人道迩,非所及也,何以知之?"意谓行星运行的轨道与人事变动的法则一远一近,互不相干,人不会通过天道知晓人事。"德"的含义也在最初的直视而行的基础上,加入心的参与和领悟,进一步发展为一切正直的行为,所以也就有了"自得于内谓之德"的说法。

3."道""德"之间的联系

《国语》曰:"天道无亲,唯德是授。"第一次在"道"与"德"之间建立起一种内在的联系。晋厉公六年(公元前575年),范文子率晋军在鄢陵打败楚军后,针对晋厉公的"无德而功烈"说:"吾闻之,天道无亲,唯德是授。吾庸知天之不授晋且以劝楚乎?"在这里,天道和人道通过"德"这一中间环节被联系起来。人们认识"道",遵循"道",内得于己,外施于人,就是有"德"。《国语》又说:"夫正,德之道也;端,德之信也……道正事信,明令德矣。"意思是说正直是达到文德的途径;取正道,讲究诚信,也就达到了善美的文德。"道"与"德"之间产生联系后,其发展开始并不是平行的、并列的,而是保持着特殊的逻辑关系,既密切相连又有层次之分。"道"与"德"的关系具体表现为:

(1)道之与德无间:"道"与"德"的内在一致性

老子以"道"为天地万物的本体,它体现于万物之中,涵养万物,促成万物,使万物得以自然生息。而"德"是体现于具体事物中的"道",是"道"的功能的体现。所谓"道生之,德蓄之",是说万物由"道"而生,"德"则是万物出生后的本性生长。因此"道"与"德"是相通的,"德"是"道"的外化,"道"是"德"根本。《管子》认为:"德者道之舍,物得以生。""道"产生"德"并寓于"德",物得"道"后便可生生不息,人得"道"后便是有德之人。因此"德之中有道,道之中有德"如同"阳中有阴,阴中有阳"[①],是互含而不能分割的。在事物的发展过程中,一切事物都由"道"形成,内在于万物的"道"在一切事物中表现它的属性,亦即表现它的"德"。因此,没有"道",万物无所从出,没有"德",万物也没有自己的性质。

(2)德者,得道之谓也:"道"与"德"的内在转化

"道"在传统道德哲学中还与"德"同义,就是指人们遵从客观规律的生活准则或行为规范。"道"作为规律,是世界万事万物产生、运动、变化、发展的内在根据或必然趋势,万事万物遵从于"道",并合"道"而行的品性被称为"德"。人作为万事万物的一种,同样由"道"创生并决定,也必须合"道"而行。老子说:"孔德之容,唯道是从。"他在推举"道"的同时,又凸现"德",认为"德"即"道"在具体事物中的存在与显现。"德"与"道"

---

① 徐慧君,李定生.文子要诠[M].上海:复旦大学出版社,1988:21.

之间是"体"与"用"相互转化的关系。

4."道""德"连用

"道""德"二字的连用始见于春秋战国时期。根据最早的文献记载,《左传》《论语》《墨子》《老子》《孟子》等书中,都多次单独使用"道"字与"德"字,但均没有"道"与"德"二字的连用之例。就目前所查文献而言,较早将"道"与"德"两个字合并在一起使用的是《周易·说卦》。"观变于阴阳而立卦,发挥于刚柔而生爻,和顺于道德而理于义,穷理尽性以至于命。""道"与"德"二字并举为"道德",源于"阴阳""刚柔"二词的相连并举,实际上为二词,并非现代之"道德"。老子的门人文子继承和发展了老子的"道"和"德"的学说,把"尊道而贵德"合起来讲,经常称之为"道德",并在其《道德》篇中,将天地万物运动变化的内在规律及其法则之"道德"推广到社会人事中,认为"非道德无以治天下。……夫道德者,所以相养也,所以相畜长也"。文子此处的"道德"为人类社会发展的规律。《文子》一书中多次使用"道德"一词,次数多达31次,但多为"道""德"二词并用,实际上仍然为"道"与"德"的分别含义。文子之后的中国古代思想家也多次将"道德"连用,如《庄子》使用"道德"16次;《管子》中"道德"一词使用8次;《荀子》中,"道德"一词出现11次;《韩非子》中,"道德"一词出现2次;《吕氏春秋》中,道德出现2次。[1]这些"道德"涵盖了"道""德"的所有含义,具有丰富的内涵,层次性和结构性突出。"道德"的层次反映了古代思想家对于自然、人生和社会秩序与规律的把握和理解,同时也标志着我国传统道德的辉煌。这与单指"道德条例"的现代意义之"道德"实在是相差甚远。

(二)中国传统道德概念的特点

1.传统道德概念内涵丰富

中国传统道德丰富的内涵与层次性,反映了中国古代思想家们对自然、人生、社会秩序与规律的把握和理解,具体层次如下:

(1)宇宙根本之"道德"

道生万物,道是天地万物的本原。"德"是指万物成长的内在基础,是"道"在万物身上的一种具体存在方式,所谓"物得以生之谓德"。因此,"道德"便可认为是"德"对"道"的一种理解和把握,是天地万物生成与运动的规律,道德是宇宙万物产生和发展的普遍规律与最高准则。《文子》说:"天地之所覆载,日月之所照明,阴阳之所煦,雨露之所润,道德之所扶。"它指出道德就是天地被万物覆盖着,日月能够发光、照耀,阴阳调和,协调一致,雨露滋润万物的总根源。中国传统思想文化给天以"生生之化"的道德意义,以道德秩序为宇宙秩序。宇宙根本之"道德"居于社会、自然现象之上、之外,看不见、摸不着,只能靠

---

[1] 刘笑敢.庄子哲学及其演变[M].北京:中国社会科学出版社,1988:5-12.

自己去揣摩、理解与把握。这是一种最高层次的道德追求,是对整个世界的超验的把握。

(2)秩序、规律之"道德"

人们凭着经验对事物存在的变化过程进行长期观察,逐渐意识到道德的变化过程皆循着某种特定的轨迹。这种轨迹便被指称为事物发展变化之规律与秩序,并在此基础上将"道德"区分为"天地自然之道德"与"人伦社会之道德"。"天地自然之道德"指自然界的运行规律;"人伦社会之道德"则指人类生活所依循的社会的组织原则和运转规律等。《韩非子》说:"圣人为法国者,必逆于世,而顺于道德。"意思是说圣人要以法纪治理国家,必然与世俗相违背,而顺应社会发展的规律。"夫礼,天之经也,地之义也,民之行也。天地之经,而民实则之。则天之明,因地之性,生其六气,用其五行……为君臣上下以则地义。为夫妇外内,以经二物……礼,上下之纪,天地之经纬也,民之所生也。"《左传》中郑太子叔(游吉)的这段话把天地与人事联系起来,从天地中寻找道德人伦的根据。寻找人道之根据则要上达天道。《孟子》说:"尽其心者,知其性也;知其性,则知天矣。"这是说天之本性,德含于人之心性之中,宇宙之根本也就是人伦道德的根源,人伦道德也就是宇宙的本质。

(3)规范条例与准则意义上之"道德"

当"道"关注的对象指向人的现实生活,它的表现形式就是具体的规范条例与准则。通过"德"对"道"的体会和外化,"道德"便成为调整人和人之间关系的一切行为规范与准则的总和。这也在后来的发展过程中被视为道德的全部含义。《礼记》:"道德仁义,非礼不成。"此所谓"道德"是指合乎儒家礼教之德行。在荀子那里,作为普遍规律的自然之道德与作为条例规范的人伦之道德被有机地统一起来了,儒家倡导的仁、义、礼、乐也被赋予了普遍的、绝对的真理性,成为古代中国社会人们生活所必须遵循的伦理道德修养准则。

从本体论层面上的万物产生和运动之自然之"道德"过渡到认识论层面上的社会发展与治国安邦之"道德",再到实践论层面上的人伦礼仪之"道德",反映了古代思想家对"道"的认识的变化以及对"道"的这种变化予以不同的理解和领悟的过程,反映了中国传统文化中道德内涵的丰富性和层次性的变化。

2.源于生活的中国传统道德

马克思主义认为道德源于人类的生产劳动,也即人类最基本的生活活动。道德源于生活,内在于生活,其目的是人们更好地生活。

中国传统道德产生的基始即生活本身,最初的道德表现为与生活融为一体的风俗习惯。"道""德"的最初意义都是指与人们日常生活中行走相关的一种具体行为动作,"道"与"德"在合而为一的演变过程中,逐渐扩大涉及整个人类的社会生活,并且直接关注协调人与自然、社会以及宇宙万物之间关系的生命活动。《老子》云:"道大,天大,地大,王亦大,域中有四大,而王居其一焉。"人立于天地间而与天地并称为"三才"。天地宇宙作为人的存在境域,同时与人的日常生活息息相关。因此,贯穿"天、地、人三才"的"道"也不是脱离人的社会生活的抽象空洞之物,而是与宇宙万物的生长收获、社会生活的日用伦常、人生百味的酸甜苦辣密切相关,不可须臾相离的。《礼记》曰:"道不远人。人之为道而远人,不可以为道。"说明了孔子之道对待生活的态度。《论语》曰:"志于道,据于德,依于仁,游于艺。"正是基于此种生活理念,传统儒家确立了与之相应的经典化的生活模式。以"道"为理想目标,通过"德"把对道德理想目标的追求与现实生活结合起来,实现理想与现实的统一。与儒家追求一种日用伦常的世俗生活不同,道家以"天地与我共生,万物与我为一"为其基本生活信念,教人去体认世界的伟大性,鼓励人去主动地适应世界,并建立一种人与世界的和谐关系。人作为"四大"之一,只是自然界或宇宙万物的一种。那怎样才能使"四大"相互联系又互相融洽呢?道家提出"人法地,地法天,天法道,道法自然"的主张,正是基于此种理念,道家强调依据自然而生活,也就是依照人的本性和普遍的本性的生活,才是合乎道德的生活。

中国传统文化肯定了道德源于生活的基本主张,这为当代中国道德教育回归生活提供了前提和基础。传统的道德包容了天、地、人三才之道,是人对多维度、多层次"道"的领悟与体会在生活中的直接表现,因而最初的道德教育是以生活来示人以德,以生活来规范人的行为,而不是道德的说教,灌输道德的戒律。

3.中国传统道德对生命意义的关注

牟宗三先生曾指出:"中国文化在开端处的着眼点是在生命,由于重视生命、关心自己的生命,所以才会重德。"[①]中国传统文化中道德体系的形成是以"天之大德曰生"为最初。传统道德内涵的层次性从一开始就使道德不仅涉及人类的社会生活,而且直接把个体生命与人类生存于其间的自然环境及天、地、万物生命物类的活动联系起来,体现出中国传统道德对生命意义的关注。

马王堆汉墓出土的医书《十问》记载了尧和舜的一段对话:"尧问于舜曰:'天下孰最贵?'舜曰:'生最贵'。"这明确肯定了生命在我国文化传统中的地位。的确,在古代中国人的心目中,宇宙万物都是有生命的,承载万物的自然也是生生不息、充满生机的有机体。《老子》说:"有物混成,先天地生;寂兮廖兮,独立不改,周行而不殆,可以为天下母;吾不知其名,字之曰道。"道是天地混沌合一的整体之物,有着独立的生命,是宇宙万物的生命之源。在老子看来,世界是由道而产生的,"道生一,一生二,二生三,三生万物"。道并非一个确定的"物",而是一种永恒的力量、一种神奇的生命活力。借助于此种生命活力,世界在不断演化、变迁、更新。也就是《老子》说的:"道生之,德畜之。"万物由道而生,由德而长,由此成就了如此丰富多彩、生机盎然的大千世界。同样《易传》中"天地氤氲,万物化醇。男女构精,万物化生",描绘了宇宙开创时的图景。天为乾,为阳,为男;地为坤,

---

[①] 牟宗三.中国哲学十九讲[M].上海:上海古籍出版社,1997:43.

为阴,为女。天地相感相应相合,万物由此生长。

儒家的精神内核中也将宇宙与人生、天地与德性贯通起来,并且在追求"内圣外王"之理想境界的日常生活中,最终达到人之自身生命的完满。所谓"天地之大德曰生""生生之谓易"。在儒家看来,天地间最大的德性就是"生生"。自然界中的一切事物都以生为意,以生为心,天生万物,人与天地万物一体。自然界有生命意义,人是天地所生,人的德性也是天地"生生之德"的体现,是自然界生命意义的实现。当儒家的生生之德性体现在日用伦常的生活之中时,也表现为对"仁"的追求。儒家的仁学是从亲情之爱开始的,孝又被认为是仁的真正起点。所谓"孝悌也者,其为仁之本与",指一个人从降临这世界的那一刻起,就是在生命的关怀中存在的。其最先受到的是父母之爱,因此也报之以爱,这就是亲亲之孝,也是儒家所提倡的亲情。而后从尊敬自己家里的长辈,推广到尊敬别人家里的长辈;从爱护自己家里的儿女,推广到爱护别人家的儿女,即"老吾老以及人之老,幼吾幼以及人之幼"。由近及远,这是人类生活的一个基本事实,是人类情感发展的自然过程。儒家以"亲情"原则作为仁的"发端处"必然要将仁进一步展开,进而要求对全人类,对自然界的生物以及无生命之物都要充满爱。

由此可见,儒家道德思想从人与人之间的真情实感出发,本质上是一种生命关怀。至此,对生命意义的关注可以说从一开始就蕴含在中国传统道德思想中。道德不仅来自对自然界生命存在现象的直观体验,也直接表现为包括人类在内的自然万物在春、夏、秋、冬中的生长收获,新老交替、死生相续的生生不息。这种"生生不息之道"是宇宙万物的本体或始基,是生命的生长点和归宿点,也是我国传统道德产生、发展的基点。

4.道德内涵不断僵化

传统道德在形成与演变的历史过程中,不仅涵盖了"道"与"德"所有层次的含义,而且在使用时还有名词与动词的不同,这与现代意义上专指规范条例的名词道德相差甚远。如《文子》中两次使用"德道"这一概念,"天有明不忧民之晦也,地有财不忧民之贫也,至德道者若邱山,嵬然不动……"和"圣人和愉宁静,生也,至德道行,命也"都是指获得道或达到道后循道而行。"道""德"二词连用为"德道"说明"道德"指人在体道得道以后对"道"的一种把握和理解方式,是一种动态的转化过程。

(三)中国传统道德的现代解读

从以上传统道德的特点来看,中国传统道德存在于广泛的事物之中,而不是仅仅局限于人与人之间的社会规范与准则,是一个包罗万象的"大道德"概念或"泛道德"概念。传统道德的"大道德"或"泛道德"要旨是指道德广泛存在于天地万物、社会政治、思想观念、行为规范等中,是人在体道、得道以后对"道"的一种把握和理解方式,是一种动态的转化过程。中国传统文化中"大道德"贯穿于天地间,实现了宇宙、自然、社会和人由内而外的超越。道德既是人之所以为人的本质所在,又是社会之所以能够存在的规范,天地也以其不断创造、发育、培育出新的生机与活力而表现出了"道德"的最高形态——生生之德。儒家的八条目"格物、致知、诚意、正心、修身、齐家、治国、平天下"以"修身"为起点,目的在于"齐家""治国""平天下",也就是把个体接受的道德教化或进行的道德修养融合在国家的治平和社会的发展中。《大学》开篇即指出"大学之道,在明明德,在亲民,在止于至善"。"明德""亲民""至善",即对己修养良好德性,亲爱人民,从而达到至善境界,包含了我们今天德育中的品德修养、道德追求、政治思想等要求。传统"大道德"概念的层次性内容体现了先哲们对自然、社会、人生的理解和把握。从人与人相处的基本行为准则和规范,到人与社会相互关系中所具有的政治意识,再到人与自然和谐共处的思想意识。传统"大道德"概念内容体系的层次性不仅体现了现代学校德育中思想教育、政治教育和道德教育等各类教育之间的相互关系,也说明了德育的阶段性、层次性和目的性与个体道德认知发展水平的各阶段相符合。然而这一具有动态、丰富内涵的概念却没有得到顺利发展,反而不断狭隘化以致僵化。汉代以后,董仲舒提出"罢黜百家,独尊儒术"的文教政策结束了先秦百家争鸣的学术局面,使儒学成为封建统治思想的正统而得以一尊。百家争鸣局面的结束也中止了各家各派对"道"的各具特色的阐发,道的丰富内涵被窄化,道德也成为一个名词,专指人们日常生活所需遵从的行为规范与条例。

因而,今天我们重新审视传统的"大道德"概念,无论是以天、地变化为基础的自然观,还是以人伦关系、礼仪规范为基础的社会观,都是动态变化的,都离不开个体对人的理解。这便是传统道德的灵魂所在,也是我们今天重新认识学校德育的起点。

二、现代学校德育创新途径

党的十八大以来,以习近平同志为核心的党中央立足长远、着眼未来,对落实立德树人根本任务、加强和改进学校德育工作提出了一系列重要论断和战略部署。通过对中西方传统文化中"道德"概念的梳理与考察,充分肯定传统文化中"道德"的多层次内涵及动态发展的特点,提出在新的历史时期应重新审视与理解传统文化中的道德内涵,以现代意义诠释传统道德,树立多维道德观,构建以"生命·实践"为基础的学校"大德育"体系;创建开放式、动态发展的大中小学一体化德育课程体系;建立内涵丰富,多层次的一体化大中小学德育内容体系;强调德育过程中个体的动态参与;学校德育过程中教师的角色转换。

(一)树立多维道德观

西方传统道德涵盖了道德在协调个体与自然、社会及人生的和谐发展的生命活动中对"道"和"德性"的领悟与把握的各个层面。对"道"与"德性"多层次性的理解与把握必然决定"道德"内涵的多层次性。因而,人在领会与体悟道德时,因其生命参与的程度不同,其道德智慧在个体上也体现出不同层次的道德表现。因此,我们不能将道德单纯视为符合行为习惯的各种既定的条例规范,把道德教育的过程仅仅看作是对学生施加外部道德影响的过程,而要依据道德自身的丰富层次和变化的特点,树立多维道德观。即道德不仅仅是调节人与人、人与社会行为的规范,从根本上来说道德更是人把握世界的一种方式,是基于道德内涵的多层次性,依据每个人对道德的理解自下而上逐层提升的特点,以个人的心灵参与和参悟为基础,在自身发展的需要推动下,人自己创造的。多维"道德"观既有广泛性与基础性特点,又有动态生长性的特征。它的广泛性和基础性表现为道德是对具体行为规范的领会,同时又全面涵盖了对与人类世界息息相关的整个自然与社会生态系统各种关系的理解和把握。它的动态生长性表现为人的生命是多层次、多方面的整合体,道德又是人自身对世界的一种精神的把握方式,因此,生命的生长性、道德的多层次性,必然决定把握方式的动态生长性。由此可见,新时期学校道德教育改革,应以动态发展的眼光审视道德,打破以静止不变的态度理解与灌输道德的惯用做法,转变道德教育对象"物化"倾向,以关注学生个体的生命体验和内在精神的发展要求为目标,重点培养学生对道德的领悟能力与道德思维能力,并通过这种思维不断地赋予道德以新的意义。学生作为自主的道德主体,根据已养成的道德思维,主动地理解和把握道德,并超越道德,从而真正得到幸福和满足。这才是学校道德教育改革的发展趋势和方向。

(二)构建以"生命·实践"为基础的学校"大德育"体系

中西传统道德最初都表现为人的某些具体的动作行为,源于人们物质生活中的社会交往活动,是人们在生活中自发形成的。因此原初的道德是与生活融为一体的,是生活本身。生活是人的一种生存状态,一种生命的存在形式,生活实践是生命的经历和体验。因此,真正意义上的道德是以人的生命实践活动为源泉和基础的心灵或精神的活动。长期以来人们将道德仅视为调节人与人之间、人与社会之间关系的外在的纲常礼仪与行为规范,是凌驾于个人生命之上的外在统治力量。道德从根本上被异化为一种无"生命"的道德,在此基础上进行的学校德育因无视人的生命,背弃了道德产生与存在的生命实践而沦为一种知识的道德教育,一种与人的生活相脱节的道德说教、道德知识灌输。人的道德是根据个人生命的经历、经验、感受和体验在实践中不断生成的,不是先验预设的,也不是外界灌输的。因此,学校德育不应是一种对学生进行外在的行为规范的灌输和行为操练的教育活动,而应是基于个体生命内在"体悟",教人珍惜生命、呵护生命的,并在生命实践活动中使学生培养高尚道德品质并养成良好道德行为的教育活动。中西方先哲们对道德的生命实践基础的各个方向进行的探索与论述,为我们今天全面理解生命、完善生命搭建了可做参考的探讨空间,同时也为我们重塑学校德育的"生命·实践"基础奠定了理论基础。学校德育必须从远离学生生命世界的格局中走出来,回归学生的真实生活,关注学生的生命世界。让个体生命在实践中主动调动自己的各种经验和体验,让道德知识活化和内化为个体生命发展的内在需要,从而实现道德为人的美好生活服务的目的,实现理想对现实的不断超越。因此对传统"道德"历史演变的考据遂成为以"生命·实践"为基础构建学校"大德育"体系的理论基础,而构建一个以"生命·实践"为基础的"大德育"体系便具有了现实的意义。

(三)创建开放式、动态发展的大中小学一体化德育课程体系

现代德育学理论揭示说,好的道德应该是生命内在的要求,不应该游离于生命之外。而就"道德"内涵的历史演变来说,道德的真正意义在于它所关心的是如何去过一种美好的道德生活,即教会人去领悟道德,根据自身需要不断创造出新的道德,并道德地生活着。心理学家马斯洛认为,人的内在需求是一个开放性、多层次的主动追求系统,因此人的价值行为和生命存在境界的层次也呈现出差异。然而长期以来,许多人总是误把规范当成道德,认为道德就是遵守规范,道德教育也就演变成了遵守规范的教育,即采用一味灌输、简单说教和强制的办法,把关注"人心"对"天、地、人"之"三才之道"的领悟与把握,变成仅仅是对"行为规范"的遵从。而学校教学中普遍存在"重术轻人、重智育轻德育"的现象,一定程度上忽视了知识本身所蕴含的内在价值追求,承载价值理性和传承使命的课程教学被简单地知识点化、碎片化,成为应试的工具。事实上,只有使德育和学科课堂融为一体,创建开放式、动态发展的大中小学一体化德育课程体系,发挥学科教学的优势,才能改变德育课程"单兵作战"的局面;同时,不断加强德育课程目标、内容、实施、评价等的实质性衔接,以聚合性思维指引课程设计向纵深衔接发展,才能扭转学科教学"重智轻德"的状况,才能实现德育任务润物无声。

开放式德育课程不是以封闭和禁锢学生的头脑、培养"顺从式学生"为目的,而是要培养学生在面对复杂道德情境时,独立表达自己的选择愿望、遵从自己选择的权利、自愿承担自己选择的后果的能力。开放式德育课程希望学校以开放、包容的胸襟,在学生作自主选择时给予必要、有效的"理智指导"。同时学校和教师还必须将传统德育观念中"批评、训导式"的说教模式转变为"分析、指导式",即改变以相应的奖惩来要求学生、评判学生的做法,指导学生对各种道德取向做出相应的分析和评判,根据个人道德状况,自主、合理地选择并形成真正符合时代要求的道德品质。开放式德育课程还应以开放的心态冲破传统德育封闭的缺陷,去领会中国传统文化中对道德的真知灼见,展示传统道德丰富的一面,并以开放的态度对待业已发生的因现实社会变革而出现的道德的变化。[①]

动态的一体化德育课程要注重德育目标实现的动态性。一般的德育目标会依据对

---

① 易连云.重建学校精神家园[M].北京:教育科学出版社,2003:189.

象、阶段、内容等进行目标分层,从而构成德育的目标体系。而动态的分层目标从内涵上看是逐步向深度拓展的,构成由浅入深的一个序列,体现出目标实现的动态性。德育目标体系动态的目标,可以根据学生实际、现实情况和时代发展的需要,适时准确地进行调整与修正,以实现德育目标的科学性。同时,教育发展要具有超前性,德育也不例外,应该培养学生的综合素养和品质。学校德育最根本的目标是实现人的全面发展,而这种目标本身就有着明显的超前性,能够科学地立足于未来,确保其培养出来的学生能够更好地满足人类发展需要。这种重视对人才素质结构的培养的教育,也就是德育自身生命力的重要体现,是学校德育能够顺应社会发展的一个必然趋势。这些都可以通过动态发展的态势来确保其与社会发展之间的动态平衡关系。

(四)建立内涵丰富、多层次的一体化大中小学德育内容体系

党的十八大提出把"立德树人"作为教育的根本任务。"立德树人"的关键,就是如何把社会主义核心价值观教育有机、有效地融入教育教学的各方面、全过程,不断推进社会主义核心价值观教育落细、落小、落实,在学生群体当中入耳、入脑、入心。传统"道德"在历史演变过程中呈现出的动态发展和多层次性特征,给我们以启迪,即现代学校德育,应参照"道德"演变的规律与特征,建立内涵丰富、多层次的一体化大中小学德育内容体系。这种体系的层次表示为:个人的道德→社会的道德→自然的道德。个人的道德,就是在最低限度上建立起最起码的文明习惯,是人与人相处的基本行为准则和规范;社会的道德就是合理处理人与社会之间相互关系所遵循的原则和准则;自然的道德就是当今时代对人们在社会发展的同时也须"善待自然"的强烈要求。学校德育既应有最基础的规范,同时又必须包括"社会的道德"与"自然的道德"这两大内容,即教育学生如何正确处理个人、社会与自然的关系,实现与人类生活密切相关的整个自然与社会生态系统的和谐发展。德育内容体系的多层次性不仅体现了德育的阶段性、层次性和目的性,与个体道德认知发展水平的各阶段相符合,而且更使得个体在不断发展和完善自身的各种道德过程中,得到一种自我发展、自我肯定、自我完善的满足。

构建内涵丰富、多层次的一体化大中小学德育内容体系,既上承培育和践行社会主义核心价值观的基本要求,又下接各学段、各课程德育的核心内容。这一德育内容体系应以转化、内化、深化社会主义核心价值观为主旨,同时综合教育教化功能中的价值共性、中华优秀传统德育内涵以及世界各国德育的普遍经验。"政治认同""国家意识""文化自信""人格养成"是体系的重点板块。

(五)强调德育过程中个体的动态参与

道德本质上是人存在的一种方式。在中国传统文化中,道德就是基于对"道"的精神领悟,个体对于人伦之道、社会之道与自然之道的极具主观色彩的理解和把握。"道德"即是"得道",它们既是个人在体悟道德的过程中对人伦规范的遵循,又是个人对人生智慧的创造,因而表现为个体生命的主动参与。同样,西方的传统道德观念也极大地体现了个人作为道德体验的主体,在德性的养成过程中的动态参与的主体意识。因此,我们在理解德育的本性时,就可以认为德育即是把握人伦规范、传授人生智慧。学校德育不是强制性地要人们接受那些行为规范,而是培养人的一种智慧,一种对于道德的领悟与把握的能力。这种对于道德的领悟与把握的能力不是仅仅把外在的规范告诉给受教育者之后,就会变成他的美德,而是需要个体意识的参与,个体根据自身的个性去形成道德选择的内在动力和能力。因此真正意义上的学校德育首先必须确立道德活动中个体的主体参与性和自主性,使受教育者主动地理解和把握道德,并超越道德,使其对"道德"的理解由服从、适应的层面提升到自主、创造、超越的层面,真正实现人们在驾驭"道德"的基础上,去追求一种理想的精神境界与行为方式,实现对现实的超越。

(六)学校德育过程中教师的角色转换[①]

人工智能的发展让教师的某些作用被"智能机器"所代替,如知识搜索、语言翻译、作业测评等,但智能机器无法替代师德所具有的独特职能,如对学生价值与意义的认同与创造、理想与信念的培养、人类共同命运的共情与关怀等。教师通过"人师"的道德、精神以及人格来完成"数字公民"的培养,来实现德育的"使人成为人"的核心目标。

在这一背景下,学校、教师作为知识垄断者和裁定者的地位逐渐丧失,因此,"教师要转变角色意识,从真理的'权威'、道德的'法官'中走出来,把自己当作一名倾听者、思想者、求知者、对话者"[②]。教育的新认识与要求,使得自主性的、选择性的、个性化的、互动性的、终身性的学习形式成了必然和可能。在这种前提下,变知识的传授者与管理者为学生发展的引导者和促进者,成为新课改中对教师的新要求。"向学生学习"成了一个亮点。在学校德育过程中尤其如此。现代社会中,教师已经不再像传统教育中那样被视为道德的绝对权威。事实上,在道德的认识发展上,教师和学生被置于同等地位。如前所述,在"以人为本"的新的教育理念之下,整个社会需要认识与理解教师作为一个具体的人的属性以及教师劳动的特殊性,还教师以真实可感的人性,让教师充分感受到人的生命的丰富与现实生活的充实,并去真切地感受和理解学生的成长。同时,教师又不可放纵自身,将自己完全等同于常人,不再进行与时俱进的道德学习,完全陷入"世俗化"的人生,最终忘了肩上的道德责任。

新课改落实立德树人根本任务,使教师的道德建设问题比过去显得更为重要。教师

---

① 易连云.面向学校德育的言说[M].北京:人民出版社,2015:93。
② 杜时忠.论德育走向[J]教育研究,2012(2):63.

首先要有道德;以道德的方式展开教育;结合学科特质、任务和功能有机地进行德育。这样,让德育渗透在所有学科教学和活动以及管理中,所有教师都担当起学校德育的任务,使自身的责任感、使命感更强。更为重要的是,道德作为人对世界的一种精神把握,反映的是人对自然、社会、人生的理解。而今,将学生的学习与其他社会生活紧密相连,就更需要教师展示出对整个世界的深厚理解。道德成了教师的人格特征。教师以人格塑造人格,以灵魂塑造灵魂。同时,从不同的学科特点和要求出发,学校德育与学科教育融为一体,更能显示立德树人的学科特色,形成生动活泼的多彩德育气象。

问题思考

1. 孔融让梨的故事在中国人人皆知。大家都认为孔融是一个爱幼谦让的典范,是一个道德的榜样。然而,在肯定孔融的行为后,试想,在不同的情况下,孔融是否还有别的可选择的做法?

2. 一个关于现代大学生的故事:某大学生在上学期间共花去六万多元。而该大学学生正常学习、生活所需的费用只需二万五千元即可。这个学生在学校的生活极为奢侈,花钱如流水,每每写信回家的目的就是要钱,而且是千方百计地索取。而该学生的父母四年以来一直靠拼尽全力挣钱支撑儿子完成学业。当其父亲知道实情,"大义灭亲"地将儿子告上法庭时,面对记者的询问,儿子却反咬一口:"天底下怎么会有这样的父亲?竟然将自己的亲生儿子告上法庭?"

讨论:你是如何理解这则故事的?

3. 尊老爱幼是中国的传统美德,然而一些不好的事件彻底颠覆了人们对这一美德的看法。面对着社会转型时期道德文化的剧烈变迁,如何做好传统德育的现代转型?

拓展阅读

1. 面临着一个即将到来的新世纪,中国的教育工作者都在认真思索:今后的改革之路怎样走?我们怎样才能笑着向昨天告别,满怀着新的希望和信念,迈着坚定的步伐走向明天?

——叶澜《新基础教育改革》

2. 林乃树林的古名。林中有路。这些路多半突然断绝在杳无人迹处。这些路叫作林中路。每人各奔前程,但却在同一林中……

林业工和护林人识得这些路。他们懂得什么叫作在林中路上。

——[德]海德格尔《林中路》